T0312864

# HIMNOS DE GLORIA

## CANTOS DE TRIUNFO

Arreglo original: H. C. Ball

# ORDEN DEL CULTO

"¿Qué hay pues, hermanos? Cuando os reunís, cada uno
tiene un salmo, tiene una enseñanza, tiene una revelación, tiene
una lengua extraña, tiene una interpretación. ¡Hágase todas las
cosas para edificación!"—*1 Corintios 14: 26.*

"Sed llenos del Espíritu, hablando entre vosotros con salmos
e himnos y canciones espirituales, cantando y haciendo melodía
en vuestros corazones al Señor."—*Efesios 5: 19.*

"¡La gracia de nuestro Señor Jesucristo, el amor de Dios,
y la comunión del Espíritu Santo sean con todos vosotros.
Amén!"—*2 Corintios 13: 14.*

## La Doxología : A Dios El Padre

*Doxology*

G. FRANC

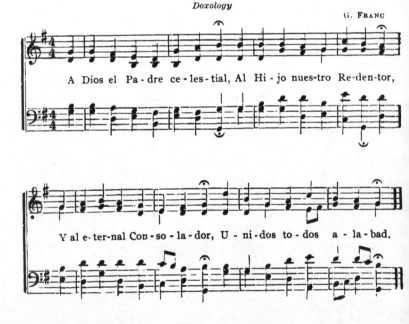

A Dios el Pa - dre ce - les - tial, Al Hi - jo nues-tro Re-den-tor,

Y al e - ter-nal Con - so - la - dor, U - ni - dos to - dos a - la - bad.

# Himnos de Gloria

## 1

## El Aposento Alto

*Old Time Power*

H. W. CRAGIN  Actos 2: 4.  CHARLIE D. TILLMAN

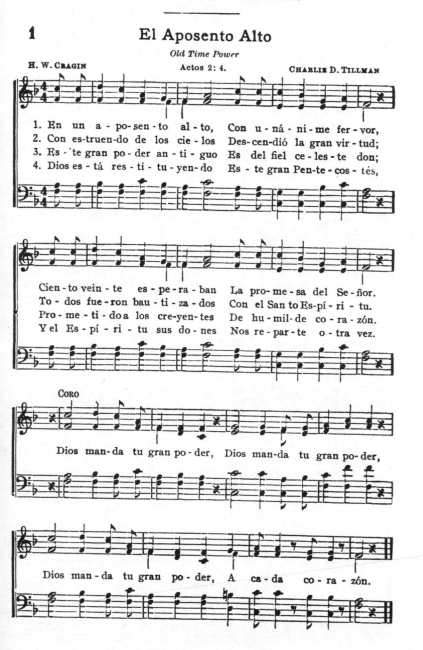

1. En un a - po - sen - to al - to,  Con u - ná - ni - me fer - vor,
2. Con es - truen - do de los cie - los  Des - cen - dió la gran vir - tud;
3. Es - te gran po - der an - ti - guo  Es del fiel ce - les - te don;
4. Dios es - tá res - ti - tu - yen - do  Es - te gran Pen - te - cos - tés,

Cien - to vein - te  es - pe - ra - ban  La pro - me - sa del Se - ñor.
To - dos fue - ron bau - ti - za - dos  Con el San - to Es - pí - ri - tu.
Pro - me - ti - do a los cre - yen - tes  De hu - mil - de co - ra - zón.
Y el Es - pí - ri - tu sus do - nes  Nos re - par - te o - tra vez.

**CORO**

Dios man - da tu gran po - der, Dios man - da tu gran po - der,

Dios man - da tu gran po - der, A ca - da co - ra - zón.

# 2 Lluvias de Gracia

*There Shall Be Showers*

AUTOR DESCONOCIDO

Ezequiel 34:26

JAMES McGRANAHAN

1. Dios nos ha da-do pro-me-sa: Llu-vias de gracia en-via-ré,
2. Cris-to nos dio la pro-me-sa Del san-to Con-so-la-dor,
3. ¡Oh Dios a todo cre-yen-te Muestra tu a-mor y po-der!
4. O-bra en tus sier-vos pia-do-sos Ce-lo, vir-tud y va-lor,

Do-nes que os den for-ta-le-za; Gran ben-di-ción os da-ré.
Dán-do-nos paz y pu-re-za, Pa-ra su glo-ria y ho-nor.
Tú e-res de gra-cia la fuen-te, Lle-na de paz nues-tro ser.
Dán-do-nos do-nes pre-cio-sos, Do-nes del Con-so-la-dor.

**CORO**

Llu - vias de gra-cia, Llu-vias pe-di-mos, Se-ñor
Llu-vias, llu-vias

Mán-da-nos llu-vias co-pio-sas, Llu-vias del Con-so-la-dor.

# 3

# Jesús Vendrá Otra Vez

### Our Lord's Return

H. W. CRAGIN     S. Juan 14: 3     JAS. M. KIRK.

1. Yo es-pe-ro el dí-a a-le-gre cuan-do Cris-to vol-ve-rá,
2. La ve-ni-da de Je-sús se-rá el re-me-dio del do-lor
3. Lle-ga-rán los san-tos a Si-ón con go-zo e-ter-nal,
4. El pe-ca-do, pe-na y muerte en es-te mun-do ce-sa-rán

Pues vendrá al mundo pronto y nos a-rre-ba-ta-rá; ¡Oh, qué
Que a-fli-ge siempre a es-te po-bre mundo pe-ca-dor; To-da
Y en to-do el san-to monte na-da da-ña ni ha-ce mal, Pues co-
Már-ti-res y san-tos con Je-sús por siempre rei-na-rán, Ca-da

go-zo es-te pen-sa-mien-to a mi al-ma da: El que Cristo ven-ga al
lá-grima se en-ju-ga-rá por nuestro Salvador; Cuando Cristo ven-ga al
no-ce-rán a Dios, en-ton-ces, todos por igual, Cuando Cristo ven-ga al
al-ma go-za-rá de paz perfec-ta, sin a-fán, Cuando Cristo ven-ga al

D.S. remos en las nu-bes con los án-ge-les de luz, Cuando Cristo venga al

FINE    CORO

mundo o-tra vez! ¡Oh! Je-sús vendrá al mundo o-tra vez,
vendrá al mundo o-tra vez,

mundo o-tra vez.

D. S.

Sí, Je-sús ven-drá al mundo o-tra vez; Le ve-
ven-drá al mundo o-tra vez;

# 4  Dulce Comunión

### *Leaning on the Everlasting Arms*

PEDRO GRADO       1 Juan 1: 3       A. J. SHOWALTER

1. Dul - ce co - munión la que go - zo ya En los bra - zos de mi
2. ¡Cuán dul-ce es vi - vir, cuán dul-ce es go-zar! En los brazos de mi
3. No hay que te-mer, ni que des-confiar, En los bra - zos de mi

Sal - va - dor; ¡Qué gran ben - di - ción en su paz me da!
Sal - va - dor; A - llí quie - ro ir y con él mo - rar,
Sal - va - dor; Por su gran po-der él me guar - da - rá

**Coro**

¡Oh! yo sien-to en mí su tier-no a - mor. Li - bre,
Sien-do ob - je - to de su tier-no a - mor.
De los la - zos del en - ga - ña - dor. Li - bre de pe-nas,

sal - vo, del pe - ca - do y del te - mor,
Sal - vo de du - das,

Li - bre, sal - vo, en los brazos de mi Sal-va-dor.
Li-bre de penas, sal-vo de dudas,

# 5 Desde Que Salvo Estoy

*Since I Have Been Redeemed*

V. Mendoza, Tr.

1 Cor. 1: 31

E. O. Excell

1. Yo ten-go un him-no de lo-or, Des-de que sal-vo es-toy,....
2. Yo ten-go un Cristo, y mi au-sie-dad Des-de que sal-vo es-toy,....
3. Yo ten-go un go-zo que él me dió, Des-de que sal-vo es-toy,....
4. Ten-go un ho-gar a don-de i-ré, Des-de que sal-vo es-toy,....

Pa-ra mi Rey, mi Sal-va-dor, Des-de que sal-vo es-toy.
Es-tá en cum-plir su vo-lun-tad Des-de que sal-vo es-toy.
Cuando en su san-gre me la-vó Des-de que sal-vo es-toy.
Ya-llí se-gu-ro vi-vi-ré Des-de que sal-vo es-toy.

**Coro**

Des-de............que salvo es-toy,         Des-de que sal-vo es-toy,
Des-de que salvo es-toy Des-de que salvo es-toy,

Só-lo en él me glo-ria-ré,     Des-de............. que sal-vo es-
                               Des-de que sal-vo es-toy,    Des-

toy                    En mi Sal-va-dor me glo-ria-ré.
de que sal-vo es-toy,

# 6  Libertad

*Victory*

Gal. 5: 1

L. Avella

B. E. Warren

1. A - le - lu - ya, que el Se - ñor Tie - ne gran - de sal - va - ción,
2. Yo con - fí - o en Jeho - vá, El me da la san - ti - dad,
3. Ha - bla - re - mos siempre a - quí, En - sal - zan - do a nues - tro Rey,
4. Can - ta - re - mos siempre a - llí, Al de - jar el mun - do a - quí,

Li - ber - tad,     li - ber - tad.     Nuestro Dios tie - ne po - der
                                       Ten - go paz y go - zo ya,
                                       Por - que bon - da do - so y fiel,
Libertad,          li - bertad. A - la - ban - do al Se - ñor,

Pa - ra Sa - ta - nás vencer, Li - ber - tad     li - ber - tad.
Des - de que él me sal - vó,
El nos lla - ma hi - jos de él,
Can - ta - re - mos con fervor:        Li - bertad,     li - bertad.

**Coro**

Li - bertad . . . . . . . y re - den - ción,     A - le - lu - ya, Cristo
Li - bertad,           y li - bertad;

ya, Me a - mó y me sal - vó; Glo - ria, glo - ria, a - le-
                                          Gloria, gloria,

# Libertad

lu - ya, El es to - do, en to-do es él.
A - le - lu - ya, El es to-, el es to-do, en to-do es él. (to-do es él.)

## 7     Todo A Cristo Yo Me Rindo

*I Surrender All*
Santiago 4:10

AUTOR DESCONOCIDO               W. S. WEEDEN

Duet. *Soprano and Tenor. Ad lib.*

1. { To - do a Cris-to yo me rin - do, Con el fin de ser - le fiel;
    Pa - ra siempre quie-ro a-mar-le, Y a - gra-dar-le só - lo a él. }
2. { To - do a Cris-to yo me rin - do, A sus pies pos-tra-do es-toy;
    Los pla-ce - res he de-ja-do, Y le si - go des-de hoy. }

CORO

Yo me rin-do a él,        Yo me rin-do a él,
   Yo me rindo a él,           Yo me rindo a él,

To - do a Cris-to yo me en-tre - go, Quie - ro ser - le fiel.

3 Todo a Cristo yo me rindo,
   Sí, de todo corazón;
   Yo le entrego alma y cuerpo,
   Busco hoy su santa unción.

4 Todo a Cristo he rendido,
   Siento el fuego de su amor;
   ¡Oh, qué gozo hay en mi alma!
   ¡Gloria, gloria a mi Señor!

# 8

# La Siembra

*What Must It Be to Be There*

A. FERNANDEZ      S. Mateo 18: 1-10, 18-23      GEO. C. STEBBINS

1. Sem-bra-ré la si-mien-te pre-cio-sa, Del glo-rio-so e-van-
2. Sem-bra-ré en co-ra-zo-nes sen-si-bles La doc-tri-na del
3. Sem-bra-ré en co-ra-zo-nes de már-mol La ben-di-ta pa-

ge - lio de a-mor, Sem-bra-ré, sem-bra-ré, mien-tras vi - va,
Dios de per-dón. Sem-bra-ré, sem-bra-ré, mien-tras vi - va,
la - bra de Dios. Sem-bra-ré, sem-bra-ré, mien-tras vi - va,

CORO

De - ja-ré el re-sul-ta-do al Se - ñor. Sem-bra-ré, sem-bra-
Sembraré,

ré, Mien-tras vi - va, si-mien-te de a-mor. Se - ga-
sem-braré,

ré, se - ga - ré, Al ha-llar-me en la ca-sa de Dios.
Se-ga-ré, se-ga-ré,

# 9

# Gloria Sin Fin

*Oh That Will Be Glory*

V. Mendoza, Tr.
Apoc. 21:3-7
E. O. Excell

1. Cuando mis lu-chas ter-mi-nen a-quí Y ya se-gu-ro en los cie-los es-té, Cuando al Se-ñor mi-re cer-ca de mí ¡Por las e-da-des mi glo-ria se-rá! ¡E-sa se-rá glo-ria sin fin, Gloria sin fin, glo-ria sin fin! Cuando por gra-

2. Cuando por gra cia yo pue-da te-ner En sus man-sio-nes mo-ra-da de paz, Y que a-llí siem-pre su faz pue-da ver,

3. Go-zo in-fi-ni-to se-rá contemplar, To-dos los se-res que yo tan-to a-mé, Mas la pre-sen-cia de Cris-to go-zar,

¡E-sa se-rá gloria sin fin, Gloria sin fin, gloria sin fin,........

cia su faz pue-da ver, ¡E-sa mi glo-ria sin fin ha de ser!

**Cristo Quiere Limpios Corazones**

*Wanted*

Fil. 2: 15, 16                              MRS. C. H. MORRIS

1. Cris-to bus-ca lim-pios co - ra - zo - nes Que le sir-van
2. La-bios pu- ros Cris-to ne- ce-si - ta, Que con go-zo a-
3. Cris-to bus-ca ma-nos bien dis-pues-tas Pa - ra tra-ba-
4. Vi - das san - tas Cris-to ne - ce - si - ta, Que a los pe-ca-

siempre con fi-de-li-dad; Que a los pe-ca-do-res ins-ten
nun-cien ple-na sal-va-ción; Len-guas con-sa-gra-das só-lo a
jar con bue-na vo-lun-tad; Siembras ya ma-du-ras pi-den
do-res muestren su po-der; Li-bres de an-sie-da-des, en Je-

fer - vo - ro-sos Que se vuelvan del pe-ca-do a la ver-dad.
su ser-vi-cio, Que pro-cla-men al cau-ti-vo re-den-ción.
vuestra a-yu-da, Las do-ra-das mie-ses pronto co-se-chad.
sús con-fia-das Y que pue-da de e-llas siempre dis-po-ner.

**CORO**

Id a tra-ba-jar allá en los campos del Se-ñor, Que pa-ra la
Id a tra-ba-jar con voluntad En los

# Cristo Quiere Limpios Corazones

sie - ga se pre-sen - tan blan-cos hoy  Oh, fiel - es sier - vos
cam - pos  del  Se - ñor Jesús;

de Dios, A quien debéis to - do ho-nor, Oíd su voz, salid a tra-ba-jar.

## 11  Cariñoso Salvador

*Jesus, Lover of My Soul*

T. M. WESTRUP          S. Mateo 14: 22-36          S. B. MARSH

1. Ca - ri - ño - so  Sal - va-dor,  Hu - yo de  la tem - pes - tad
2. O - tro a-si - lo nin-gu-no hay; In - de-fen-so a-cu - do a  ti,
3. Cristo en-cuentro to-do en ti;  Y  no ne - ce - si - to más;

A  tu se - no pro-tec-tor, Fián-do-me de tu bon-dad.
Mi  ne - ce - si - dad me trae; Por-que mi pe - li - gro vi.
Caí-do, me pu - sis-te en pie: Dé - bil, á - ni - mo  me das;

*D.S.*—Hasta el puerto de  sa-lud  Guía mi pobre embar - ca - ción.
*D.S.*—Ven-go con fervien-te a-mor, A  los pies de mi Je - sús.
*D.S.*—Con a-mor y gra - ti-tud  Tu  bondad en - sal - za - ré.

Sal - va-me Se-ñor Je - sús,  De  las o - las del tur - bión.
So - la-mente en ti, Se - ñor,  Puedo ha-llar consue - lo y luz;
Al en-fer - mo das sa - lud,  Das la vis-ta al que no  ve;

# 12 Roca De La Eternidad

*Rock of Ages*

A. M. TOPLADY  1 Cor. 10:4  THOMAS HASTINGS

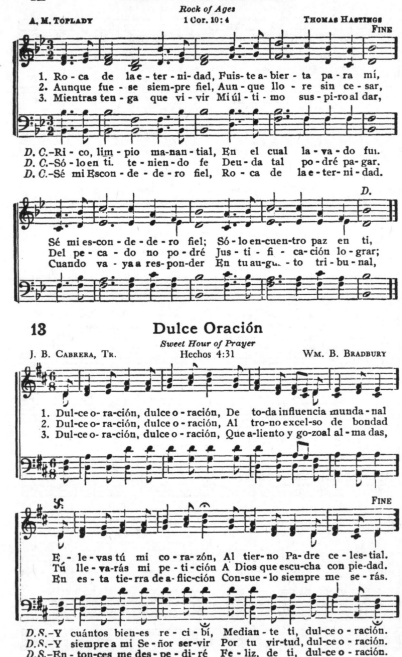

1. Ro - ca de la e - ter - ni - dad, Fuis - te a - bier - ta pa - ra mí,
2. Aunque fue - se siem-pre fiel, Aun - que llo - re sin ce - sar,
3. Mientras ten - ga que vi - vir Mi úl - ti - mo sus - pi-ro al dar,

D. C.–Ri - co, lim - pio ma-nan - tial, En el cual la - va - do fuı.
D. C.–Só - lo en ti. te - nien - do fe Deu - da tal po - dré pa - gar.
D. C.–Sé mi Escon - de - de - ro fiel, Ro - ca de la e - ter - ni - dad.

Sé mi es-con - de - de - ro fiel; Só - lo en-cuen-tro paz en ti,
Del pe - ca - do no po - dré Jus - ti - fi - ca - ción lo - grar;
Cuando va - ya a res - pon-der En tu au-gu... - to tri - bu - nal,

# 13 Dulce Oración

*Sweet Hour of Prayer*

J. B. CABRERA, TR.  Hechos 4:31  WM. B. BRADBURY

1. Dul-ce o - ra-ción, dulce o - ración, De to-da influencia munda-nal
2. Dul-ce o - ra-ción, dulce o - ración, Al tro-no excel-so de bondad
3. Dul-ce o - ra-ción, dulce o - ración, Que a-liento y go-zo al al - ma das,

E - le-vas tú mi co - ra-zón, Al tier-no Pa-dre ce - les-tial,
Tú lle-va-rás mi pe - ti-ción A Dios que escu-cha con pie-dad.
En es - ta tie-rra de a-flic-ción Con-sue-lo siempre me se - rás.

D.S.–Y cuántos bien-es re - ci - bí, Median - te ti, dul-ce o - ración.
D.S.–Y siempre a mi Se - ñor ser-vir Por tu vir-tud, dul-ce o - ración.
D.S.–En - ton-ces me des - pe - di - ré Fe - liz, de ti, dul-ce o - ración.

## Dulce Oración

D. S.

¡Oh, cuántas ve - ces tu - ve en ti   Aux - i - lio en ru - da ten - ta - ción,
Por   [fe   es - pe - ro   re - ci - bir   La   gran di - vi - na   ben - di - ción,
Has-ta el   momento en que ve - ré   Francas las puertas   de   Si - ón,

## 14     ¡Oh, Qué Amigo!

*What a Friend We Have in Jesus!*

JOSEPH SCRIVEN     S. Juan 15:14, 15     C. C. CONVERSE

1. ¡Oh, qué a - mi - go nos es Cris - to!   El   lle - vó nuestro do - lor,
2. ¿Vi - ves dé - bil   y car - ga - do   De cui - da - dos   y   te - mor?
3. Je - su - cristo es nuestro a - mi - go   De es - to pruebas él nos dio

Y   nos manda que lle - ve - mos   To - do a Dios en   o - ra - ción.
A   Je - sús, re - fu - gio e - ter - no,   Dí - le   to-do en o - ra - ción.
Al   su - frir el cruel cas - ti - go   Que el cul-pa-ble me - re - ció.

D. S. Es - to es porque no lle - va - mos   To - do a Dios en   o - ra - ción.
D. S. En sus brazos de a-mor tier - no   Paz ten - drá tu   co - ra - zón.
D. S. Fiando en es-te A-mi-go e-ter - no   Y es - perando en su bon-dad.

¿Vi - ve el hombre despro-vis - to   De   paz, go-zo y san-to a-mor?
¿Te   desprecian tus a - mi - gos?   Cuén - ta - se-lo en o - ra - ción;
Y   su pueblo re - di - mi - do   Ha - lla - rá se - gu - ri - dad

# Firmes Y Adelante

*Onward, Christian Soldiers*

J. B. CABRERA      Efesios 6: 10-18      A. S. SULLIVAN

1. Fir-mes y a-de-lan-te, Hues-tes de la fe, Sin te-mor al-gu - no,
2. Al sa-gra-do nom-bre De nuestro Adalid, Tiembla el ene-mi - go
3. Muéve-se po-ten - te, La Iglesia de Dios; De los ya glo-rio - sos
4. Tronos y co - ro - nas Pueden pe-re-cer; De Je-sús la I-gle - sia

Que Je-sús nos ve. Je - fe so - be - ra - no, Cristo al frente va,
Y hu-ye de la lid. Nuestra es la vic-to - ria, Dad a Dios lo-or,
Mar-cha-mos en pos; So - mos só-lo un cuer-po, Y u-no es el Se-ñor,
Fiel ha - brá de ser; Na-da en con-tra su - ya Pre - va - le - ce-rá,

**CORO**

Y la regia en-se - ña, Tremolando es-tá.
Y óiga-lo el a-ver - no Lle - no de pa-vor. Firmes y a-de-lan - te,
U-na la es-pe-ran - za, Y uno nuestro amor.
Porque la pro-me - sa, Nun-ca fal-ta - rá.

Huestes de la fe, Sin temor al-gu - no, Que Je-sús nos ve.

# 16

## Cerca De Ti, Señor

*Nearer, My God, to Thee*

T. M. WESTRUP  Gen. 28: 10-22  LOWELL MASON

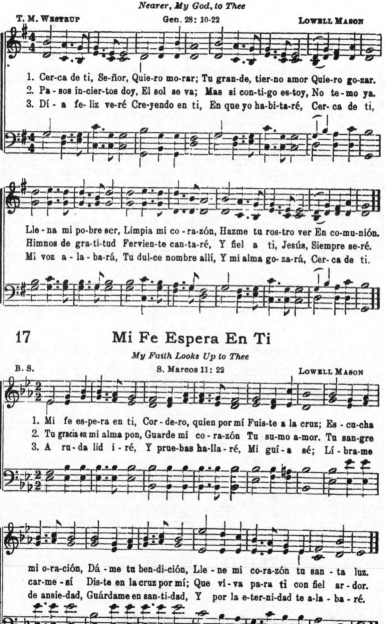

1. Cer-ca de ti, Se-ñor, Quie-ro mo-rar; Tu gran-de, tier-no amor Quie-ro go-zar.
2. Pa - sos in-cier-tos doy, El sol se va; Mas si con-ti-go es-toy, No te - mo ya.
3. Dí - a fe- liz ve-ré Cre-yendo en ti, En que yo ha-bi-ta-ré, Cer-ca de ti,

Lle - na mi po-bre ser, Limpia mi co - ra-zón, Hazme tu ros-tro ver En co-mu-nión.
Himnos de gra-ti-tud Fervien-te can-ta-ré, Y fiel a ti, Jesús, Siempre se-ré.
Mi voz a - la-ba-rá, Tu dul-ce nombre allí, Y mi alma go- za-rá, Cer-ca de ti.

# 17

## Mi Fe Espera En Ti

*My Faith Looks Up to Thee*

B. S.  S. Marcos 11: 22  LOWELL MASON

1. Mi fe es-pe-ra en ti, Cor - de-ro, quien por mí Fuis-te a la cruz; Es - cu-cha
2. Tu gracia en mi alma pon, Guarde mi co - ra-zón Tu su-mo a-mor. Tu san-gre
3. A ru-da lid i - ré, Y prue-bas ha-lla - ré, Mi guí-a sé; Lí - bra-me

mi o-ra-ción, Dá - me tu ben-di-ción, Lle - ne mi co-ra-zón tu san - ta luz.
car-me - sí Dis-te en la cruz por mí; Que vi - va pa-ra ti con fiel ar-dor.
de ansie-dad, Guárdame en san-ti-dad, Y por la e-ter-ni-dad te a-la - ba - ré.

# 18 Grato Es Decir La Historia

*I Love to Tell the Story*

J. B. CABRERA Rom. 10: 15 WILLIAM G. FISCHER

1. Gra-to es de-cir la his-to - ria Del ce - les-tial fa - vor; De
2. Gra-to es de-cir la his-to - ria Que bri - lla cual fa - nal, Y en
3. Gra-to es de-cir la his-to - ria Que an- ti-gua, sin ve - jez, Pa-

Cris-to y de su glo - ria De Cris-to y de su amor; Me agra-da re - fe-
glo - rias y por-ten-tos No re - co-no-ce i-gual; Me agra-da re - fe-
re - ce al re - pe-tir - la Más dul-ce ca - da vez; Me agra-da re - fe-

rir - la, Pues sé que es la ver - dad; Y na - da sa - tis-fa - ce Cual
rir - la, Pues me hace mu-cho bien. Por e - so a ti de seo De-
rir - la, Pues hay quien nunca oyó Que para hacer - le sal - vo El

**Coro**

e - lla, mi an-sie-dad.
cír - te - la tam-bién. ¡Cuán bella es esa histo-ria! Mi tema allá en la
buen Jesús mu - rió.

glo - ria Se - rá la an-tigua his-to-ria De Cris-to y de su a-mor.

# 19 ¿Oyes Cómo El Evangelio?

*Savior, Like a Shepherd Lead Us*

J. B. CABRERA      S. Mateo 11: 28-30      WILLIAM B. BRADBURY

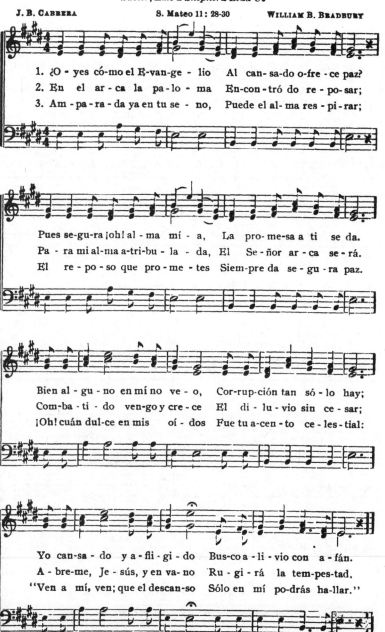

1. ¿O - yes có-mo el E-van-ge - lio Al can - sa-do o-fre - ce paz?
2. En el ar - ca la pa-lo - ma En-con-tró do re - po-sar;
3. Am - pa-ra - da ya en tu se - no, Puede el al - ma res - pi-rar;

Pues se-gu-ra ¡oh! al - ma mí - a, La pro-me-sa a ti se da.
Pa - ra mi al-ma a-tri-bu - la - da, El Se - ñor ar - ca se - rá.
El re - po - so que pro - me - tes Siem-pre da se - gu - ra paz.

Bien al - gu - no en mí no ve - o, Cor-rup-ción tan só - lo hay;
Com-ba - ti - do ven-go y cre-ce El di - lu - vio sin ce - sar;
¡Oh! cuán dul-ce en mis oí - dos Fue tu a-cen - to ce - les-tial:

Yo can-sa - do y a - fli - gi - do Bus-co a - li - vio con a - fán.
A - bre-me, Je - sús, y en va - no Ru - gi - rá la tem-pes-tad.
"Ven a mí, ven; que el descan-so Sólo en mí po-drás ha-llar."

# Cuando Allá Se Pase Lista

*When the Roll is Called Up Yonder*

J. J. MERCADO       Rom. 14: 10       J. M. BLACK

1. Cuan-do la trom-pe - ta sue-ne En a - quel dí - a fi - nal,
2. En a-quel dí - a sin nie-blas En que muer-te ya no ha-brá,
3. Tra - ba - je-mos por el Maes-tro Des-de el al-ba al vis-lum-brar;

Y que el al-ba e-ter-na rompa en cla-ri-dad; Cuan-do las na-cio-nes
Y su gloria el Sal-va-dor im-par-ti - rá; Cuan-do los lla-ma-dos
Siempre hablemos de su amor y fiel bondad, Cuan-do to-do a-quí fe-

sal - vas A su pa - tria lle-guen ya, Y que sea pa-sa - da
en - tren A su ce-les-tial ho-gar, Y que sea pa-sa - da
nez-ca Y nues-tra o - bra ce - se ya, Y que sea pa-sa - da

**CORO**

lista, allí he de estar. Cuando a-llá.... se pa - se lis - ta
Cuando allá se pa - se lis-ta,

Cuan-do a - llá........ se pa - se lis - ta, Cuan-do a-
Cuando a-llá se pa - se lis-ta,

# Cuando Allá Se Pase Lista

llá...... se pa-se lis - ta, A mi nombre yo fe-liz res-pon-de-ré.
Cuando allá se pa-se lis - ta,

## 21 ¿Te Sientes Casi?

*Almost Persuaded*

P. CASTRO

Actos 26: 27-29

P. P. BLISS

1. ¿Te sien-tes ca - si re - suel-to ya? ¿Te fal - ta po - co
2. ¿Te sien-tes ca - si re - suel-to ya? Pues ven-ce el ca - si,
3. Sa - be que el ca - si no es de va - lor En la pre-sen-cia

pa - ra cre - er? Pues ¿por qué di - ces a Je - su -
a Cris-to ven, Que hoy es tiem - po, pe - ro ma -
del jus - to Juez. ¡Ay del que mue - re ca - si cre -

cris - to "Hoy no, ma - ña - na te se - gui - ré?"
ña - na So - bra - do tar - de pu - die - ra ser
yen - do! ¡Com-ple - ta - men - te per - di - do es!

**22**

# Mi Amor Y Vida

*My Life and Love*

H. W. CRAGIN          Gal. 2: 20          C. R. DUNBAR

1. Mi a-mor y vi - da doy a ti, Je-sús, quien en la cruz por mí
2. Que tú me sal - vas, es - to sé; He pues-to en Ti mi dé - bil fe;
3. Tú, que mo-ris - te en la cruz, Con-cé - de - me, Se - ñor Je - sús

CORO.—Mi a-mor y vi - da doy a ti, Que fuis-te a la cruz por mí,

Coro D.

Ver-tis - te san - gre car - me - sí, Mi Dios y Sal - va - dor.
Fe - liz en-ton - ces vi - vi - ré Con - ti - go, mi Je - sús.
Que siem-pre an - de en tu luz, En fiel con - sa - gra-ción.

Mi a-mor y vi - da doy a ti, Je - sús, mi Sal - va - dor.

**23**

# Ven a Cristo

*Come to Jesus*

P. CASTRO          Actos 3: 19          J. FAWCETT

1. Ven a Cris - to, ven a - ho - ra, Ven a - sí cual es - tás;
2. Cree y fi - ja tu con-fian - za En su muer - te por ti:
3. Ven a Cris - to, con fe vi - va, Pien - sa mu-cho en su a-mor;
4. El an - he - la re - ci - bir - te, Y ha - cer - te mer - ced;

Y de él sin de - mo - ra El per-dón ob - ten - drás.
El go - zo al - can - za Quien lo hi-cie - re a - sí.
No du - des re - ci - ba Al más vil pe - ca - dor.
Las puer - tas a - brir - te Al e - ter - no pla - cer.

# 24 Andando En La Luz

*Sunlight, Sunlight*

S. D. ATHANS     Efesios 5: 8     W. S. WEEDEN

1. Va - ga - ba yo en obs-cu - ri-dad Has - ta que vi a Je - sús,
2. Las nu - bes y la tem - pes-tad No en-cu-bren a Je - sús.
3. An - dan - do en la luz de Dios En-cuen-tro ple - na paz;
4. Ve - ré - le pron-to tal cual es: Rau-dal de pu - ra luz;

Mas por su a-mor y su ver-dad Me a-ma - ne-ció la luz.
Y en me - dio de la obs-cu - ri-dad Me go - zo en su luz.
Voy a - de-lan - te sin te-mor De - jan-do el mun-do a-trás.
Y e-ter - na-men-te go - za-ré, A cau - sa de su cruz.

**Coro**

Go - zo y luz hay en mi al - ma hoy,     Go - zo y luz hay,
al-ma hoy,

ya que sal - vo soy;     Des-de que a Jesús vi, Y a su la - do
sal - vo soy;

fui,     He sen - ti - do el go - zo de su a-mor en mí.
la - do fui,

## 25 ¡Oh, Cuán Dulce!

*'Tis So Sweet to Trust in Jesus*

V. MENDOZA        Salmo 34        WM. J. KIRKPATRICK

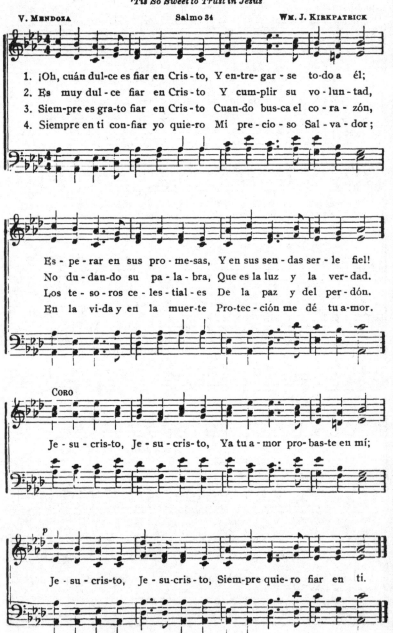

1. ¡Oh, cuán dul-ce es fiar en Cris-to, Y en-tre-gar-se to-do a él;
2. Es muy dul-ce fiar en Cris-to Y cum-plir su vo-lun-tad.
3. Siem-pre es gra-to fiar en Cris-to Cuan-do bus-ca el co-ra-zón.
4. Siempre en ti con-fiar yo quie-ro Mi pre-cio-so Sal-va-dor;

Es-pe-rar en sus pro-me-sas, Y en sus sen-das ser-le fiel!
No du-dan-do su pa-la-bra, Que es la luz y la ver-dad.
Los te-so-ros ce-les-tial-es De la paz y del per-dón.
En la vi-da y en la muer-te Pro-tec-ción me dé tu a-mor.

**Coro**

Je-su-cris-to, Je-su-cris-to, Ya tu a-mor pro-bas-te en mí;

Je-su-cris-to, Je-su-cris-to, Siem-pre quie-ro fiar en ti.

# Allí No Habrá Tribulación

*Higher Ground*

E. RODRIGUEZ      Rev. 22: 1-6      CHAS. H. GABRIEL

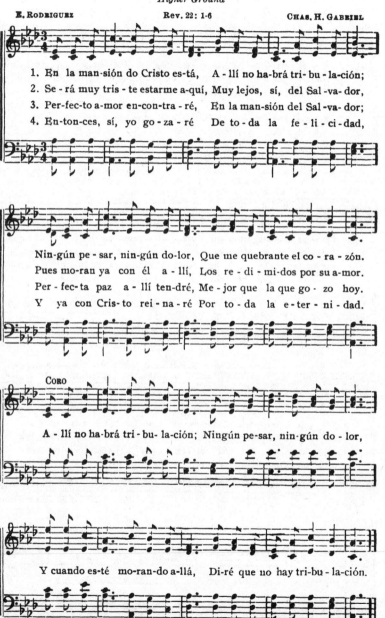

1. En la man-sión do Cristo es-tá,   A - llí no ha-brá tri- bu - la-ción;
2. Se - rá muy tris - te estarme a-quí, Muy lejos, sí, del Sal -va- dor,
3. Per-fec-to a-mor en-con-tra - ré,   En la man-sión del Sal -va- dor;
4. En-ton-ces, sí, yo go - za - ré   De to- da la fe - li - ci-dad,

Nin-gún pe - sar, nin-gún do-lor, Que me quebrante el co - ra - zón.
Pues mo-ran ya con él a - llí, Los re - di - mi-dos por su a-mor.
Per - fec- ta paz a - llí ten-dré, Me - jor que la que go - zo hoy.
Y ya con Cris- to rei - na - ré Por to - da la e -ter - ni - dad.

**CORO**

A - llí no ha-brá tri - bu - la-ción; Ningún pe-sar, nin-gún do - lor,

Y cuando es-té mo-ran-do a-llá,   Di-ré que no hay tri-bu - la-ción.

# 27 ¡Paz! ¡Paz! ¡Cuán Dulce Paz!

*Wonderful Peace*

V. MENDOZA — Fil. 4: 7 — REV. W. G. COOPER

1. En el se - no de mi al - ma una dul - ce quie - tud Se di -
2. Qué te - so - ro yo ten - go en la paz que me dió Y en el
3. Es - ta paz i - ne - fa - ble con - sue - lo me da Des-can -
4. Sin ce - sar yo me - di - to en a-que - lla ciu - dad Do al au -
5. Al - ma tris - te que en ru - do con - flic - to te ves, Só - la

fun - de em-bargando mi ser, U - na calma in - fi - ni - ta que
fon - do del al - ma ha de estar, Tan se - gu - ra que na - die qui-
san-do tan só - lo en Je - sús, Y nin - gu - nos pe - li - gros mi
tor de la paz he de ver, Y en que el himno más dulce que a-
y dé - bil tu sen-da al se - guir, Haz de Cris - to el a - mi - go, que

só - lo po - drán Los a - ma - dos de Dios com-pren - der.
tar - la po - drá Mientras mi - ro los a - ños pa - sar.
vi - da ten - drá ¡Si me sien - to i-nun - da - do en su luz!
llí he de can - tar Al es - tar con Je - sús ha de ser:
fiel siem - pre es, ¡Y su paz tú po - drás re - ci - bir!

CORO

¡Paz! ¡paz! cuán dul - ce paz Es a-quélla que el Pa - dre me da, Yo le

## ¡Paz! ¡Paz! ¡Cuán Dulce Paz!

ruego que inunde por siempre mi sér, En sus ondas de amor celes-tial.

## 28 Más De Jesús

More About Jesus

E. E. HEWITT        Fil. 2: 5        JNO. R. SWENEY

1. Más de Je-sús de-seo sa-ber, Más de su gra-cia y po-der,
2. Más quie-ro a Je-sús se-guir, Más de su san-ta ley cum-plir,
3. Más de Je-sús, más o-ra-ción, Más cerca es-tar en co-mu-nión,
4. Más de Je-sús a-llá ve-ré, Más se-me-jan-te a él se-ré,

Más de su sal-va-ción go-zar, Más de su dul-ce a-mor gus-tar.
Más de su vo-lun-tad sa-ber, Más de su Espí-ri-tu te-ner.
Más su pa-la-bra me-di-tar, Más sus pro-me-sas al-can-zar.
Más de su glo-ria he de go-zar, Más su gran nombre a-la-bar.

**Coro**

Más quie-ro a-mar-le, Más quie-ro hon-rar-le,

Más de su sal-va-ción go-zar, Más de su dul-ce a-mor gustar.

# Acepta El Perdón De Jesús

*Let Jesus Come Into Your Heart*

V. MENDOZA       11 Pedro 3: 9       MRS. C. H. MORRIS

1. Si tú can-sa-do ya es-tás de pe-car, A - cep - ta el per-
2. Si vi - da pu-ra tú quie-res te - ner, A - cep - ta el per-
3. Si tú no pue-des tus lu-chas cal - mar, A - cep - ta el per-
4. Si con los san-tos te quie-res u - nir, A - cep - ta el per-

dón de Je - sús; Si vi - da nue-va qui-sie-res ha-llar,
dón de Je - sús; El es la fuen-te que lim-pia tu ser,
dón de Je - sús; Si tus an-he-los no pue-des col - mar,
dón de Je - sús; Y si a los cie-los as-pi-ras a ir,

A - cep - ta el per - dón de Je - sús.

CORO

No más pe-car, ven a él, Su a-mor te mues-tra en la cruz; Es tiem - po

no seas in - fiel, A - cep - ta el per-dón de Je - sús.

# Hay Poder En Jesús

*There is Power in the Blood*

D. A. MATA       S. Mateo 28: 18-19       L. E. JONES

1. ¿Quie-res ser sal-vo de to-da mal-dad? Tan só-lo hay po-der
2. ¿Quie-res ser li-bre de or-gu-llo y pa-sión? Tan só-lo hay po-der
3. ¿Quie-res ser-vir a tu Rey y Se-ñor? Tan só-lo hay po-der

en mi Je-sús. ¿Quie-res vi-vir y go-zar san-ti-dad?
en mi Je-sús. ¿Quie-res ven-cer to-da cruel ten-ta-ción?
en mi Je-sús. Ven, y ser sal-vo po-drás en su a-mor,

**CORO**

Tan só-lo hay po-der en Je-sús. Hay po-der, poder,
po-der,

sin i-gual po-der, En Je-sús quien mu-rió; Hay po-
En Je-sús quien murió;

der, poder, sin i-gual po-der, En la san-gre que él ver-tió.
po-der,

# 31 Cristo Es Mi Dulce Salvador

*Jesus is All the World to Me*

S. D. ATHANS       1 Cor. 1: 30       WILL L. THOMPSON

1. Cristo es mi dul - ce Sal - va-dor, Mi bien, mi paz, mi luz,
2. Cristo es mi dul - ce Sal - va-dor, Su san-gre me com-pró;
3. Cristo es mi dul - ce Sal - va-dor, Mi e-ter - no Re - den - tor,
4. Cristo es mi dul - ce Sal - va-dor, Por él sal - va - do soy;

Mos-tró - me su in - fi - ni - to a-mor, Mu-rien-do en du - ra cruz.
Con sus he - ri - das y do-lor, Per-fec - ta paz me dió.
¡Oh! nun - ca yo po - dré pa-gar La deu-da de su a-mor;
La ro - ca de la e-ter - ni-dad, En quien se - gu-ro es-toy;

Cuando estoy triste encuentro en él Con-so - la - dor y a - mi - go fiel;
Dicha inmor-tal a - llá ten-dré, Con Cristo siempre rei - na - ré,
Le se-gui - ré, pues, en la luz, No te - me-ré lle - var su cruz,
Gloria inmor-tal a - llá ten-dré, Con Cristo siempre rei - na - ré,

Con - so - la - dor, a - mi - go fiel, es Je - sús.
Di - cha in - mor - tal a - llá ten - dré, con Je - sús.
No te - me - ré lle - var la cruz, de Je - sús.
Glo-ria in-mor - tal a - llá ten - dré con Je - sús.

# ¡Loores a Dios!

*We are Never, Never Weary.*

C. H. Bright  Rev. 4: 11  Wm. J. Kirkpatrick

1. ¡Oh! ja-más nos can-sa-re-mos de la gran can-ción, ¡Loo-res a Dios,
2. ¡Oh! la in-de-ci-ble glo-ria del di-vi-no a-mor, ¡Loo-res a Dios,
3. ¡Qué vis-to-sos son los án-ge-les mo-ran-do en luz! ¡Loo-res a Dios,
4. ¡Co-ro-na-dos en la glo-ria con el Sal-va-dor! ¡Loo-res a Dios,

a-le-lu-ya! ¡Por la fe la can-ta-re-mos con el co-ra-zón,
a-le-lu-ya! ¡Que en sus a-las lle-va el al-ma don-de el Sal-va-dor!
a-le-lu-ya! ¡Más lu-cien-tes los cre-yen-tes al ve-nir Je-sús!
a-le-lu-ya! ¡Can-ta-re-mos a-la-ban-zas del di-vi-no a-mor!

FINE CORO

Loo-res a Dios, a-le-lu-ya! A los hi-jos del Se-ñor per-te-

ne-ce el can-tar, Pues ven-drá el Sal-va-dor y nos

*D. S.*

a-rre-ba-ta-rá; Del pa-la-cio ce-les-tial go-za-re-mos más a-llá.

## 33 Grande Gozo Hay En Mi Alma

*Sunshine in My Soul*

E. E. HEWITT        1 Pedro 1: 8        JNO. R. SWENEY

1. Gran-de go - zo hay en mi al-ma hoy, Pues Je-sús con-mi-go es-tá;
2. Hay un can-to en mi al-ma hoy; Me - lo-dí - as a mi Rey;
3. Paz di - vi - na hay en mi al-ma hoy, Por-que Cris-to me sal - vó;
4. Gra - ti-tud hay en mi al-ma hoy, Y a-la-ban-zas a Je-sús;

Y su paz, que ya go-zando es-toy Por siem-pre du - ra - rá.
En su a-mor fe - liz y li-bre soy, Y sal - vo por la fe.
Las ca-de - nas ro-tas ya es-tán, Je - sús me li-ber - tó.
Por su gra - cia a la glo-ria voy, Go-zán-do-me en la luz.

**CORO**

Gran - de go - zo, ¡Cu - án her - mo so!
para mí      con Je - sús

Pa - so to - do el tiem - po bien fe - liz;
tiem - po bien fe - liz;

Por-que ve - o de Cristo la sonriente faz, Grande gozo sien-to en mí.

Trans. © copyright 1921. Renewal 1949. "Himnos de Gloria" by G.P.H.

# 34  Tendrás Que Renacer

*Ye Must be Born Again*

J. C.  S. Juan 3: 1-12  GEO. C. STEBBINS

1. Un hom-bre de no-che lle-gó-se a Je-sús, Bus-can-do la
2. Si a-ca-so a los cie-los tú quie-res en-trar, Y a-llí con los
3. A - mi-go, no de-bes ja-más des-e-char Pa-la-bras que
4. Her-ma-nos se han i-do con Cris-to a mo-rar, A quie-nes un

sen-da de vi-da y de luz, Y Cris-to le di-jo: "Si a Dios quieres ver
san-tos po-der des-can-sar, Si quie-res la vi-da e-ter-nal ob-te-ner
Cris-to dig-nó-se ha-blar, Si tu al-ma no quieres lle-gar a per-der
dí-a que-rrás en-contrar, Pues es-ta pro-cla-ma hoy de-bes cre-er:

**CORO**

Ten-drás que re-na-cer." (¡oh, sí!) Ten-drás que re-na-

cer, (¡oh, sí!) Ten-drás que re-na-cer, (¡oh, sí!) De cier-to, de

cier-to te di-go a tí, Ten-drás que re-na-cer. (¡oh, sí!)

# 35

# Cantaré La Maravilla

*I Will Sing the Wondrous Story*

F. H. RAWLEY               Salmo 17: 7               P. P. BILHORN

1. Can-ta-ré la ma-ra-vi-lla Que Je-sús mu-rió por mí;
2. Cris-to vi-no a res-ca-tar-me, Vil, per-di-do me encontró;
3. Mis he-ri-das y do-lo-res El Se-ñor Je-sús sa-nó;
4. En el rí-o de la muer-te El Se-ñor me guar-da-rá.

Co-mo a-llá en el Cal-va-rio Dió su san-gre car-me-sí.
Con su ma-no fiel y tier-na Al re-dil él me lle-vó.
Del pe-ca-do y los te-mo-res Su po-der me li-ber-tó.
Es su a-mor tan fiel y fuer-te, Que ja-más me de-ja-rá.

**CORO**

Can-ta-ré........ la bella his-to - ria De Je-
Can-ta-ré       la bella his-to-ria

sús...... mi Sal-va-dor,......... Y con san - tos en la
De Je-sús       mi Sal-va-dor,       Y con san-

glo - ria A Je-sús...... da-ré lo-or.
tos en la glo-ria       A Je-sús       da-ré lo-or.

# 36    Entera Consagración

*Take My Life and Let it Be*

V. MENDOZA        1 Pedro 3: 15        WM. J. KIRKPATRICK

1. Que mi vi-da en-te-ra es-té   Con - sa - gra-da a ti, Se-ñor;
2. Que mis pies tan sólo en pos   De lo san - to pue-dan ir,
3. Que mi tiem-po to-do es-té   Con - sa - gra-do a tu lo-or,
4. To-ma ¡oh Dios! mi vo-lun-tad,   Y haz-la tu - ya, na-da más;
5. To - ma tú mi a-mor, que hoy   A tus pies ven-go a po-ner;

Que a mis ma-nos pue-da guiar   El im - pul - so de tu a-mor.
Y que a ti, Se-ñor, mi voz,   Se complaz-ca en ben-de - cir.
Que mis la-bios al ha-blar   Ha-blen só - lo de tu a-mor.
To-ma, sí, mi co-ra-zón   Por tu tro-no lo ten-drás.
¡To - ma to-do lo que soy,   To - do tu - yo quie-ro ser!

CORO

{ ¡Lá-va-me en tu sangre, Sal-va-dor, (mi Sal-va-dor,) }
{ Lím- pia-me de to - da mi mal-dad, (de mi-maldad,) } Traigo a ti mi

vi - da, pa - ra ser, Se - ñor; Tu - ya por la e - ter - ni-dad!

**37** ¿Llevas Sólo Tu Carga?

*All Alone*

V. MENDOZA · S. Mateo 11: 28-30 · C. AUSTIN MILES

1. ¿Has tra-ta-do de lle-var tu car-ga? Só-lo tú, Só-lo
2. Nunca ol-vi-des que al Cal-va-rio so-lo Fue Je-sús, Fue Je-
3. Só-lo en Cris-to pro-tec-ción y a-yu-da Ha-lla-rás; Ha-lla-
Sólo tú,

tú, ¿No sa-bien-do que ten-drás a-yu-da Si a-cu-
sús; Pa-ra dar-te sal-va-ción y vi-da Cuando
rás; Lle-va siempre a él tus car-gas to-das Que a nin-
Só-lo tú,

die-res al Se-ñor Je-sús? ⎰ Si ten-go cargas que só-lo
so-lo su-cum-bió en la cruz. ⎱ Si ten-go cru-ces que na-die

CORO

**1**
de-bo lle-var, Pa-cien-te las al-zo y a-cu-do a mi Se-ñor;
pue-de car-gar. Su a-(*Omit* .......................................)

**2**
yu-da siem-pre mi Se-ñor me pres-ta con a-mor.

© Copyright 1936. Rodeheaver Hall-Mack owner.

# 38 La Cruz Me Guiará

*The Way of the Cross Leads Home*

V. Mendoza      1 Cor. 1: 18-31      Chas. H. Gabriel

1. Al Cal-va - rio so - lo Je - sús as - cen-dió Lle-van-do pe -
2. En la cruz el al - ma tan só - lo ha-lla - rá La fuen-te de in -
3. Yo por e - lla voy a mi hogar ce - les-tial, El rum-bo mar -

sa - da cruz, Y al mo - rir en e - lla al mor-tal de - jó
spi - ra - ción; Na - da gran-de y dig-no en el mun-do ha-brá
can-do es - tá; En mi obs-cu - ra vi - da se-rá el fa - nal

**Coro**

Un fa - nal de glo - rio - sa luz.
Que en la cruz no halle a-pro-ba - ción. La cruz só - lo me guia-
Y a su luz mi al-ma siem-pre i - rá.

rá, La cruz só - lo me guia-rá; A mi ho-
   guia - rá,      guia-rá;

gar de paz y e - ter-no a-mor La cruz só - lo me guia - rá.

# Santa Biblia

*Holy Bible, Book Divine*

P. Castro      2 Timoteo 3: 14-17      Himno Español

1. San - ta  Bi - blia,  pa - ra  mí  E - res  un  te-
2. Tú  re - pren - des  mi  du - dar;  Tú  me ex-hor - tas
3. E - res  in - fa - li - ble  voz  Del  Es - pí - ri-
4. Por  tu  san - ta  le - tra  sé  Que  con  Cris - to

so - ro a - quí;  Tú  con - tie - nes  con  ver - dad
sin  ce - sar;  E - res  fa - ro  que a  mi  pie,
tu  de  Dios,  Que  vi - gor  al  al - ma  da
rei - na - ré  Yo  que  tan  in - dig - no  soy,

La  di - vi - na  vo - lun - tad;  Tú  me  di - ces
Va  gui - an - do  por  la  fe  A  las  fuen - tes
Cuan-do en a - flic - ción  es - tá;  Tú  me en-se - ñas
Por  tu  luz  al  cie - lo  voy;  ¡San - ta  Bi - blia!

lo  que  soy,  De  quien  vi - ne  y a  quien  voy.
del  a - mor  Del  ben - di - to  Sal - va - dor.
a  triun - far  De  la  muer - te  y el  pe - car.
pa - ra  mí  E - res  un  te - so - ro a - quí.

# 40 En Los Negocios Del Rey

*The King's Business*

V. MENDOZA

2 Cor. 5: 19, 20

FLORA H. CASSEL

1. Soy pe - re - gri - no a-quí, mi hogar le - ja-no es-tá En la man-
2. Que del pe - ca - do vil a - rre-pen - ti-dos ya, Han de rei-
3. Mi hogar más be - llo es que el Va - lle de Sa - rón, E - ter - no

sión de luz, e - ter - na paz y a-mor; Em-ba - ja - dor yo soy del
nar con él los que o-be-dien-tes son, Es el men-sa - je fiel que
go - zo y paz rei-nan por siempre en él, Y a - llí Je - sús da - rá e-

Coro

Rei - no ce - les-tial En los ne - go-cios de mi Rey.
de - bo pro-cla-mar, En los re - go-cios de mi Rey. Es - te men-
ter-na ha-bi - ta-ción, Es el men-sa - je de mi Rey.

sa - je fiel o - íd, Que di - jo ya ce - les te voz; "Recon-ci-

liá - os ya," di-ce el Señor y Rey, ¡Reconci- liá-os hoy con Dios!

## 41   Hay Un Precioso Manantial

*Savior, Wash Me in the Blood*

WILLIAM COWPER     Efesios 1:7     E. O. EXCELL

1. { Hay un precio-so ma-nan-tial De san-gre de Emma-nuel,
{ Que pu-ri-fi-ca a a ca-da cual Que se su-mer-ge en él.

**CORO**

Lá-va-me........ Señor Je-sús     En la san - - gre
Sí lá-va-me     oh mi buen Jesús     En la sangre

de tu cruz.     Láva Y más blanco que la nieve yo se-ré.
la muy cruenta cruz

2 El malhechor se convertió
Pendiente de una cruz;
El vió la fuente y se lavó,
Creyendo en Jesús.

3 Y yo también mi pobre ser
Allí logré lavar;

La gloria de su gran poder
Me gozo en ensalzar.

4 ¡Eterna fuente carmesí!
¡Raudal de puro amor!
Se lavará por siempre en ti
El pueblo del Señor.

## 42   Hay Un Precioso Manantial

*There is a Fountain Filled With Blood*     E. O. E. Arr.

LOWELL MASON

1. { Hay un precio-so ma-nan-tial De san-gre de Emma-nuel,
{ Que pu-ri-fi-ca a ca-da cual (Omit............ ...........)

D.C.-Que pu-ri-fi-ca a ca-da cual (Omit. ....................)

# Hay Un Precioso Manantial

FINE D. S.

Que se sumerge en él, Que se sumerge en él, Que se sumerge en él.

Que se sumerge en él.

## 43    A Jesu-Cristo Ven Sin Tardar

*Come to the Savior*

J. B. Cabrera      Rev. 3: 20      Geo. F. Root

1. A Je-su-cris-to ven sin tardar, Que entre no-so-tros hoy él es-tá,
2. Piensa que él só-lo pue-de col-mar Tu tris-te pe-cho de gozo y paz;
3. Su voz es-cu-cha sin va-ci-lar, Y gra-to a-cep-ta lo que hoy te da,

Y   te con-vi - da con dul-ce a-fán, Tier - no di-cien-do: "Ven."
Y porque an-he - la tu bien-es-tar, Vuel-ve a de-cir - te: "Ven."
Tal vez ma-ña - na no ha-brá lu-gar, No   te de-ten-gas, ven.

**Coro**

¡Oh cuán gra-ta nuestra re - u-nión Cuando a-llá Señor, en tu mansión,

Con - ti-go es-te - mos en co-mu-nión Go-zan-do e-ter - no bien!

# Ya Todo Dejé

*Haven of Rest*

H. L. Gilmour      Fil. 3: 8      George D. Moore

1. Tan tris - te y tan le - jos de Dios me sen - tí, Y
2. ¡Qué a-mi - go tan dul · ce es el tier - no Je - sús!— Tan
3. De mi al - ma el an - he - lo por siem-pre será Más
4. ¡Oh! ven a Je - sús, in - fe - liz pe - ca - dor, No

sin el per-dón de Je - sús, Mas cuan-do su voz a-mo-
lle - no de paz y de a-mor— De to-dos es - te mun-do es la
cer - ca vi-vir de la cruz, Do san-to po - der y pu-
va - gues a cie-gas ya más; Sí, ven a Je - sús, nues-tro

*D. S.*—Ya to - do de - jé por se-

ro - sa o - í, Que di - jo, "Oh, ven a la luz."
fúl - gi - da luz El nom-bre del buen Sal - va - dor.
re - za me da La san - gre de Cris - to Je - sús.
gran Sal - va - dor, Pues en él sal - va - ción ha-lla - rás.

guir a Je - sús Y vi - vo en la luz de su faz.

**Coro**

Ya to-do de - jé para andar en la luz, No moro en tinieblas ya más;

# 45 ¿Eres Limpio En La Sangre?

*Are You Washed in the Blood*

H. W. CRAGIN        Rev. 12: 11        REV. ELISHA A. HOFFMAN

1. ¿Has ha-llado en Cristo ple-na sal-va-ción? ¿Por la san-gre que
2. ¿Vi-ves siempre al la-do de tu Sal-va-dor? ¿Por la san-gre que
3. ¿Tendrás ro-pa blan-ca al ve-nir Je-sús? ¿E-res limpio en la
4. Cris-to o-fre-ce hoy pu-re-za y po-der, ¡Oh, a-cu-de a la

Cris-to ver-tió? ¿To-da mancha la-va de tu co-ra-zón? ¿E-res
él de-rra-mó? ¿Del pe-ca-do e-res siempre ven-ce-dor? ¿E-res
fuen-te de amor? ¿Es-tás lis-to pa-ra la mansión de luz? ¿E-res
cruz del Se-ñor! El la fuen-te es que lim-pia-rá tu ser, ¡Oh, a-

*D. S.—blan-co que la nieve? ¿E-res*

FINE    CORO

limpio en la sangre e-fi-caz?
limpio en la sangre e-fi-caz? ¿E-res lim - pio en la san-
limpio en la sangre e-fi-caz?
cu-de a su sangre e-fi-caz!      ¿E-res lim - pio en la sangre

limpio en la sangre e-fi-caz?

D. S.

gre, En la san-gre de Cris-to Je-sús?      ¿Es tu co-ra-zón más
de Je-sús?

## 46 Más Blanco Que La Nieve

*Whiter Than Snow*

H. W. CRAGIN       Isaías 1: 18       WM. G. FISCHER

1. Yo quie-ro ser lim-pio, oh mi buen Je-sús, De-se-o por
2. Que en mi al-ma no pue-de lo im-pu-ro quedar, Tu san-gre mis
3. Tú, Cris-to me a-yu-das a sa-cri-fi-car, Hu-mil-de lle-
4. Por es-ta pu-re-za doy gra-cias a ti—Que san-ti--fi-

siempre an-dar en tu luz; Tan só-lo en tu san-gre lim-pie-za ten-
manchas las pue-de qui-tar; Pe-ca-dos e í-do-los des-e-cha-
van-do mi to-do a tu al-tar, Te entre-go mi vi-da y a-sí por la
ca-do por tu gra-cia fuı; Tu san-gre lim-pián-do-me ví por la

**Coro**

dré, La-va-do y más blan-co que nie-ve se-ré. Más blan-co,
ré La-va-do y más blan-co que nie-ve se-ré.
fe La-va-do y más blan-co que nie-ve se-ré. *Solo para verso 4.*
fe— La-va-do y más blan-co que nie-ve que-dé. Más blan-co,

sí, que la nie-ve se-ré; La-va-do en la san-gre y lim-pio por fe.
sí, que la nie-ve que-dé; La-va-do en tu sangre, soy lim-pio por fe.

# Dondequiera Con Jesús

*Anywhere With Jesus*

JESSIE H. BROWN     Salmo 121     D. B. TOWNER

1. A cualquie-ra par-te sin te-mor i - ré, Si Je-sús di-
2. Con Je-sús por guí - a don-de quie - ra voy; Ca- mi-nan-do en
3. Don-de quie-ra con Je-sús, en tie-rra y mar, Quiero ser su
4. Don-de quie-ra pa - so yo la no-che a-troz, Por-que siempre

ri - ge mi in-se-gu - ro pie; Sin su com-pa - ñí - a to - do
pos de él se-gu - ro es - toy, Y aunque pa-dre y ma-dre me pue-
fiel tes-ti-go sin ce - sar, Y si por de-sier-to mi ca-
oi-go su be-nig-na ‹ voz; El de dí - a y no-che a mi

es pa - vor, Mas si él me guí - a no ten-dré te - mor.
den fal - tar, Je - su-cris-to nun-ca me aban-do - na - rá.
mi - no va, Un se-gu-ro al-bergue mi Je-sús se - rá.
la - do es - tá, Y en ple-na glo-ria me des-per - ta - rá.

**CORO**

Con Je - sús por do-quier, sin te-mor i - ré,

Si Je - sús me guí - a na - da te-me - ré.

## 48 Pentecostés Para Todos

*Back to Pentecost*

H. W. CRAGIN Y BALL    S. Juan 14: 16.    LOS ACTOS 2: 38, 39    MRS. C. H. MORRIS

1. Dios no nos de - ja huér - fa - nos, Mas co - mo pro - me - tió,
2. ¡Oh! san - tos, Dios os lla - ma hoy, Su ple - ni - tud to - mad;
3. Je - sús pro - mete un Pente - cos - tés A ca - da co - ra - zón;
4. Cre - yen - tes, pa - ra to - dos hay, El gran Con - so - la - dor,

Nos man-da el San-to Es - pí - ri - tu, Que lle - na de su
Es pa - ra to - dos por i - gual El san - to Hués - ped
Pos-tra - dos, pues, ro - gué - mos - le, Y es - pe - re - mos
Y las se - ña - les se - gui - rán, En o - tras len - guas

**CORO**

gran vir - tud Al ser que le es - pe - ró.
ce - les - tial, Es - pí - ri - tu de ver - dad. ¿Ha ve - ni - do a ti? ¿Ha ve-
por la fe, El pro - me - ti - do don.
ha - bla - rán, Pro-me - sa del Se - ñor.

ni - do a ti El Es - pí - ri - tu Con - so - la - dor? (a ti.) Dios convencerá

al mun - do de mal Cuando venga el Con - so - la - dor. (a ti.)

# En La Viña Del Señor

*I Want to Be a Worker*

P. GRADO　　　　　　S. Mateo 20: 1-17　　　　　　I. BALTZELL

1. Yo quie-ro tra-ba-jar por el Se-ñor, Confiando en su pa-la-bra y
2. Yo quie-ro ca-da dí-a tra-ba-jar, Y es-cla-vos del pe-ca-do
3. Yo quie-ro ser o-bre-ro de va-lor, Confiando en el po-der del

en su a-mor, Quiero yo can-tar y o-rar, Yo-cu-pa-do siempre es-tar
li-ber-tar; Condu-cir-los a Je-sús, Nuestro guí-a, nues-tra luz
Sal-va-dor, El que quiera tra-ba-jar, Ha-lla-rá también lu-gar,

CORO

En la vi-ña del Se-ñor. Tra-ba-jar y o-rar
Tra-ba-jar y o-rar, Tra-ba-jar y o-rar,

En la vi-ña, en la vi-ña del Se-ñor; Sí, mi an-
del Se-ñor;

he-lo es o-rar, Yo-cu-pa-do siempre estar En la vi-ña del Se-ñor.

## 50 Te Loamos, ¡Oh, Dios!

*We Praise Thee, Oh, God*

H. W. CRAGIN          Salmo 150: 6          J. J. HUSBAND

1. Te loa - mos, ¡Oh, Dios! Con u - ná - ni - me voz,
2. Te loa - mos, Je - sús, Quien tu tro - no de luz
3. Te da - mos lo - or, San - to Con - so - la - dor,
4. U - ni - dos lo - ad, A la gran Tri - ni - dad,

Que en Cris - to tu Hi - jo Nos dis - te per - dón.
Has de - ja - do por dar - nos Sa - lud en la cruz.
Que nos lle - nas de go - zo Y san - to va - lor.
Que es la fuen - te de gra - cia, Vir - tud y ver - dad.

**Coro**

¡A - le - lu - ya! Te a - la - ba - mos, ¡Cuán gran - de es tu a - mor!

¡A - le - lu - ya! Te a - do - ra - mos, Ben - di - to Se - ñor.

# 51 La Cruz Y La Gracia De Dios

*The Cross is Not Greater Than His Grace*

AUTOR DESCONOCIDO        2 Cor. 12:9, 1 Juan 4:18        BALLINGTON BOOTH

1. La cruz no se - rá más pe - sa - da  Que la gra-cia que él me da;
2. Mi cá - liz nun-ca es tan a-mar-go,  Co - mo el de Get-se-ma- ní;
3. La luz de su ros-tro me a-lum-bra, En el tiem - po de a-flic-ción;

Y si la tor-men-ta me es-pan-ta No po-drá es-con-der su faz.
En mis dí - as más a - pu - ra - dos No se a-par - ta Dios de mí.
Y mi al-ma go-zo - sa vis-lum-bra El pa - la - cio de mi Dios.

**Coro**

La gra - cia de Dios me bas-ta - rá,        Su a - yu - da ja-

más me fal - ta - rá;        Con-so - la - do por su a-mor Que e-cha

fue - ra mi te - mor Con - fia - ré en mi Se - ñor.

# Cristo La Roca

*I've Anchored in Jesus*

M. Lechuga      1 Pedro 2: 3-9      L. E. Jones

1. En las o-las in-men-sas de em-bra-ve-ci-do mar, Que a-
2. Me guar-da de pe-li-gros, de prue-bas, de do-lor; Él
3. Mi dul-ce Sal-va-dor, sí, mi her-mo-so a-mi-go y Dios, Que

sal-tan de mi al-ma la po-bre embar-ca-ción, De ro-di-llas a
man-da que los vien-tos no a-gi-ten tem-pes-tad, Los ma-res se de-
li-bra de tris-te-zas y a-le-ja a-mar-ga hiel, Por fe yo i-ré al

Cris-to cla-mé, y el hu-ra-cán Des-he-cho fue al in-stan-te a la
tie-nen, la o-la re-po-só, Y en Cris-to fi-jo el an-cla, con-
cie-lo, man-sión del ser de a-mor, La fuen-te i-na-go-ta-ble de

voz de Dios.
fian-do más.    **Coro**   Es Cris-to la Ro-ca, el an-cla de mi fe;
di-cha y bien.

Los ma-les, la-men-tos, y a-yes de te-mor, Ter-mi-nan por

# Cristo La Roca

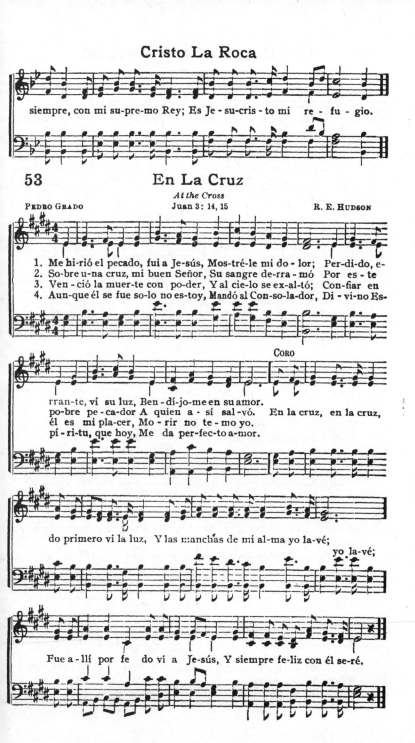

siempre, con mi su-pre-mo Rey; Es Je - su-cris - to mi re - fu - gio.

**53**

# En La Cruz

*At the Cross*

PEDRO GRADO     Juan 3: 14, 15     R. E. HUDSON

1. Me hi-rió el pecado, fui a Je-sús, Mos-tré-le mi do - lor; Per-di-do, e-
2. So-bre u-na cruz, mi buen Señor, Su sangre de-rra - mó Por es - te
3. Ven - ció la muer-te con po-der, Y al cie-lo se ex-al-tó; Con-fiar en
4. Aun-que él se fue so-lo no es-toy, Mandó al Con-so-la-dor, Di - vi-no Es-

**CORO**

rran-te, ví su luz, Ben - dí-jo-me en su amor. En la cruz, en la cruz,
po-bre pe - ca-dor A quien a - sí sal-vó. 
él es mi pla-cer, Mo - rir no te - mo yo.
pí - ri-tu, que hoy, Me da per-fec-to a-mor.

do primero ví la luz, Y las manchas de mi al-ma yo la-vé;

yo la-vé;

Fue a - llí por fe do ví a Je-sús, Y siempre fe-liz con él se-ré.

# 54 Que Haga En Ti Su Voluntad

*Let Him Have His Way With Thee*

AUTOR DESCONOCIDO     S. Marcos 14: 32-42     Rev. Cyrus S. Nuzbaum

1. ¿Vi - vi-rás por Cris-to, fiel a él al fin se-rás? ¿En la vía de
2. ¿Quie-res ir en pos de Cris-to y lle-var la cruz? ¿Quie-res co - no-
3. ¿Quie-res en el cie - lo tus a - mi - gos en-con-trar? De - bes pre-pa-

paz, en pos de él an-da-rás? ¿De la cruz al pie tus cui - tas
cer la paz que da Je-sús? ¿Quie-res que te guí - e con la
rar tu vi - da sin tar-dar. ¿Quie-res a él só - lo hoy tu

**Coro**

to - das de - jarás? Que haga en ti su vo-lun-tad.
ver-da - de - ra luz? Que haga en ti su vo-lun-<u>tad.</u>   Su gran po-der sus
vi - da con-sa-grar? Que haga en ti su vo-lun-tad.

do-nes te dará; El go-zo y paz a tu al-ma vol-ve-rá, Del co - ra - zón

*rit.*

las manchas lim-pia-rá, Que ha - ga en ti su san - ta vo - lun - tad.

# 55 El Mundo Perdido

*The Light of the World*

H. C. T.  S. Juan 8: 12  P. P. BLISS

1. El mun-do per - di-do en pe - ca - do se vio: ¡Je - sús es la luz del mun - do! Mas en las ti - nie-blas la glo-ria bri-lló,
2. En dí - a la no-che se cam - bia con él; ¡Je - sús es la luz del mun - do! I - rás en la luz sia su ley e - res fiel,
3. ¡Oh, cie - gos y pre - sos del ló - bre-go er-ror! ¡Je - sús es la luz del mun - do! El man - da la - var-os y ver su ful-gor,
4. Ni so - les ni lu - nas el cie - lo ten-drá, ¡Je - sús es la luz del mun - do! La luz de su ros - tro lo i - lu - mi - na - rá,

**CORO**

¡Je - sús es la luz del mun - do! ¡Ven a la luz; no quie-res per-der Go - zo per - fec-to al a - ma - ne - cer! Yo cie - go fui, mas ya pue-do ver, ¡Je - sús es la luz del mun - do!

## 56 Oh Yo Quiero Andar Con Cristo

*Oh, I Love to Walk With Jesus*

H. C. BALL        1 Pedro 2: 21        C. F. WEIGELE

1. ¡Oh! yo quie-ro an-dar con Cris-to, Quie - ro o - ír su tier-na voz,
2. ¡Oh! yo quie-ro an-dar con Cris-to, Él vi - vió en san - ti - dad;
3. ¡Oh! yo quie-ro an-dar con Cris-to, De mi sen-da él es la luz,

Me - di - tar en su pa - la - bra Siempre an-dar de él en pos.
En la Bib - lia yo lo le - o, Y yo sé que es la ver-dad.
De - ja-ré el per-ver - so mun-do Y car-gar a - quí mi cruz.

Con - sa-grar a él mi vi - da, Cum-plir fiel su vo - lun-tad;
Cris-to e - ra san-to en to - do El Cor-de - ro de la cruz
Es - te mun - do na - da o-fre - ce, Cris - to o-fre - ce sal - va-ción;

Y al - gún dí - a con mi Cris - to, Go - za - ré la cla - ri - dad.
Y yo an - he - lo ser cris - tia - no, Se - gui-dor de mi Je - sús.
Y es mi ú - ni-ca es - pe - ran - za Go - zar vi - da e-ter-na en Sión.

**CORO**

¡Oh, sí, yo quiero andar con Cristo! ¡Oh, sí, yo quiero vi-vir con Cristo!

# Oh Yo Quiero Andar Con Cristo

¡Oh, sí, yo quie-ro morir con Cris-to! Quiero ser-le un tes-ti-go fiel.

## 57  Gloria Al Cordero

*Glory, Glory, Jesus Saves Me*

H. C. BALL                    S. Juan 1: 29                    S. H. PRATHER

1. Cris-to mí - o, me sal - vas-te, Tu - yo soy, tu - yo se - ré;
2. Mu-cho tiem-po solo an - du - ve, Le - jos de tu dul-ce a - mor
3. En la fuen-te de la vi - da, Fui lim - pia-do por la fe;
4. Glo-ria a Cris-to, el Cor - de - ro, Que mu - rió en u - na cruz;

Por tu san-gre de-rra - ma-da Vi-da e-ter - na go - za - ré.
Mas a-ho - ra por tu gra - cia Ten-go paz en ti, Se - ñor.
Con-sa - gra-do a tu ser - vi - cio, Pa - ra ti ya vi - vi - ré.
Glo-ria a él, me guar-da siem-pre En su go - zo, paz y luz.

**CORO**

Glo - ria, glo - ria al Cor - de - ro, Glo-ria, glo - ria a Je - sús;

Ya soy lim - pio por su san-gre, Glo-ria, glo - ria a Je - sús.

# Puedo Entonces Conocerle

*My Savior First of All*

V. MENDOZA      1 Juan 3: 2      JNO. R. SWENEY

1. Cuando a-quí de mi vi-da mis a-fa-nes ce-sen ya, Y se a-
2. ¡Oh! qué go-zo ten-dré yo cuan-do pue-da ver su faz, Y en e-
3. He de ver a los se-res que en la tier-ra yo per-dí, Cuando en
4. Al en-trar por las puer-tas de la cé-li-ca ciu-dad, Me u-ni-

nun-cie bella au-ro-ra ce-les-tial, En las pla-yas del cie-lo mi lle-
ter-na vi-da es-té con mi Se-ñor; De su la-do ya nun-ca me po-
bra-zos de la muer-te los de-jé, Y aunque de e-llos entonces, con do-
ré con los que ya triunfantes van; Y del him-no que a-la-be de mi

ga-da es-pe-ra-rá, Mi Se-ñor con bien-ve-ni-da pa-ter-nal.
drán qui-tar ja-más Los ha-la-gos de mi fie-ro ten-ta-dor.
lor me des-pe-dí, Junto al tro-no de Je-sús los ha-lla-ré.
Dios la ma-jes-tad, Los a-cen-tos por los sig-los so-na-rán.

**Coro**

Puedo en-ton-ces co-no-cer-le, Y se-guro en su seno es-ta-ré,
Puedo entonces

# Puedo Entonces Conocerle

Cara a cara.... es-pe-ro ver-le, Y con él re-di-mi-do vi-vi-ré.

Cara a cara

## 59 ¡Te Quiero, Mi Señor!

*I Need Thee Every Hour*

AUTOR DESCONOCIDO          S. Juan 21: 15-20          REV. ROBERT LOWRY

1. ¡Te quie-ro, mi Se-ñor! Ha-bi-ta en mí,   Y ven-ce-dor se-
2. ¡Te quie-ro, oh, Je-sús,  Mi Sal-va-dor! Oh, haz-me en ver-
3. Tu vo-lun-tad, Se-ñor, En-sé-ña-me;   Y de tu gran a-
4. Oh, mi gran Bien-he-chor, En ten-ta-ción;  Con-cé-de-me va-

**CORO**

ré, Por fe en ti.
dad Tu ser-vi-dor.   Te quie-ro, sí, Te quie-ro, Siem-pre Te an-
mor, ¡Oh! cól-ma-me.
lor Y pro-tec-ción.

he-lo;  Ben-dí-ce-me a-ho-ra, A-cu-do a ti.

## 60. Estrellas En Mi Corona

*Will There Be Any Stars in my Crown?*

V. Mendoza      Rev. 2: 10      Jno. R. Sweney

1. Sin ce-sar siem-pre pien-so en la tie-rra me-jor Do al po-
2. De la fuer-za de Dios es-pe-ran-do el po-der, Tra-ba-
3. ¡Oh! qué go-zo en los cie-los se-rá pa-ra mí Vi-vas

ner-se mi sol lle-ga-ré; Y al ha-llar-me en los cie-los con
jar quie-ro siem-pre y sal-var A las al-mas, y al fin, cual es-
ge-mas po-ner a sus pies, Y te-ner en mi fren-te co-

Cris-to el Se-ñor, ¿Mi co-ro-na de es-tre-llas ten-dré?
tre-llas sa-ber Que en mis sie-nes i-rán a bri-llar.
ro-na que a-llí ¡Or-nen jo-yas de tal bri-llan-tez!

**Coro**

¿Mi co-ro-na ten-drá sus es-tre-llas a-llí, En las al-mas que

yo res-ca-té?.......... Cuan-do el sol ya de-cli-ne y me en-
res-ca-té?

## Estrellas En Mi Corona

cuen-tre yo en ti, ¿Mi co - ro - na de es-tre-llas ten- dré? ....
de es - tre-llas ten-dré?

## 61 Nada Hay Que Me Pueda Apartar

*The Half Has Never Been Told*

PEDRO GRADO          Romanos 8: 35          R. E. HUDSON

1. Nada hay que me pueda a- par - tar, De Cris - to y de su a - mor,
2. Sa - ber que Cris-to es mi sos - tén, Me a-le-gra el co - ra - zón,
3. Se - ñor, si cer - ca es-tás de mí, Se ahu yen-ta el te - mor;
4. Je - sús, mi a-mable y buen Pas-tor, De Dios su - pre-mo Don,

Pues él    de - ve-ras sabe a- mar    Al po - bre pe - ca - dor.
Pues él    es mi su - pre-mo bien,    Me da  la sal - va - ción.
Per-dón com-pleto en-cuentra en ti,  El po - bre pe - ca - dor.
A - par - ta mi al-ma de do - lor,    Me da con - so - la - ción.

**CORO**

Yo te a - mo ¡oh, mi Sal-va-dor! (Sal - va-dor!) Más que a lo te - rre - nal;

Me das con-sue-lo, paz y a-mor, (paz y a-mor,) Y el Rei-no ce - les - tial.

## 62 Con Cristo Yo Iré

*If Jesus Goes With Me, I'll Go*

H. C. BALL       S. Mateo 28: 20       C. AUSTIN MILES

1. Ya se - a en el va - lle do el pe - li-gro es-té, O que en la luz glo-
2. Si al de-sier-to quie-re Je-sús que va-ya yo Lle-van-do bue-nas
3. Aun-que mi par-te se - a mi du-ra cruz lle-var, Di - ré a mis her-
4. La vo-lun-tad de Cris-to yo quie-ro o-be-de-cer, Pues en la San - ta

rio - sa de paz ha - bi - te yo, A mi Je - sús di - ré: "Tu
nue-vas de san - ta sal - va - ción, Si a-llí en du - ra lid, mi
ma-nos tam-bién su gran po - der, Con-ten - to que-da - ré, mi
Bi - blia en-cuen-tro mi sa - ber, Y con su gran po - der al

vo - lun-tad ha - ré," Si Cris-to me guí - a do-quie - ra yo i - ré.
cam-po se - ña - ló, A Cris-to yo si-go, sin más di - la-ción.
luz ha - ré bri - llar, Tes-ti-go de Cris-to, do-quie - ra yo i - ré.
mun-do ven-ce - ré, Si él va con- mi - go, do-quie - ra yo i - ré.

CORO

Si Cris-to con-mi-go va,.... Yo i - ré, Yo no te-me-ré, Con

go-zo i - ré, con-mi-go va; Es gra-to ser-vir a Je - sús, Lle-

© copyright 1936. Renewal. Rodeheaver Hall-Mack owner.

## Con Cristo Yo Iré

var la cruz;.. Si Cris-to con-mi-go va, Yo i - ré.

## 63  Dios Os Guarde

*God be With You*

J. E. RANKIN, D. D.       Gen. 31: 49       W. G. TOMER

1. Dios os guarde en su san-to a-mor; Hasta el día en que lle-gue-mos,
2. Dios os guarde en su san-to a-mor; En la sen-da pe - li-gro - sa,
3. Dios os guarde en su san-to a-mor; Os con-duz-ca su ban-de - ra;
4. Dios os guarde en su san-to a-mor; Con su gra-cia él os sos-ten-ga,

A la pa-tria do es-ta-re - mos, Pa-ra siempre con el Sal - va-dor.
De es-ta vi-da tor-men-to - sa, Os con-ser-ve en paz y sin te-mor.
Y os es-fuer-ce en gran manera, Con su Es-pí-ri-tu Con-so - la-dor.
Has-ta que el Ma-es-tro ven-ga, A fun-dar su rei-no en esplendor.

CORO

Al venir Jesús nos ve-re-mos, A los pies de nuestro Salvador;

Reu-ni-dos....todos se-re-mos, Un re-dil con nuestro buen Pastor.

## 64 Voluntarios De Jesús

*As a Volunteer*

V. Mendoza     2 Cor. 10: 4     Chas. H. Gabriel

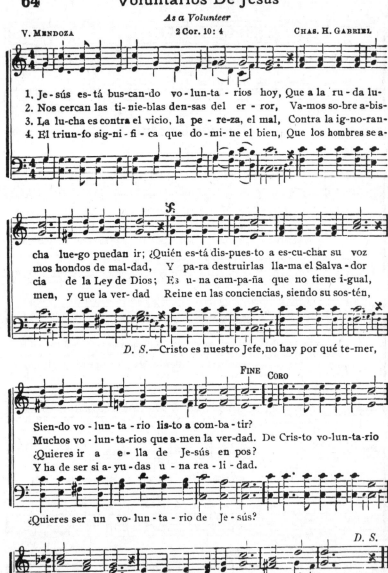

1. Je-sús es-tá bus-can-do vo-lun-ta - rios hoy, Que a la ru-da lu-
2. Nos cercan las ti-nie-blas den-sas del er - ror, Va-mos so-bre a-bis-
3. La lu-cha es contra el vicio, la pe - re-za, el mal, Contra la ig-no-ran-
4. El triun-fo sig-ni - fi - ca que do - mi- ne el bien, Que los hombres se a-

cha lue-go puedan ir; ¿Quién es-tá dis-pues-to a es-cu-char su voz
mos hondos de mal-dad, Y pa-ra destruirlas lla-ma el Salva - dor
cia de la Ley de Dios; Es u - na cam-pa-ña que no tiene i-gual,
men, y que la ver- dad Reine en las conciencias, siendo su sos-tén,

D. S.—Cristo es nuestro Jefe, no hay por qué te-mer,

Fine   Coro

Sien-do vo - lun- ta - rio lis-to a com-ba - tir?
Muchos vo - lun-ta-rios que a-men la ver-dad. De Cris-to vo-lun-ta-rio
¿Quieres ir a e - lla de Je-sús en pos?
Y ha de ser si a-yu-das u - na rea - li - dad.

¿Quieres ser un vo-lun - ta - rio de Je - sús?

D. S.

tú pue - des ser, O-tros ya se a-lis-tan haz - lo tú;

haz-lo tú;

## 65 A Solas Con Jesús

*In the Garden*

V. MENDOZA  2 Cor. 6: 16  C. AUSTIN MILES

1. A so-las al huer-to yo voy, Cuan-do duer-me aún la flo-
2. Tan dulce es la voz del Se - ñor, Que las a - ves guardan si-
3. Con él en-can-ta-do yo es-toy, Aun-que en tor-no lle-guen las

res - ta; Y en quie-tud y paz con Je-sús es - toy O-
len - cio, Y tan só - lo se o-ye e-sa voz de a-mor, Que in-
som - bras; Mas me orde-na a ir que a es-cu-char yo voy, Su

**CORO**

yen-do ab-sor-to a - llí su voz.
men-sa paz al al - ma da. El con-mi-go es-tá, pue-do
voz do-quier la pe-na es-té.

o - ír su voz, Y que su-yo di - ce se - ré; Y el en-

can-to que ha-llo en él a - llí, Con na-die te - ner po - dré.

# 66 ¡Salud! ¡Salud!

*Marching to Glory*

AUTOR DESCONOCIDO     S. Lucas 19: 28-41     H. C. WORK

1. Ven-go a tus pies Je-sús con llan-to y do-lor; Mi-se-ri-cor-dia
2. De-bo, pues, mis fuerzas y mi vi-da to-da a ti, Te las doy con
3. Vo-ces dad al pe-ca-dor que an-da sin sos-tén; Sin la paz, bus-
4. Glo-ria a nuestro Salva-dor, por su gran sal-vación, Glo-ria tri-bu-

ten de mí, un po-bre pe-ca-dor, Sál-va-me y te da-ré, mi
gra-ti-tud y a-le-gre-men-te, sí; Gra-ti-tud a ti que vi-da
cán-do-la, de-cid-le a Cristo ven; El que me sal-vó quie-re sal-
te-mos en la sa-la de o-ra-ción, Glo-ria can-ta-re-mos en can-

*D. S.—*Sal-va-ción ya ten-go y des-

FINE.     CORO

vi-da en lo-or—¡Oh Sal-va-dor, tier-no Cris-to!
dis-te ya por mí— Mi Sal-va-dor Je-su-cris-to. ¡Sa-lud! ¡Sa-
var-te a ti también, Cree en la san-gre de Cris-to.
ción de fuer-te son, Yo soy sal-va-do por Cris-to.

can-so dul-ce en él, Yo soy sal-va-do en Cris-to.

D. S.

lud! Can-tad a nuestro Dios, La paz nos da, Clamad en al-ta voz;

# 67 De Mi Tierno Salvador

*Meet Me There*

AUTOR DESCONOCIDO · Fil. 3: 20, 21 · WM. J. KIRKPATRICK

1. De mi tier-no Sal-va-dor Can-ta-ré el inmenso amor, Glo-ria-
2. ¡Oh, qué tris-te con-di-ción Del im-pí-o co-ra-zón! Me sal-
3. En el mun-do al va-gar, So-li-ta-rio sin ho-gar, No sa-
4. De lo fal-so a su ver-dad, De lo inmundo, a san-ti-dad, Ya me

ré-me en el fa-vor de Je-sús; De ti-nie-blas me lla-mó, De ca-
vó de per-di-ción, mi Je-sús. Del pe-ca-do, el perdón; De la
bía que dul-ce paz da Je-sús. Mas las lá-gri-mas de ayer, Han pa-
tra-jo la bon-dad de Je-sús. Hechos fuertes en vir-tud, De su-

de-nas me li-bró, De la muerte me sal-vó, mi Je-sús.
rui-na, sal-va-ción; Por tris-te-za, ben-di-ción, dio Je-sús.
sa-do, y pla-cer Ya comien-zo a te-ner, en Je-sús.
pe-ren-nal sa-lud; Himnos dad de gra-ti-tud a Je-sús.

D. S.–go-zo me lle-nó, De su vi-da me do-tó, mi Je-sús.

**CORO**

¡Mi Je-sús! ¡Mi Je-sús! ¡Cuán pre-cio-so es el

nombre de Je-sús! (de Jesús!) Con su san-gre me lim-pió, De su

# 68 Libre Estoy

*I Remember When My Burdens Rolled Away*

H. C. BALL        S. Juan 8: 36        MRS. MINNIE A. STEELE

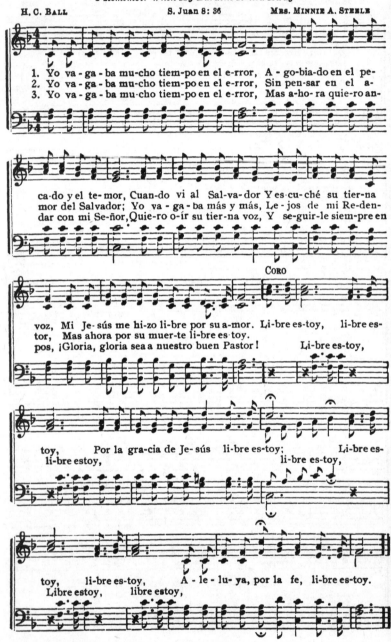

1. Yo va-ga-ba mu-cho tiem-po en el e-rror, A-go-bia-do en el pe-
2. Yo va-ga-ba mu-cho tiem-po en el e-rror, Sin pen-sar en el a-
3. Yo va-ga-ba mu-cho tiem-po en el e-rror, Mas a-ho-ra quie-ro an-

ca-do y el te-mor, Cuan-do vi al Sal-va-dor Y es-cu-ché su tier-na
mor del Salvador; Yo va-ga-ba más y más, Le-jos de mi Re-den-
dar con mi Se-ñor, Quie-ro o-ír su tier-na voz, Y se-guir-le siem-pre en

**CORO**

voz, Mi Je-sús me hi-zo li-bre por su a-mor. Li-bre es-toy, li-bre es-
tor, Mas ahora por su muer-te li-bre es-toy.
pos, ¡Gloria, gloria sea a nuestro buen Pastor! Li-bre es-toy,

toy, Por la gra-cia de Je-sús li-bre es-toy; Li-bre es-
li-bre estoy, li-bre es-toy,

toy, li-bre es-toy, A-le-lu-ya, por la fe, li-bre es-toy.
Libre estoy, libre estoy,

# 69 Precioso Es Jesús

*He is so Precious to Me*

H. C. BALL    1 Pedro 2: 7    CHAS. H. GABRIEL

1. Je-sús es pre-cio-so, mi buen Sal-va-dor, Por siem-pre le a-la-bo
2. Y cuan-do en pe-ca-do muy tris-te me vi, Lla-man-do a las puertas
3. Mas ya por su gra-cia la luz pue-do ver, Qui-tó mi tris-te-za,
4. Je-sús es pre-cio-so, mi fiel Re-den-tor, Me go-zo en su luz que en

por su gran a - mor; Si dé - bil me encuentro su fuer-za me da,
de mi co - ra-zón Me di - jo: "Tu al - ma yo quie-ro sal - var,
mi llanto en-ju - gó; Por fe yo con-tem-plo mi e-ter - no ho - gar,
mi sen - da bri llu; Yo sé que glo-rio - so por mí vie - ne a-quí,

El es mi pre-cio-so Je - sús.

**CORO**

Pre - cio-so es Je-sús, mi Je-sús,...... Pre-cio-so es Je-sús, mi Je - sús;...... Mi glo-ria se-

*rit.*

rá su ros-tro al mi - rar, El es mi pre-cio-so Je - sús.

# 70 Mi Sueño Inefable

*My Wonderful Dream*

V. Mendoza          Tito 2: 13          Chas. H. Gabriel

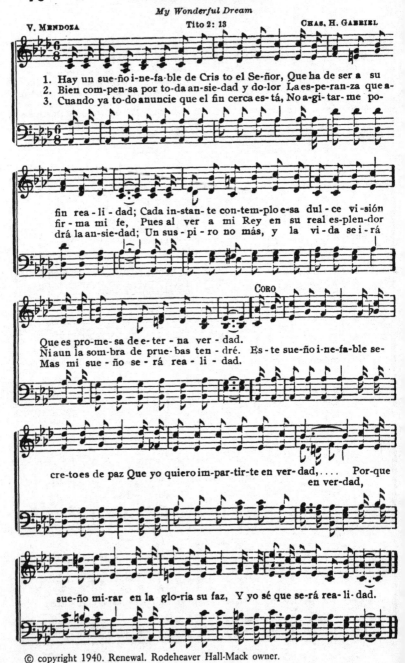

1. Hay un sue-ño i-ne-fa-ble de Cris to el Se-ñor, Que ha de ser a su
2. Bien com-pen-sa por to-da an-sie-dad y do-lor La es-pe-ran-za que a-
3. Cuando ya to-do anuncie que el fin cerca es-tá, No a-gi-tar-me po-

fin rea - li - dad; Cada in-stan - te con-tem-plo e-sa dul - ce vi-sión
fir - ma mi fe, Pues al ver a mi Rey en su real es-plen-dor
drá la an-sie-dad; Un sus-pi - ro no más, y la vi - da se i - rá

**Coro**

Que es pro-me-sa de e-ter - na ver - dad.
Ni aun la som-bra de prue-bas ten - dré. Es - te sue-ño i-ne-fa-ble se-
Mas mi sue - ño se - rá rea - li - dad.

cre-to es de paz Que yo quiero im-par-tir-te en ver-dad,.... Por-que
en ver-dad,

sue-ño mi-rar en la glo-ria su faz, Y yo sé que se-rá rea-li-dad.

# 71 Día Feliz

*Happy Day*

T. M. WESTRUP

Salmo 1

E. F. RIMBAULT

1. Fe - liz mo-men-to en que es-co-gí, Ser-vir-te, mi Se-ñor y Dios;
2. ¡Pa-só! Mi gran de - ber cum-plí; De Cris-to soy, y mí-o es El;
3. Re - po - sa dé - bil co - ra - zón; A tus con-tien-das pon ya fin,
4. So-lem - ne vo-to, o-fren-da, flor, Que al cie-lo san - to con-sa-gré;

Pre - ci-so es que mi gozo en ti, Lo mues-tre hoy con o-bra y voz.
Me a-tra-jo: con pla-cer se - guí, Su voz co - no - ce to - do fiel.
Ha - llé más no - ble po - se - sión, Y par-te en su - pe - rior fes-tín.
Hoy sé mi tí - tu - lo de ho-nor; Des-pués tes-ti - go de mi fe.

**Coro**

¡Soy fe - liz! ¡Soy fe - liz! Y en su fa - vor me go - za - ré;

En li - ber-tad y luz me vi, Cuan-do triun-fó en mí la fe,

Y el rau-dal car - me - sí, Sa-lud de mi al-ma en-fer-ma fue.

## 72 Hay Quien Vigile

*The Watchful Eye.*

J. N. DE LOS SANTOS     Salmo 33: 18     MRS. J. G. WILSON

1. Hay quien ve-le mis pi-sa - das   En la sombra y en la luz;
2. Hay con-tac-to que me ex-pli - ca   La presen-cia del Se-ñor;
3. Hay un co-ra-zón a-man - te,   De in-fi-ni-ta com-pa-sión,

Por las sendas es-car-pa - das   Ve - la - rá por mí Je-sús.
El las penas san-ti-fi - ca,   Y me li-bra del te-mor.
Que con-fie-re paz constan - te   Al con-tri-to co - ra-zón.

Por los va-lles, por los mon - tes,   Do me lle-va su bon-dad,
Cris-to con su ma-no he-ri - da,   Pro-tec-ción me pue-de dar,
En su a-mor hay e-fi-ca - cia,   El es un a-mi-go fiel,

Mi-ro ya los ho-ri-zon - tes   De u-na nue-va cla-ri-dad.
Cuan-do cru-zo de la vi-da   El in-quie-to y fie-ro mar.
Hay en él ver-dad y gra-cia,   Su-yo soy y mí-o es él.

**CORO**

Hay quien vele mis pi-sa - das,   Y mi senda traza - rá;
Hay quien vele mis pisadas, vele mis pisadas, Y mi senda traza-rá, mi senda tra-za-rá;

# Hay Quien Vigile

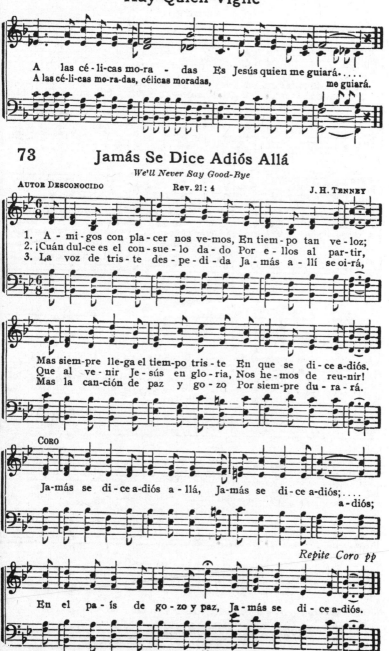

A las cé - li - cas mo - ra - das Es Jesús quien me guiará.....
A las cé-li-cas mo-ra-das, célicas moradas,        me guiará.

## 73    Jamás Se Dice Adiós Allá

*We'll Never Say Good-Bye*

AUTOR DESCONOCIDO      REV. 21: 4      J. H. TENNEY

1. A - mi - gos con pla - cer nos ve - mos, En tiem - po tan ve - loz;
2. ¡Cuán dul-ce es el con - sue - lo da - do Por e - llos al par-tir,
3. La voz de tris - te des - pe - di - da Ja - más a - llí se oi-rá,

Mas siem-pre lle-ga el tiem-po tris - te En que se di - ce a-diós.
Que al ve - nir Je - sús en glo-ria, Nos he - mos de reu-nir!
Mas la can-ción de paz y go - zo Por siem-pre du - ra - rá.

CORO

Ja-más se di - ce a-diós a - llá, Ja-más se di - ce a-diós;....
                       a - diós;

*Repite Coro pp*

En el pa - ís de go - zo y paz, Ja - más se di - ce a-diós.

# 74 Dilo A Cristo

*Tell it to Jesus*

AUTOR DESCONOCIDO       Salmo 55: 22       E. S. LORENZ

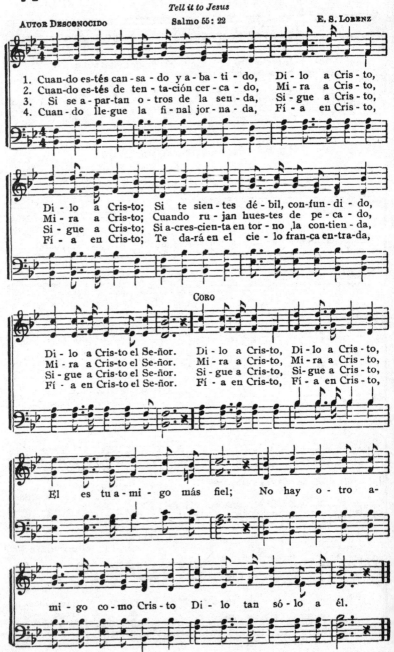

1. Cuan-do es-tés can - sa - do y a - ba - ti - do,    Di - lo    a Cris - to,
2. Cuan-do es-tés de ten - ta-ción cer - ca - do,    Mi - ra    a Cris - to,
3. Si se a - par-tan o - tros de la sen - da,    Si - gue    a Cris - to,
4. Cuan-do lle-gue la fi - nal jor - na - da,    Fí - a    en Cris - to,

Di - lo   a Cris-to; Si te sien-tes dé - bil, con-fun - di - do,
Mi - ra   a Cris-to; Cuando ru - jan hues-tes de pe - ca - do,
Si - gue a Cris-to; Si a-cres-cien-ta en tor - no la con-tien - da,
Fí - a en Cris-to; Te da-rá en el cie - lo fran-ca en-tra-da,

**CORO**

Di - lo a Cris-to el Se-ñor.    Di - lo a Cris-to, Di - lo a Cris - to,
Mi - ra a Cris-to el Se-ñor.    Mi - ra a Cris-to, Mi - ra a Cris - to,
Si - gue a Cris-to el Se-ñor.    Si - gue a Cris-to, Si - gue a Cris - to,
Fí - a en Cris-to el Se-ñor.    Fí - a en Cris-to, Fí - a en Cris - to,

El es tu a - mi - go más fiel; No hay o - tro a-

mi - go co - mo Cris - to Di - lo tan só - lo a él.

# 75 Tuyo Soy, Jesús

*I am Thine, O Lord*

AUTOR DESCONOCIDO          1 Cor. 6: 19, 20          W. H. DOANE

1. Tu - yo soy, Je - sús, ya es-cu - ché la voz, De tu a-mor ha-
2. A - se - guir-te a ti me con-sa - gro hoy, Con-stre-ñi - do
3. ¡Oh, cuán pu - ra y san - ta de - li - cia es, De tu co - mu-
4. De tu gran-de a - mor no com-pren-de - ré, Cuál es la pro-

blán-do-me a-quí; Mas an - he - lo en a - las de fe su - bir,
por tu a - mor, Y mi es-pí - ri - tu, al-ma y cuer - po doy
nión go - zar, Y con - ti - go ha-blar y tu dul - ce voz
fun - di - dad, Has-ta que con - ti - go Je - sús es - té

### Coro

Y más cer-ca es-tar de ti. Aun más cer - ca,
Por ser-vir - te, mi Se - ñor.
Ca - da dí - a es-cu - char!
En glo-rio-sa e - ter - ni - dad. cer - ca, cer - ca,

cer - ca de tu cruz, Llé-va-me, ¡oh, Sal - va - dor! Aun más

cer - ca, cer-ca, cer - ca de tu cruz, Llé-va-me. ¡oh buen Pas-tor!

# El Consolador Ha Venido

*The Comforter Has Come*

V. Mendoza     S. Juan 14:16, 17     Wm. J. Kirkpatrick

1. Do - quier el hom-bre es-té, la nue - va pro - cla - mad, Do-
2. La no - che ya pa - só, y al fin bri - lló la luz, Que
3. El es quien da sa - lud, y ple - na li - ber - tad, A
4. ¡Oh, gran-de e - ter-no a - mor! mi len - gua dé - bil es Pa-

quier ha-ya a-flic-ción, mi - se - rias y do - lor, Cris - tia - nos, a - nun-
vi - no a di - si - par las som-bras del te-rror, A - sí del al - ma
los que en-ca-de-nó, el fie - ro ten - ta - dor; Los ro - tos hie-rros,
ra po - der ha-blar del don que re - ci - bí, Al re - no-var en

D.S.—Dios nos pro-me-tió, al mun - do des-cen-dió; Do-quier el hombre es-

**Fine**

ciad que el Pa - dre nos en - vió, El fiel Con - so - la - dor.
fue au - ro - ra ce - les - tial, El fiel Con - so - la - dor.
hoy di - rán que vi - no ya, El fiel Con - so - la - dor.
mí, la i - ma-gen ce - les - tial, El fiel Con - so - la - dor.

té, de - cid que vi - no ya, El fiel Con - so - la - dor.

**Coro**     **D. S.**

El fiel Con - so - la - dor, El fiel Con - so - la - dor, Que

# 77 Cuando Dios La Sangre Ve

*When I See the Blood*

C. H. MILLER Y BALL    Hebreos 9: 14    J. G. FOOTE

1. Mi Re-den-tor mu-rió en la cruz, Quien le re-ci-ba,
2. A los más ma-los él sal-va-rá, Co-mo pro-me-te,
3. El jui-cio vie-ne, a-llí es-ta-rás; Si le re-cha-zas,
4. ¡Que ma-ra-vi-lla de gran a-mor, Cris-to mos-tró por

ten-drá la luz; Por pe-ca-do-res to-do él pa-gó,
a-sí lo ha-rá, En él con-fí-a, ¡Oh, pe-ca-dor!
tris-te sal-drás, No te de-ten-gas, ven a Je-sús,
el pe-ca-dor! El que cre-ye-re sal-vo se-rá,

Ya sus mal-da-des Je-sús per-do-nó. Cuando Dios    la sangre
Vi-da e-ter-na te da el Se-ñor.
Quien tus pe-ca-dos lle-vó en la cruz.
Go-ces e-ter-nos él dis-fru-ta-rá.    Cuando Dios

**CORO**

ve,    Cuando Dios la san-gre ve.    En la cual el pe-ca-
la sangre ve    El Señor    En la cruz    En la cual

*rit.*

dor,    Se la-vó, le ve-rá con fa-vor.
pe-ca-dor,    con fa-vor.

# A Ti Y A Mí

*Softly and Tenderly*

PEDRO GRADO Y MR. BALL      2 Cor. 6: 2      WILL L. THOMPSON

1. ¡Cuán tiernamente nos es-tá llamando, Cris-to a ti y a mí!
2. ¿Por qué te-me-mos si es-tá abogando, Cris-to por ti y por mí?
3. El tiem-po vue-la, lo-grar-lo conviene, Cris-to te lla-ma a ti.

El nos es-pe-ra con bra-zos a-bier-tos; Lla-ma a ti y a mí.
Sus ben-di-cio-nes es-tá de-rra-man-do, Siempre por ti y por mí.
Vien-en las sombras y la muerte viene; Vie-ne por ti y por mí.

CORO

Ve - nid,.. ve - nid,.. Si es-táis can-sa-dos, ve - nid;..
Ve-nid, ve-nid,

¡Cuán tiernamente os es-tá lla-man-do! ¡Oh, pe-ca-do-res, ve - nid!

# Puedo Oír Tu Voz Llamando

*I Can Hear My Savior Calling*

Sra F. F. D.
*Trio*

S. Mateo 10: 38

J. S. Norris

1. Pue-do o-ír tu voz lla-man-do, Pue-do o-ír tu voz lla-man-do,
2. Yo te se-gui-ré en el huer-to, Yo te se - gui-ré en el huer-to,
3. Su-fri-ré por ti, Ma-es-tro, Su-fri - ré por ti, Ma-es-tro,
4. Me da-rás la gra-cia y glo-ria, Me da-rás la gra-cia y glo-ria,

Pue-do o-ír tu voz lla-man-do, Trae tu cruz y ven en pos de mí.
Yo te se-gui-ré en el huer-to, Su-fri - ré con - ti-go, mi Je-sús.
Su-fri-ré por ti, Ma - es - tro, Mo - ri - ré con - ti-go, mi Je-sús.
Me da-rás la gra-cia y glo - ria, Y por siem-pre Tú me gui - a - rás.

**Coro**

Se-gui-ré do tú me guí-es, Se-gui - ré do tú me guí-es,

Se-gui-ré do tú me guí-es, Don - de quie-ra fiel te se - gui-ré.

# 80 Puedo Oír Tu Voz Llamando

H. C. Ball
(La misma música del No. 79)

1 Puedo oír la voz de Cristo,
  Tiernamente está llamando,
Puedo oír el llamamiento;
  Trae tu cruz y ven en pos de mí.

Coro.—Seguiré do tú me guíes,
  Seguiré do tú me guíes,
Salvador, seguirte quiero,
  Dondequiera fiel te seguiré.

2 Yo te seguiré en el huerto,
  Por la vía dolorosa

Y con mi alma tan gozosa,
  Sufriré contigo, mi Jesús.

3 Sufriré por ti, Maestro,
  No me faltará tu mano,
Y si tú irás conmigo,
  Moriré contigo, mi Jesús.

4 Me darás tu plena gracia,
  Yo veré tu plena gloria,
Contaré la antigua historia,
  Y por siempre tú me guiarás.

## 81 La Bandera De La Cruz

*The Banner of the Cross*

AUTOR DESCONOCIDO      Cor. 1: 18      JAMES McGRANAHAN

1. Cual pen-dón her - mo - so des-ple-gue-mos hoy La ban - de - ra
2. Pre - di-que - mos siem- pre lo que di - ce Dios De la san - gre
3. En el mun - do pro - cla-me-mos con fer-vor, Es-ta his-to - ria
4. En el cie - lo nues-tro cán - ti - co se - rá, A - le - lu - ya

de la cruz, La ver-dad del E - van - ge - lio el bla-són
de Je - sús; Có - mo lim - pia del pe - ca - do al mor-tal,
de la cruz; Ben-di - ga - mos sin ce - sar al Re-den-tor,
a Je - sús. Nues-tro co - ra - zón a - llí re-bo-sa-rá

Del sol - da - do de Je - sús.    **CORO** A - de - lante, a - de-
Y le com-pra la sa - lud.
Que nos dio su paz y luz.
De a - mor y gra - ti - tud.     con valor

lante, En pos de nues-tro Sal - va - dor,........ Con ple-
con valor            nuestro Salvador,

# La Bandera De La Cruz

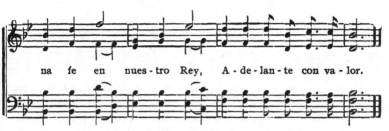

na fe en nues-tro Rey, A-de-lan-te con va-lor.

## 82      Ven Pecador

*Come, Sinner, Come*

H. C. BALL      S. Juan 19: 30      H. R. PALMER

1. Cris - to es - tá lla-man-do, ven pe - ca - dor, Por ti es-
2. Si vas del mal car - ga-do, ven pe - ca - dor, El pue - de
3. Cris - to po - drá sal - var-te, ven pe - ca - dor, El es pas-

toy ro - gan-do, ven pe - ca - dor; Si tú an - he-las ver - le,
qui-tar tu car-ga, ven pe - ca - dor; El quie-re re - ci - bir - te,
tor di - vi - no, ven pe - ca - dor; Su ben-di - ción im-par - te,

ven pe - ca-dor, Hoy pue-des co - no-cer-le, ven pe - ca-dor.
ven pe - ca-dor, El es-pe-ra re - di-mir-te, ven pe - ca-dor.
ven pe - ca-dor, Por ti es - toy ro-gan-do, ven pe - ca-dor.

# 83 ¡Oh, Ven Sin Tardar!

*Oh, Why Not To-Night?*

E. A. HUNT                    Gen. 6: 3                    J. CALVIN BUSHEY

1. ¡Oh, no re-cha-ces la ver-dad! Tus o-jos hoy a-bre a la luz,
2. Tus o-jos ya tal vez el sol, No más a-quí con-tem-pla-rán;
3. Je-sús te tie-ne com-pa-sión, ¿Con qué su a-mor le pa-ga-rás?
4. Je-sús re-ci-be al pe-ca-dor, Que quie-ra a él su al-ma u-nir;

Re-nun-cia to-da la mal-dad, Y ven a Je-sús.
Hoy es el día de sal-va-ción, ¡Oh, ven a Je-sús!
Hoy 'rae a él tu co-ra-zón, Y sal-vo se-rás.
Ya no des-pre-cies más su a-mor, ¡Oh, ven a Je-sús!

**CORO**

¡Oh, ven sin tar-dar! ¡Oh, ven sin tar-dar!
¡Oh, ven sin tar-dar! ¡ven sin tar-dar! ¡ven sin tar-dar! ¡ven sin tar-dar!

A-cep-ta a Je-sús, y sal-vo se-rás.
A-cep-ta a Je-sús, a-cep-ta a Je-sús, y sal-vo, y sal-vo se-rás.

# 84 ¿Soy Yo Soldado De Jesús?

*Wear a Crown*

Arr. H. C. BALL     2 Timoteo 4: 7, 8     Inglés

1. ¿Soy yo sol - da - do de la cruz, Y sier - vo del Se - ñor?
   No te - me - ré lle - var su cruz, Su - frien - do por su a - mor.
2. Lu - cha - ron o - tros por la fe; ¿Co - bar - de ha - bré de ser?
   Por mi Se - ñor yo pe - lea - ré, Con - fian - do en su po - der.
3. Es me - nes - ter que se - a fiel, Que nun - ca vuel - va a - trás,
   Que si - ga siem - pre en pos de él, Y me guia - rá en paz.

**CORO**

Des - pués de la ba - ta - lla nos co - ro - na - rá, Dios nos co - ro - na - rá; Dios nos co - ro - na - rá; Des - pués de la ba - ta - lla nos co - ro - na - rá; En a - que - lla san - ta Sión.

*FINE*

*D. S.*

Más a - llá, más a - llá, en a - que - lla san - ta Sión,
Más a - llá, más a - llá,

# ¡Ojalá Fuera Hoy!

*What if it Were To-Day?*

AUTOR DESCONOCIDO     Rev. 22: 20     MRS. C. H. MORRIS

1. Vie-ne o-tra vez nues-tro Sal-va-dor, ¡Oh, que si fue-ra hoy!
2. Ter-mi-na-rá el po-der de Sa-tán, ¡O-ja-lá fue-ra hoy!
3. Fie-les y lea-les nos de-be ha-llar, Si él vi-nie-ra hoy;

Pa-ra rei-nar con po-der y a-mor, ¡Oh, que si fue-ra hoy!
No más tris-te-zas a-quí ve-rán, ¡O-ja-lá fue-ra hoy!
To-dos ve-lan-do con go-zo y paz, Si él vi-nie-ra hoy.

Ya por su espo-sa vie-ne es-ta vez, Pu-ri-fi-ca-da en su
To-dos los muer-tos en Cris-to i-rán A-rre-ba-ta-dos por
Mul-ti-pli-ca-das se-ña-les hay, En el o-rien-te se

gran-de a-mor   Del mun-do por la re-don-dez,
su Se-ñor;   ¿Cuán-do es-tas glo-rias a-quí ven-drán?
ve el al-bor,   Ya más cer-ca-no el tiem-po es-tá,

*a tempo.*     **CORO**

¡Oh, que si fue-ra hoy!   ¡Glo-ria! ¡glo-ria!
¡O-ja-lá fue-ra hoy!
¡O-ja-lá fue-ra hoy!

# ¡Ojalá Fuera Hoy!

go - zo sin fin trae-rá, ¡Glo - ria! ¡glo - ria! al co - ro-
go - zo sin fin traerá, al

nar - le Rey; ¡Glo - ria! ¡glo - ria! la sen-da pre - pa-
co - ro-nar-le Rey; la sen - da

rad, ¡Glo - ria! ¡glo - ria! Cris-to vie-ne o-tra vez.
pre-pa-rad,

*ril.*

## 86     Tengo Que Guardar

*My Soul, Be On Thy Guard*

E. VELASCO     Efesios 5: 25-28     LOWELL MASON

1. Yo ten-go que guardar Un al-ma in-mor-tal Y pre-pa-rar-la
2. Pa-ra es-te gran de-ber Mi Dios, po-der lle-nar, A tu ser-vi-cio,

pa - ra en trar, Al rei-no ce -les-tial.
hoy mi ser Te quie-ro con-sa-grar.

3 Tu hijo quiero ser
    De todo corazón,
Y para siempre poseer
    Tu eterna bendición.

4 Ayúdame a velar,
    Confírmame en la fe,
Si en ti yo puedo siempre
    fiar,
    Por siempre viviré.

## 87 El Amor De Jesucristo

*Sweeter As the Years Go By*

V. Mendoza        Efesios 3: 19        Mrs. C. H. Morris

1. Del san-to a-mor de Cris- to que no ten-drá su i-gual, De su di-
2. Cuan-do él vi-vió en el mun-do la gen - te lo si - guió, Y to-das
3. El pu-so en las pu- pi - las del cie - go nue-va luz, La e-ter-na
4. Su a-mor, por las e - da- des del mun-do es el fa- nal, Que marca es-

vi - na gra - cia, su - bli-me y e - ter - nal; De su mi - se - ri -
sus an - gus - tias en él de - po - si - tó, En - ton - ces bon-da -
luz de vi - da que cen - te - llea en la cruz, Y dio a las al - mas
plen-do - ro - so la sen - da del i - deal; Y el pa - so de los

cor - dia, in-men-sa co-mo el mar Y cual los cie - los al - ta, con
do - so, su a-mor bro-tó en rau-dal In-con - te - ni - ble, in - men-so,
to - das la glo - ria de su ser, Al im - par-tir su gra-cia, su Es -
a - ños, lo ha-rá más dulce y más Pre-cio-so al dar-le al al - ma,

**Coro**

go-zo he de can - tar. El a-mor de mi Se - ñor,....
sa - nan-do todo mal. 
pí - ri-tu y po - der. El a - mor de mi Se-ñor,
su in-com-parable paz.

# El Amor De Jesucristo

Gran-de y dul-ce es más y más;
Gran - de y dul - ce es más y más;

Ri-co e i - ne - fa - ble,

Na-da es com - pa - ra - ble, Al a - mor de mi Je - sús.

**88**      Cerca, Más Cerca

*Nearer, Still Nearer*

V. MENDOZA      Salmo 91      MRS. C. H. MORRIS

1. Cer-ca, más cer-ca, ¡oh Dios, de ti! Cer - ca yo quie-ro mi
2. Cer-ca, más cer-ca, cual po - bre soy, Na - da Se - ñor, yo te
3. Cer-ca, más cer-ca, Se - ñor de ti, Quie - ro ser tu - yo de-
4. Cer·ca, más cer-ca, mien-tras el ser, A - lien-te vi - da y

vi - da lle - var, Cerca, más cerca, ¡oh Dios; de ti! Cer-ca a tu
puedo o-fre-cer; Só - lo mi ser con-tri - to te doy, Pue - da con-
jando el pe-car; Go-ces y pom-pas va - nas a - quí, To - do Se-
bus-que tu paz; Y cuando al cie-lo pueda ascender, Ya pa - ra

gra-cia que pue-de sal-var, Cer-ca a tu gra-cia que pue-de sal-var.
ti - go la paz ob - te-ner, Pue - da con-ti-go la paz ob-te-ner.
ñor pronto quie-ro de-jar, To - do Se-ñor pron-to quie-ro de-jar
siempre conmigo es-ta-rás, Ya pa-ra siempre con-mi-go es-ta-rá.

*Beulah Land*
Rom. 10: 8-18

AUTOR DESCONOCIDO

JNO. R. SWENEY

1. Por fe en Je-sús, el Sal-va-dor, Se ha-ce sal-vo el pe-ca-dor;
2. La vi-da an-ti-gua ya pa-só, Y to-do nue-vo se tor-nó;
3. Aun cuando él nada ten-ga a-quí, Su gran he-ren-cia tie-ne, sí,

Sin me-re-cer tan ri-co don, Re-ci-be ple-na sal-va-ción.
A-quí cual pe-re-gri-no es— Ho-gar con Dios ten-drá des-pués.
A-rri-ba en glo-ria con Je-sús, Quien le ha sal-va-do por su cruz.

CORO

¡Oh! ¡ex-cel-sa gra-cia del a-mor Que Dios per-do-na al pe-ca-dor!

Si pres-to es-tá a con-fe-sar, Sus cul-pas y en Je-sús con-fiar;

No hay o-tro au-tor de sal-va-ción, Pues Cris-to obró la re-den-ción.

# 90 Yo Ando Con Cristo

*I Walk With the King*

H. C. BALL

Miqueas 6: 8

B. D. ACKLEY

1. Muy tris-te en pe-ca-do y en no-che me vi, Mas ya vi-vo a
2. Por a-ños y a-ños sin Cris-to vi-ví, Y nun-ca en mi
3. ¡Oh, al-ma que es-tás en el va-lle sin luz, Si mi-ras a-

le-gre, a Cris-to vol-ví; Y to-dos los dí-as yo
vi-da fe-liz yo me vi, Mas hoy con las a-ves e-
rri-ba ve-rás a Je-sús! ¡Ven al-to, más cer-ca, ven

can-to a Je-sús, Yo an-do con Cris-to y ten-go su luz.
le-vo mi voz, Y can-to fe-liz, pues del Rey voy en pos.
pron-to al Se-ñor! Es Cris-to tu luz y tu fiel Sal-va-dor.

**Coro**

Yo voy con el Rey, A-le-lu-ya, Yo an-do con Cris-to el Rey;

No va-go ya más, al cie-lo me voy, Tan só-lo de Cris-to yo soy.

© copyright 1943. Renewal. Rodeheaver Hall-Mack owner.

## 91 Ya Salvo Soy

*Saved, Saved*

V. MENDOZA      Rom. 6: 4      J. P. SCHOLFIELD

1. Mis cul - pas to - das bo - rró Je - sús Con in - fi - ni - to a - mor;........... Car - gó con e - llas en cruen - ta cruz.. En me - dio de mor - tal do - lor.....
2. En den - sas som - bras an - du - ve yo Cuan- do en mal - dad vi - ví,............. Y mi al - ma nun - ca la paz ha - lló,.. Ni go - zo al - gu - no yo sen - tí.....
3. Glo - rio - sa vi - da de li - ber - tad, Dis- fru - to yo por él;........... Ya no hay te - mo - res, no hay an - sie - dad,.. Por que él me guar - da siem - pre fiel.....
4. E - ter - no can - to en mi co - ra - zón E- le - vo al Re - deu - tor;........... Ne - gar no pue - do su sal - va - ción,.. Ne - gar, no pue - do, no, su a - mor.....

**CORO**

Sal - vo por él yo soy, Sal - vo por su po - der,
Sal-vo por él      Salvo, salvo

*rit.*

A vi - da nue - va Je - sús me ha lle - va - do; ¡Ya sal - vo soy!

# 92 Brilla En Tu Lugar

*Brighten the Corner Where You Are*

V. MENDOZA      S. Mateo 5: 14      CHAS. H. GABRIEL

1. Nun-ca es-pe-res el mo-men-to de u-na gran-de ac-ción, Ni que
2. Pue-des en tu cie-lo al-gu-na nu-be di-si-par, Haz a un
3. Pue-de tu ta-len-to al-gu-na co-sa des-cu-brir Do tu

pue-da le-jos ir tu luz; De la vi-da a los pe-que-ños ac-tos
la-do tu e-go-ís-mo cruel; Aunque só-lo un co-ra-zón pu-die-res
luz po-drá res-plan-de-cer; De tu ma-no el pan de vi-da pue-de a-

da a-ten-ción, Bri-lla en el si-tio don-de es-tés.
con-so-lar, Bri-lla en el si-tio don-de es-tés. Bri-lla en el si-tio
quí ve-nir, Bri-lla en el si-tio don-de es-tés.

**CORO**

don-de es-tés, Bri-lla en el si-tio don-de es-tés, Puedes con tu
Brilla en el sitio donde estés,

luz al-gún per-di-do res-ca-tar, Bri-lla en el si-tio don-de es-tés.

© copyright 1941. Renewal. Rodeheaver Hall-Mack owner.

# La Gloriosa Aparición

*We Shall See the King Some Day*

H. C. BALL    Tito 2: 11—15    L. E. JONES

1. Dí - a de vic - to - ria y gran res-plan-dor, Cuando Cris-to
2. Dí - a de gran go - zo, dí - a sin i - gual, Cuando Cris-to
3. O - ye la trom-pe - ta que a-nunciando está, La ve-ni - da

vol - ve - rá; (él vendrá;) Qué glo-rioso encuentro con mi Sal-va-dor,
vol - ve - rá; (él vendrá;) De es - ta tie-rra i-re-mos a la ce-les-tial,
del Se-ñor; (él vendrá;) Ya no más do-lo - res, ni a-fán a-llá,

**CORO**

En las nu-bes se ve-rá.
Cris-to a-llí nos hon-ra-rá.      En-las nu - bes él ven - drá,
Con Je-sús triunfó el a-mor.                              ven-drá,

En a - quel dí - a fi - nal; (él vendrá;) Cris-to el Sal - va-dor

muy pron - to vol - ve - rá, Un gran dí - a sin i - gual.

# 94 Dios Es Amor

*Love Lifted Me*

H. C. BALL                     1 Juan 4: 16                     HOWARD E. SMITH

1. En pe-ca-dos y te-mor el Sal-va-dor me vio, Aunque in-
dig-no pe-ca-dor su ma-no me ten-dió; En Cal-va-rio
al mo-rir mi vi-da res-ca-tó, En la Cruz sa-lud por mí
él con-su-mó.

2. De la tum-ba ya sur-gió, mi Re-den-tor Je-sús, Y la
muerte ya ven-ció, dán-do-me ple-na luz; Te con-vi-da
a go-zar de es-ta ben-di-ción, Que po-se-o yo tam-bién,
la sal-va-ción.

3. A los cie-los as-cen-dió, Cris-to mi Sal-va-dor, A la
dies-tra de Jeho-vá es-tá el Me-dia-dor, In-ter-ce-de en
tu fa-vor, ven pron-to pe-ca-dor. No des-pre-cies es-ta voz
es del Se-ñor.

**CORO**

{ Ven al Se-ñor.... {Oh, pe-ca-dor!....
{ Ven al Se-ñor.... Dios es a-mor,....

1.
El es tu a-mi-go fiel, ven pe-ca-dor; }
Escucha su tier-na voz, (Omit............ }

2.
Ven, pe-ca-dor.

# Más Cual Jesús

*More Like the Master*

H. C. BALL

**Actos 4: 13**

CHAS. H. GABRIEL

1. Más cual mi Cris - to quie - ro siempre ser, Más man - se-
2. Más cual mi Cris - to, es mi o - ra - ción, Más fuer - za
3. Más cual mi Cris - to, en mi de - vo - ción, De su ca-

dum - bre, y su a-mor te - ner; Ce - lo en ser-vir - le, fi - de - li-
ten - ga, más re-sig - na - ción; Más se - rio siempre, más ren-di-
ri - ño, gran-de com-pa - sión; Cual él pa - cien-te, hu - mil - de

dad mos- trar, Más con - sa - gra-do y las nue-vas pu-bli-car.
do a - quí, Y los per - di - dos lle-var - los só-lo a ti.
y ve - raz; Es mi an - he - lo en el mun-do ver tu paz.

**Coro**

To - ma mi ser,.... lo doy, Se-ñor a ti,.... Mi co-ra-

zón,.... im-plo-ro lim-pies, sí,.... To - ma mi ser,... es

# Más Cual Jesús

tu-yo en ver-dad, . . Ten- me, soy tu - yo, por la eterni - dad.

## 96 ¡Santo! ¡Santo! ¡Santo!

*Holy, Holy, Holy*

Rev. 4:8

J. B. CABRERA

JOHN B. DYKES

1. ¡Santo! ¡Santo! ¡Santo! Se- ñor Om-ni-po-ten - te, Siempre el la-
2. ¡Santo! ¡Santo! ¡Santo! en nu-me-ro - so co - ro, San-tos es - co-
3. ¡Santo! ¡Santo! ¡Santo! la inmen-sa muchedumbre, De án-geles que
4. ¡Santo! ¡Santo! ¡Santo! por más que estés ve-la-do, E im-po-si - ble
5. ¡Santo! ¡Santo! ¡Santo! la glo - ria de tu nombre, Ve-mos en tus

bio mí - o lo - o - res te da - rá; ¡San-to! ¡San-to! ¡San - to!
gi - dos te a-do-ran con fer-vor, De a - le - gría lle - nos,
cum - plen tu san-ta vo - lun-tad, An - te ti se pos - tra
se - a tu glo - ria con-templar, San - to tú e-res só - lo
o - bras en cie - lo, tie-rra y mar. ¡San-to! ¡San-to! ¡San - to!

te a-do-ro re-ve-ren-te, Dios en tres personas, ben-di-ta Tri - ni-dad.
y sus co-ro-nas de o-ro Rinden ante el trono glo - rio-so del Se-ñor.
ba - ñada con tu lumbre, Ante ti que has sido, que e-res y se-rás.
y na-da hay a tu la - do En poder per-fec-to, pu - re-za y ca-ri-dad.
te a-do-ra-rá todo hombre, Dios en tres personas, ben-di-ta Tri - ni-dad.

## 97 Cuando El Vino A Mi Corazón

*Since Jesus Came Into My Heart*

V. Mendoza      Efesios 3: 17      Chas. H. Gabriel

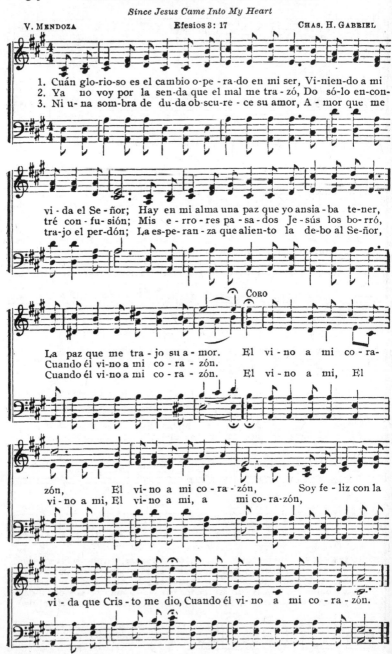

1. Cuán glo-rio-so es el cambio o-pe-ra-do en mi ser, Vi-nien-do a mi
2. Ya no voy por la sen-da que el mal me tra-zó, Do só-lo en-con-
3. Ni u-na som-bra de du-da ob-scu-re-ce su amor, A-mor que me

vi-da el Se-ñor; Hay en mi alma una paz que yo ansia-ba te-ner,
tré con-fu-sión; Mis e-rro-res pa-sa-dos Je-sús los bo-rró,
tra-jo el per-dón; La es-pe-ran-za que alien-to la de-bo al Se-ñor,

**Coro**

La paz que me tra-jo su a-mor.    El vi-no a mi co-ra-
Cuando él vi-no a mi co-ra-zón.
Cuando él vi-no a mi co-ra-zón.    El vi-no a mi, El

zón,    El vi-no a mi co-ra-zón,    Soy fe-liz con la
vi-no a mi, El vi-no a mi, a   mi co-ra-zón,

vi-da que Cris-to me dio, Cuando él vi-no a mi co-ra-zón.

# Guíame, ¡Oh! Salvador

*Lend and Keep Me*

P. GRADO

Salmo 61: 2

H. A. HENRY

1. Guí - a - me ¡oh! Sal-va - dor, .......... Por la ví - a de sa-
2. No me de-jes ¡oh! Se - ñor, .......... Mientras en el mundo es-
3. Tú de mi al-ma sal - va-ción, .......... En la ru - da tem-pes-
1. Guí - a - me ¡oh! Salva-dor, Por la

lud; .......... A tu la - do no hay te - mor, ..........
té, .......... Y haz que a-rri-be sin te - mor, ..........
tad, .......... Al ve - nir la ten-ta - ción, ..........
ví - a de sa-lud; A tu lado no hay te-mor,

**CORO**

Só - lo hay go - zo, paz, quie-tud. ¡Cris - to!
Do fe - liz por fin se - ré.
Da - me a-yu - da por pie-dad. ¡Cris-to! ¡Cris-to! ¡Cris - to!

¡Cris - to! No me de-jes ¡oh! Se - ñor, .......... Sien-do
Mi buen Salva-dor, ¡oh! Señor, Sien-

tú mi guí - a fiel, .......... Se - ré más que ven - ce-dor.
do tú mi guí-a fiel,

# 99 Nada De Sombras

*Shadows*

V. MENDOZA       Salmo 23: 4       ROBERT HARKNESS

1. No habrá sombras en el va - lle de la muer - te Cuan-do
2. Al de - jar - nos los que a - ma-mos no habrá som - bras, Si su
3. Cuan-do ven - ga por los su - yos no habrá som - bras, Pues su

ce - se de la vi-da el ba - ta - llar, Y es-cu-che-mos del Se-
fe de - po - si - ta - ron en Je - sús, Por que i-rán pa - ra vi-
glo-ria y ma-jes-tad las des-trui-rán, Y las hues-tes re - di-

ñor el lla-mamien-to Ya lle-ván-donos con él a des-can-sar.
vir por las e - da - des Con quien quiso re-di-mir-los en la cruz.
mi - das con su Je - fe, A las cé - li-cas mansiones en-tra-rán.

**CORO**

Sombras, na-da de sombras, Al de-jar el mun-do de do-lor;

# Nada De Sombras

Som-bras, na-da de som-bras Cuando al cie-lo lle-gue ven-ce-dor.

## 100     A Los Pies De Jesucristo

*Sitting at the Feet of Jesus*

H. C. BALL, TR.     S. Lucas 10:39     AUTOR DESCONOCIDO

1. A los pies de Je-su-cris-to, Es el si-tio a-quí me-jor,
2. A los pies de Je-su-cris-to, Ha-llo tier-na com-pa-sión,
3. A los pies de Je-su-cris-to, Yo ten-dré su ben-di-ción;

Es-cuchan-do cual Ma-rí-a, Las pa-la-bras de su a-mor.
El qui-tó ya mis a-fa-nes, Ya me ha dado ben-di-ción.
En sus o-jos hay dul-zu-ra, Y en su se-no pro-tec-ción.

A los pies de Je-su-cris-to, Go-za-ré su co-mu-nión,
Pue-do yo de-cir-le a Cris-to Mis cui-da-dos y te-mor,
¡Qué fe-liz es el mo-men-to, Que yo paso jun-to a ti,

Pues su ma-no fiel y tier-na, Me ha pro-vis-to pro-tec-ción.
Y con él ten-drá mi al-ma Go-zo, paz, e-ter-no a-mor.
Ya an-he-lo el en-cuen-tro, Cuan-do ven-gas tú por mí.

# 101
# El Gran Día Viene

*There's a Great Day Coming*

P. Grado y Ball        Actos 2: 20        Will L. Thompson

1. El gran dí - a vie-ne, Muy pron-to vie-ne, El gran dí - a
2. Dí - a tris - te vie-ne; Muy pron-to vie-ne, El gran dí - a
3. El gran dí - a vie-ne, Muy pron-to vie-ne, Cuando Cris - to

del jui - cio fi - nal; Cuando jus - tos y ma - los el gran
del jui - cio fi - nal; Cuando el pue-blo re - bel - de re - pro-
ven-drá en po - der, Mas el go - zo lo sien-ten los a-

Juez a - par - ta - rá, Es-pe-re-mos el jui - cio fi - nal.
ba - do a - llí se - rá, Es-pe-re-mos el jui - cio fi - nal.
ma - dos del Se - ñor: Es-pe-re-mos a nues-tro Se - ñor.

CORO

¿Es - tás lis - to? ¿es - tás lis - to? La trom-pe - ta ya da

la se - ñal. ¿Es-tás lis-to, es-pe-ran-do, El jui-cio fi - nal?

# 102

## Poder Pentecostal

*Pentecostal Power*

H. C. BALL     Actos 19: 1-8     CHAS. H. GABRIEL

1. U - ná - ni - mes jun-to a la cruz, Pe - di - mos con fer - vor;
2. Cual vi - vo fue-go o ven - da - val, ¡Oh! haz - lo des - cen- der,
3. Me-dian - te fe y o - ra - ción, El cie - lo Tú a - bri - rás,
4. Des-tru-ye el e - go - ís - mo, sí, Y que - ma to - do mal;

Se - gún tu di - cho, oh, Je - sús, Man-da el Con-so - la - dor.
Y pue - da hoy en ca - da cual Su tem-plo es-ta - ble cer.
El san - to fue-go ha-rás, ba - jar Y nos a - vi - va - rás.
Ven, vi - vi - fí - ca-nos a - quí, Con fue - go ce - les - tial.

**CORO**

Sí, man-da o-tra lluvia, ¡Oh buen Sal - va - dor! Y con tu gran

fue - go, a - ví - va-nos, Se - ñor, ¡Oh! da - nos la lluvia, del

Con-so - la - dor, A - vi - va tu i-gle-sia, con po-der, ce - les - tial.

© copyright 1940. Renewal. Rodeheaver Hall-Mack owner.

# 103 Cuando Andemos Con Dios

*Trust and Obey*

P. GRADO        ISA. 2: 5        D. B. TOWNER

1. Cuando an-de-mos con Dios, Es-cu-chan-do su voz,
2. Cuan-do Cris-to mu-rió, nues-tro llan-to en-ju-gó,
3. No po-dre-mos pro-bar, sus de-li-cias sin par,

Nues-tra sen-da flo-ri-da se-rá; Si a-ca-ta-mos su
Pro-cla-mar-le de-be-mos do-quier; Go-za-rás del a-
Si se-gui-mos mun-da-no el pla-cer; Ob-ten-dre-mos su a-

ley, él se-rá nues-tro Rey, Y con él rei-na-
mor, De tu Rey y Se-ñor, Si o-be-dien-te le
mor, y el di-vi-no fa-vor, Si sus le-yes que-

**CORO**

re-mos a-llá.
quie-res tú ser.    O-be-de-cer, cum-ple a nues-tro de-
re-mos ha-cer.

ber; Si que-réis ser fe-li-ces, De-béis o-be-de-cer.

## 104
# Mi Culpa El Llevó
### *He Took My Sins Away*

H. C. BALL       Isa. 53: 4, 5, 6       MRS. M. J. HARRIS

1. Can - sa-do y tris - te vi-ne al Salva-dor, Mi cul - pa él lle-vó,
2. Bo - rra-dos to - dos mis pe-ca-dos son, Mi cul - pa él lle-vó,
3. Ya vi - vo li - bre de con-de-na-ción, Mi cul - pa él lle-vó,
4. Si vie-nes hoy a Cris-to pe - ca-dor, Tu cul - pa lle - va-rá,

Mi cul - pa él lle-vó; Mi e-ter - na dicha ha-llé en su a-mor,
Mi cul - pa él lle-vó; A él fe - liz e - le-vo mi canción,
Mi cul - pa él lle-vó; Su dul - ce paz ten-go en mi co-ra-zón,
Tu cul - pa lle - va-rá, Per-dón ten-drás si a-cu-des al Se - ñor,

**CORO**

Mi cul - pa él lle - vó.
Mi cul - pa él lle - vó. Mi cul - pa él lle - vó,
Mi cul - pa él lle - vó. *Coro 2*
Tu cul - pa lle - va - rá. Tu cul - pa lle - va - rá,

Mi cul - pa él lle - vó, A - le - gre siempre can - ta - ré.
Tu cul - pa lle - va - rá, Y lim-pia-rá tu co - ra - zón;

Al Se - ñor go - zo-so a-la - ba - ré, Por-que él me sal-vó.
Y di - rás fe - liz en tu can-ción: "Mi cul - pa él lle-vó."

# 105 En Medio De Mortal Dolor

*Grace Enough for Me*

V. Mendoza       S. Juan 4: 13, 14       E. O. Excell

1. En me-dio de mor-tal do-lor, La cruen-ta cruz yo vi;
2. Su-frien-do fue mi co-ra-zón, Y a-pe-nas pu-de a-llí,
3. Cuando en la cruz cla-va-das ya, Mis cul-pas yo sen-tí,
4. Cuando en el cie-lo con Je-sús, A-le-gre can-te a-llí,

Y a-llí rau-dal de gra-cia ha-llé, Bas-tan-te pa-ra
Cre-er que gra-cia habría de hallar, Bas-tan-te pa-ra
Rau-dal de gra-cia a mí en-tró, Bas-tan-te pa-ra
Di-ré que a-que-lla gra-cia fue, Bas-tan-te pa-ra

**Coro**

mí.
Bas-tan-te para mí. En la cruz flu-ye sin ce-sar,......
En la cruz flu-ye sin ce-sar, ce-sar,

In-son-da-ble cual es el mar,.... Es-ta gra-cia que
In-son-da-ble cual es el mar, el mar, Es-ta gra-cia que

*rit.*

bro-ta a-llí.......   Bas-ta pa-ra mí.
bro-ta a-llí, Bas-ta pa-ra mí, Bas-ta pa-ra mí.

# 106  La Senda Es Estrecha

*The Way is Narrow*

A. Mejía S. Mateo 7: 13, 14 THORO HARRIS

1. Ya no es mi vi - da cual an-tes fue, Bo-rra-do el pe - ca-do es-tá;
2. Mi vi - da fue cruel des-i - lu-sión, Ni a-mi - go constante ha-llé;
3. Ya no más lu - to ni cruel pesar, Cual nu-bes hu - ye-ron ya;

Hoy can- to fe-liz ¡A - le-lu - ya! Y voy fe - liz al dulce hogar.
Mas luz y muy gra-to con-sue-lo, Ha - llé en mi buen Salva-dor.
Al cie - lo yo mi - ro go-zo-so Do hay glo-ria, glo-ria sin fin.

**CORO**

La sen-da es muy es - tre-cha mas la si - go,............ La
la si - go,

si - go...... La si - go .... . La senda es muy estrecha mas la
La si - go La si - go

si - go;....... Yo la si - go por las huellas de Je-sús.
la si - go; por las huellas de Je-sús.

## 107 Hubo Quien Por Mis Culpas

*There Was One Who Was Willing*

PEDRO GRADO        ROM. 5: 8        GRANT COLFAX TULLAR

1. Hu - bo quien por mis cul-pas mu - rie-ra en la cruz, Aun in-
2. El es tier - no y a-man-te cual na - die lo fue, Pues con-
3. Es mi an-he - lo con-stan-te a Cris - to se - guir, Mi ca-

dig - no y vil co - mo soy; Soy fe - liz, pues su san-gre ver-
vier-te al in - fiel co - ra - zón; Y por e - sa pa-ciencia y ter-
mi - no su e-jem-plo mar-có; Y por dar - me la vi - da él

Coro

tió mi Je-sús, Y con e - lla mis cul-pas bo-rró.
nu - ra, yo sé, Que soy libre de con-de-na-ción. Mis pe-ca-dos lle-vó
qui - so mo-rir, En su cruz mi pe-ca - do cla-vó.

pp

En la cruz do mu-rió, El su - bli - me, el tier-no Je-sús, Los des-

ril.

pre-cios su-frió, Y mi al - ma sal-vó, El cambió mis ti-nie-blas en luz.

# 108 El Nombre De Jesús

*The Name of Jesus*

A. Mejía          Actos 4: 12          E. S. Lorenz

1. ¡Tan dul-ce el nom-bre de Je - sús! Sus be - llas no - tas al can-tar,
2. A - do - ro el nom-bre de Je - sús, Ja - más me fal - ta - rá su a-mor;
3. Tan pu - ro el nom-bre de Je - sús, Que mi pe - sar pu - do qui-tar,
4. El dul - ce nom-bre de Je - sús, Por siem-pre quie-ro a - la - bar;

Que mi alma lle-na al pro-cla-mar, El nombre de Je - sús.
Y po-ne a-par - te mi do-lor
Y gra-ta paz a mi al-ma dar,
Y to-dos de-ben en-sal-zar, dul - ce nom-bre

**Coro**

Cris - to ¡oh, qué dul - ce es! Cris - to pa - ra siem-pre es;

Cris - to yo te a - cla-ma - ré, Por siempre, ¡oh, mi Cris - to!
Por siempre, ¡oh,

# Llama Pentecostal

*Throw Out the Life-Line*

AUTOR DESCONOCIDO     Actos 1: 8     GEO. C. STEBBINS

1. Fue-go di-vi-no, cla-ma-mos a ti, Ven de lo
2. Ba-ja, Es-pí-ri-tu Con-so-la-dor, Ba-ja, y
3. En mi al-ma ar-de, ¡oh! lla-ma de a-mor, Ar-de en mi

al-to, des-cien-de a-quí; ¡Oh, ven, des-piér-ta-nos
llé-na-nos de san-to a-mor; Al mun-do ba-ja cual
pe-cho y da-me va-lor; Con-su-me to-dos los

con tu ful-gor, Ven, y a-ví-va-nos con tu ca-lor.
di-jo Je-sús, Da-nos po-der, vi-da, gra-cia y luz.
res-tos del mal, Des-cien-de ya, fue-go Pen-te-cos-tal.

**Coro**

Ba-ja del cie-lo, ben-di-to fue-go, Ba-ja po-der ce-les-tial;

Ba-ja del cie-lo, ben-di-to fue-go, Ven, lla-ma Pen-te-cos-tal.

# 110 He Consagrado A Mi Jesús

*Hidden Peace*

H. C. BALL · Rom. 12: 1, 2 · L. O. BROWN

1. He con-sa-gra-do a mi Je-sús, Mi vi-da y mi a-mor;
2. En to-da lu-cha ten-go luz, Je-sús con-mi-go es-tá;
3. Con su-fri-mien-tos mi Je-sús, Com-pró mi sal-va-ción;

Y al car-gar a-quí mi cruz, Me a-yu-da el Se-ñor.
No te-me-ré lle-var la cruz, Su gra-cia me da-rá.
Mu-rien-do a-llá en u-na cruz, Me dio con-so-la-ción.

**Coro**

En Je-sús ten-go paz, dul-ce paz; dul-ce paz;

En Je-sús ten-go paz, dul-ce paz; El Es-
dul-ce paz,

pí-ri-tu mo-ra en mí, Y en mi al-ma hay dul-ce paz.

# 111 Las Pisadas Del Maestro

### Stepping in the Light

AUTOR DESCONOCIDO  ·  1 Pedro 2: 21  ·  WM. J. KIRKPATRICK

1. Quie - ro se - guir las pi - sa - das del Maes-tro, Quie-ro ir en
2. An - do más cer - ca de él que me guí - a, Cuan-do el ma-
3. Si - go sus pa - sos de tier - no ca - ri - ño, Mi - se - ri-
4. Quie - ro se - guir las pi - sa - das del Maes-tro, Siem-pre ha-cia a-

pos de mi Rey y Se - ñor; Y mo-de-lan-do por él mi ca-
lig - no me quie-re ten-tar; Siem-pre con-fian-do en Cris-to, mi
cor - dia a - mor y leal - tad: Vien-do ha-cia él por el don de la
rri - ba con él quie-ro an-dar, Vien-do a mi Rey en glo-rio-sa hermo-

**CORO**

rác - ter, Can-to con go-zo a mi Re-den-tor.
fuer - te, De-bo con go-zo su nom-bre en-sal-zar. ¡Qué her-mo-so es se-
gra - cia, Voy al des-can-so, glo-rio-sa ciu-dad.
su - ra Con él en glo-ria po-dré des-can-sar.

guir las pi-sa-das del Maestro! Siempre en la luz, cer-ca de Je-sús,

¡Qué hermoso es seguir las pi-sa-das del Maestro! En su san-ta luz.

# 112 Un Día Cristo Volverá

*Liluokalani*

H. C. BALL          S. Lucas 21: 20-88        LILUOKALANI. Arr. T. H.

1. Un dí - a Cris - to vol - ve - rá, Pro-me - sa fiel, ¿fal-tar? ¡ja-
2. Los men - sa - je - ros del Se - ñor, A - fir - man que ven-drá Je-
3. ¡O glo - ria sin com-pa - ra - ción, Se - rá mi - rar a nues - tro
4. ¡O bien - ve - ni - do Rey Je - sús! Tu I - gle-sia te es - pe-ra a-

más! Co - mo se fue a - sí ven-drá, Y su pue-blo ha de
sús; Y el buen, fiel Con-so - la - dor, Las pro-me-sas ya sa-
Rey! Re - ci - ben to - dos ben-di - ción, Es - pe - ran-do e - se
quí, Muy pron-to ha de ver tu faz, Y go-zar de tus lau-re-

**CORO**

ver al Rey Je - sús.
có a ple - na luz. Muy pron-to, sí, Je - sús ven-drá, Y a-
dí - a, son tu grey.
les siem-pre a - llí.

le - gre le ve - rá su pue - blo; ¡Ve-lad! ¡O - rad! el
lo ve - rá su pue-blo;

Rey ven - drá, Los su - yos a - rre - ba - ta - rá.
Su pue - blo a - rre-ba-ta - rá.

# 113 Gracias Sean Dadas Al Buen Salvador

*Mercy is Boundless and Free*

AUTOR DESCONOCIDO      1 Cor. 15: 57      WM. J. KIRKPATRICK

1. Gra-cias sean da-das al buen Sal - va-dor, Li-bre es su a-mor,
2. ¿Por-qué vi-vien-do en pe-ca-do has de es-tar? Li-bre es su a-mor,
3. El que cre-ye-re per - dón ob-ten-drá, Li-bre es su a-mor,

CORO.— Tier-no te lla-ma Je-sús ¿quie-res ir? ¡Oh pe - ca - dor!

li-bre es su a-mor, Ha pre-pa - ra - do pa - ra el pe - ca - dor,
li-bre es su a-mor, Lla-ma el Es-pí - ri - tu, ven sin tar - dar,
li-bre es su a-mor; Ven al mo-men - to te ben - de - ci - rá,

¡Oh pe - ca - dor! El ha de - ja-do en la cruz al mo-rir,

FINE

Fuen-te pre - cio - sa de a - mor.     Y si tú quie-res en
I - na - go - ta-ble es su a - mor.     De - ja ti - nie-blas por
I - na - go - ta-ble es su a - mor.     Je - sús te es-pe - ra, ó-

Fuen-te pre - cio - sa de a - mor.

Cris - to con - fiar, Li - bre es su a-mor, li - bre es su a - mor,
luz ce - les - tial, Li - bre es su a-mor, li - bre es su a - mor,
ye - le lla - mar, Li - bre es su a-mor, li - bre es su a - mor,

# Gracias Sean Dadas Al Buen Salvador

*D. C. Coro*

De vi-da e-ter-na i-rás a go-zar: I - na-go-ta-ble es su a-mor.
Hoy mismo quiere li-brar-te de mal: I - na-go-ta-ble es su a-mor.
Fe en su nombre te ha de sal-var; I - na-go-ta-ble es su a-mor.

## 114 En Jesús Mi Señor Encontré Dulce Paz

*I've Found in Jesus*
2 Cor. 9: 15

V. MENDOZA

1. En Je - sús mi Se-ñor en-con-tré dul - ce paz, En Je-sús quien por
2. En Je - sús en-con-tré i - ne - fa - ble per-dón, Cuando a él su - pli-
3. En Je - sús nue-va vi - da ten-drás, pe - ca-dor, Sin tar-dan - za di-

mí se en-tre-gó; Si a-cu-die-res a él es-te don tú ten-drás,
can te a-cu-dí; En a - mor en-cen-dió mi fa - laz co - ra-zón,
rí - ge-te a él; En tu pe - cho pon-drá nue-va fe, nue-vo a-mor,

*D. S.*—Es un ra - yo de luz, de su luz ce - les-tial,

FINE    CORO

Ve, que a na - die ja-más re-cha - zó. ¡Su-bli-me don!
Y por él nue-va fe re - ci - bí.
Y des-pués siem-pre sír - ve - le fiel. ¡Su-bli-me don!

Que en no-so - tros él quie-re en-cen-der.

*D. S.*

¡don sin i - gual! So - la-men-te él po-drá con-ce-der;
¡don sin i-gual!

# 115 Dulce Consuelo

*Blessed Assurance*

E. A. M. D.     1 Tes. 1:5     Mrs. J. F. Knapp

1. En Je - su - cris - to, már - tir de paz, En ho - ras ne - gras
2. En los pe - li - gros, en el do - lor, A ca - da pa - so
3. Cuando en la lu - cha fal - ta la fe, Y el al - ma sien - te

de tem - pes - tad, Ha-llan las al-mas dul - ce so - laz, Gra - to con-
su pro-tec - ción, Cal-ma le in-fun-de, san-to vi - gor, Nue-vos a-
des-fa - lle - cer, Cris-to nos di-ce: "Yo os col-ma-ré De ri - ca

**Coro**

sue - lo, fe - li - ci - dad.
lien - tos al co - ra - zón.    Glo-ria can - te - mos al Re-den-
gra - cia, san-to po - der."

tor,    Que por no - so - tros qui - so mo - rir;    La san - ta

gra - cia del Sal-va - dor, Siempre di - ri - ja nues - tro vi - vir.

# 116 Si Creyere Puede A El Venir

*Whosoever Meaneth Me*

H. C. Ball        Rom. 5:1        J. Edwin McConnell

1. ¡O qué go - zo yo sien - to en mi co - ra - zón, No hay más ob-
2. A - la - ba - do es Cris - to el Re - den - tor, Su glo - ria des-
3. ¡Qué merced! ¡qué a - mor el Se - ñor mos - tró! Mu - rien - do en

scu - ri - dad! En Je - sús he ha - lla - do gran ben-di-ción, Bo-
cien-de a - quí; Ha la - va - do las cul - pas del pe-ca-dor, Su
du - ra cruz, Y las puer - tas abrió el buen Re - den - tor, Al

**Coro**

rró ya mi mal-dad. (mal-dad ) Si cre - ye - re pue-de a él ve - nir,
san-gre car - me-sí. (car-me-sí,)
cie-lo y e-ter-na luz. (gra-ta luz.)

Pue-de a él ve-nir, sí, pue-de a él ve-nir; Si cre - ye - re

pue-de a él ve - nir; Je - su-cris - to sal - va - rá.
                     sal - va - rá.

# 117 Ama El Pastor Sus Ovejas

*Dear to the Heart of the Shepherd*

E. V.  8. Juan 10  WM. J. KIRKPATRICK

1. A-ma el pas-tor sus o - ve - jas, Con un a-mor pa- ter - nal;
2. A-ma el pas-tor sus cor-de-ros, A - ma-los tier-no el pas-tor;
3. A-ma las no-ven-ta y nue - ve, Que en el a-pris-co guar- dó;
4. Son de-li - ca-dos tus pas - tos, Y quie-tas tus a-guas son;

A-ma el pas-tor su re - ba - ño, Con un a-mor sin i - gual,
A los que a ve-ces, per-di - dos, Se o-yen ge-mir de do - lor;
A - ma las que des-ca-rria - das, Por el de-sier-to de - jó;
He-nos a - quí ¡oh Ma - es - tro! Da - nos hoy tu co - mi - sión;

A-ma el pas-tor a las o - tras, Que des-ca-rria-das es - tán,
Ved al pas-tor con-mo-vi - do, Por los co - lla-dos va - gar,
"¡Oh, mis o - ve-jas per - di - das!—Cla - ma do-lien-te el pas-tor—
Haz-nos o - bre-ros fer-vien - tes, Llé-na-nos de un san-to a-mor

Y con-mo - vi - do las bus - ca, Por don-de quie-ra que van.
Y los cor - de - ros en hom-bros, Ved-lo lle-van-do al ho- gar.
¿Quienes vendrán en mi a-yu - da, Pa - ra sal-var-las, Se - ñor?"
Por las o - ve-jas per - di - das, De tu re-dil, buen Se - ñor.

# Ama El Pastor Sus Ovejas

Por el de-sier-to e-rra-bun-das, Ven-se su-frir pe-nas mil,

Y al en-con-trar-las en hom-bros, Llé-va-las tier-no al re-dil.

## 118 El Mundo No Es Mi Hogar

*This World is not my Home*

H. C. BALL       2 Cor. 5: 1-10       Arr. por Mrs. Jno. T. Benson

1. La sen-da an-cha de-ja-ré, Yo quie-ro por la an-gos-ta an-dar,
2. Al-gu-nos quie-ren ver-me ir, Por el sen-de-ro de mal-dad;
3. ¡Oh! ven con-mi-go pe-ca-dor, Y si-gue en pos del Sal-va-dor.

Coro.—No pue-de el mundo ser mi ho-gar, No pue-de el mundo ser mi hogar;

*D. C. Coro*

Y mu-chos no sa-brán por qué, Mas voy a mi ce-les-te ho-gar.
O-ír no pue-do su lla-mar, Pues voy a mi ce-les-te ho-gar.
¿Por qué no quie-res tú bus-car, La her-mo-sa tie-rra más a-llá?

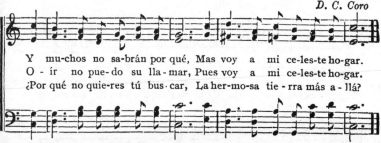

En glo-ria ten-go mi man-sión, No pue-de el mundo ser mi ho-gar.

# Jesús Es Mi Amigo

*The Lily of the Valley*

E. de S.　　　　　　　S. Juan 15: 13, 14　　　　Arr. por Thoro Harris

1. Je - sús es mi a - mi - go, mi buen a - mi - go fiel, A mi
2. A - li - via mis pe - sa - res mi buen a - mi - go fiel, En la
3. Si cum-plo sus man-da - tos, vi - vien-do por la fe, En

al - ma es her-mo-so y sin par; Mi Sal-va-dor y Guí - a, en-
ten - ta-ción su a-mor es mi so - laz; Los í - do-los del al - ma por
prue-bas to-das él me sos-ten-drá, Ro-dea-do de sus bra-zos, yo

cuen-tro só-lo en él, La vir - tud que trae per-fec-to bien-es-tar;
él　　a - par - ta-ré, Y las fal-tas que me pri-veu de la paz;
na - da te - me-ré; Con sus hues-tes el Se-ñor me guar-da-rá;

Mis pe-nas y mis cui-tas las lle-vo siempre a él, Por-que él me ha
Aun cuan do me de-ja-re a - mi-go te - rre-nal, Y Sa - ta-nás tra-
En-ton-ces a la glo-ria, i - ré yo a contemplar, Su ros-tro, y el

Coro.—El li-rio de los va-lles es Cris-to, mi Se-ñor, Me guar-da con ca-

## Jesús Es Mi Amigo

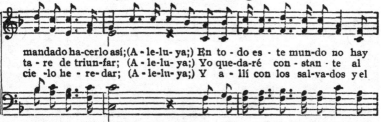

mandado ha-cerlo así;(A - le-lu- ya;) En to - do es - te mun-do no hay
ta - re de triun-far; (A - le-lu- ya;) Yo que-da-ré con - stan - te al
cie -lo he - re-dar; (A - le-lu- ya;) Y a - llí con los sal-va-dos y el

ri - ño sin i - gual; (A - le-lu - ya;) Es la res - plan - de-cien-te Es-

*D. S.*

otro a - mi-go tal, Pues Je-sús es vi-da y di - cha pa - ra mí.
la - do de Je-sús, Y con él po - dré vic-to - rias al - can-zar.
coro an-ge-li - cal, Can-ta - ré sus a - la-ban-zas sin ce - sar

tre - lla de a-mor, Que me guí - a a la pa - tria ce - les-tial.

## 120 Grandes Cosas Cristo Ha Hecho Para Mí

*The Lily of the Valley*
S. Lucas 8: 39

1 Hallé un buen amigo,
Mi amado Salvador,
Contaré lo que él ha hecho para mí;
Hallándome perdido
E indigno pecador,
Me salvó y hoy me guarda para sí.
Me salva del pecado,
Me guarda de Satán;
Promete estar conmigo hasta el fin,
El consuela mi tristeza,
Me quita todo afán,
Grandes cosas Cristo ha hecho para mí.

2 Jesús jamás me falta,
Jamás me dejará,
Es mi fuerte y poderoso Protector;
Del mundo me separo,
Y de la vanidad,
Para consagrar mi vida al Señor.

Si el mundo me persigue,
Si sufro tentación,
Confiando en Cristo puedo resistir;
La victoria me es segura,
Y elevo mi canción;
Grandes cosas Cristo ha hecho para mí.

3 Yo sé que Jesucristo
Muy pronto volverá,
Y entre tanto me prepara un hogar,
En la casa de mi Padre
Mansión de luz y paz,
Do el creyente fiel con él ha de morar.
Llegándome a la gloria,
Ningún pesar tendré,
Contemplaré su rostro siempre allí;
Con los santos redimidos
Gozoso cantaré:
Grandes cosas Cristo ha hecho para mí.

## 121    Voy Al Cielo, Soy Peregrino

*I Am a Pilgrim*
ESTRELLA DE BELEN        Hebreos 11: 13-17

1 Voy al cielo, soy peregrino,
   A vivir eternamente con Jesús;
El me abrió ya veraz camino
   Al expirar por nosotros en la cruz.

Coro.—Voy al cielo, soy peregrino,
   A vivir eternamente con Jesús.

2 Duelo, muerte, amarga pena,
   Nunca, nunca habremos de sufrir allá;
Gloriosa vida de gozo llena,
   El alma mía sin fin disfrutará.

3 Patria santa, hermosa y pura;
   Entraré a ti, salvado por Jesús;
Y gozaré siempre la ventura
   Con él viviendo en refulgente luz.

## 122 El Mejor Amigo

*The Best Friend Is Jesus*

P. P. B.

Proverbios 18: 24

P. P. BILHORN

1. Es Je-sús el me-jor a-mi - go, Cuan-do tris-te o ten-
2. En Je-sús fiel a - mi-go en-cuen-tro, Paz per-fec-ta él a mi
3. Aun-que an-de en al-gún pe - li - gro, O en som-bra de la
4. Cuando es-te-mos al fin reu-ni - dos, Con los re-di-mi-dos

ta - do es - tés; Col - ma - rá de ben - di - ción; Tu tran-
al - ma da; A - po - ya - do en él es - toy, Sin te-
muer-te es - té, Nin - gún mal me al-can - za - rá, Pues Je-
más a - llá, Can - ta - re - mos con fer - vor, En pre-

si - do co - ra - zón, ¡Es Je - sús el me - jor a - mi - go!
mor mi ser le doy, ¡Es Je - sús el me - jor a - mi - go!
sús me am-pa - ra - rá, ¡Es Je - sús el me - jor a - mi - go!
sen-cia del Se - ñor, ¡Es Je - sús el me - jor a - mi - go!

*f* Coro. *Con ánimo*

¡Es Je-sús el me-jor a-mi - go! ¡Es Je-sús el mejor a-
me-jor a-mi-go!

# El Mejor Amigo

mi - go! El tus sú - pli - cas oi - rá, Y tu
me - jor a - mi - go!

car - ga lle - va - rá; ¡Es Je - sús el me - jor a - mi - go!

## 123     La Fuente Eternal Hallé

*The Cleansing Wave*

H. C. BALL     Rev. 1: 5     MRS. J. F. KNAPP

Coro

1 Por fe contemplo redención,
  La fuente carmesí;
Jesús nos da la salvación,
  Su vida dio por mí.

Coro.—La fuente sin igual hallé,
  De vida y luz el manantial;
¡Oh, gloria a Dios, me limpia a mí,
  Me limpia a mí, me limpia a mí!

2 Mi vida entrego a mi Jesús,
  Las dudas él quitó;

Mi alma goza en su luz,
  Mis deudas él pagó.

3 ¡Cuán inefable gozo es,
  Saber que salvo soy!
Mi rey aquí es mi Jesús,
  Al cielo sé que voy.

4 ¡Oh, gracia excelsa de mi Dios,
  Profundo es el amor!
De mi Jesús, vía de luz,
  Cordero Redentor.

## 124 Cristo Viene

*Jesus Comes*

C. H. BRIGHT — S. Mateo 25: 1-14 — WM. J. KIRKPATRICK

1. Cris-to vie - ne, es-to es cier-to, Porque a-sí es - tá es - cri - to,
2. El que en la cruz mu-rien-do, Dio su al - ma ben-di - cien-do,
3. Las es - pi - nas del des-pe-cho, Ra-yos ro - jos se han he-cho,
4. ¡Ay de a-quel que no ha i - do, A Je - sús, ni ha re - ci - bi - do,

Siem-pre fiel a su pro-me-sa, Por los su-yos ya re - gre - sa;
Vie - ne ya res-plan-de-cien-te, En las nu - bes im - po-nen - te,
Ya la ca - ña se ha vuel-to, Re - gio ce - tro de im - pe - rio;
Ro - pa san - ta, re-ga-la - da, Pa - ra bo-das a - dor - na - da!

¡Ved - le ya, ved al Se - ñor! Trae a-que-llos que han dormido;
¡Ved - le ya, ved al Se - ñor! Ved - le ya ve - nir en glo - ria,
¡Ved - le ya, ved al Se - ñor! San - tos si-guen lu - mi - no-sos,
¡Ved - le ya, ved al Se - ñor! ¡A su en-cuen-tro ve, oh es-po-sa!

Ni u-no só - lo se ha per - di - do, Sí, ven-drá—¡Oh, sí ven-drá!
Co - ro-na - do de vic - to - ria; Sí, ven-drá—¡Oh, sí ven-drá!
Y án-ge-les ma-jes - tu - o-sos, Sí, ven-drá—¡Oh, sí ven-drá!
Es tu ho - ra más di - cho-sa, Sí, ven-drá—¡Oh, sí ven-drá!

# 125 Todos Los Que Tengan Sed

*Jesus Saves*

AUTOR DESCONOCIDO      Isa. 55: 1      WM. J. KIRKPATRICK

1. To - dos los que ten - gan sed, Be - be - rán, Be - be - rán;
2. Si le pres - tan a - ten - ción, Les da - rá, Les da - rá;
3. Co - mo ba - ja bien - he - chor, Sin vol - ver, Sin vol - ver,

Ven - gan cuan - tos po - bres hay; Co - me - rán, Co - me - rán;
Parte en su pac - ta - do bien, E - ter - nal, E - ter - nal;
Rie - go que las nu - bes dan, Ha de ser, Ha de ser;

No mal - gas - ten el ha - ber; Com - pren ver - da - de - ro pan,
Con el mís - ti - co Da - vid, Rey, Ma - es - tro, Ca - pi - tán,
La pa - la - bra del Se - ñor, Pro - duc - ti - va, ple - no bien,

Si a Je - sús a - cu - den hoy, Go - za - rán, Go - za - rán.
De las hues - tes que al E - dén, Lle - va - rá, Lle - va - rá.
Ven - ce - dor al fin se - rá, Por la fe, Por la fe.

# 126 Las Promesas De Jesús

*Standing on the Promises*

V. MENDOZA        2 Pedro 1: 4        R. KELSO CARTER

1. To-das las pro-me-sas del Se - ñor Je - sús, Son a - po - yo
2. To-das sus pro-me-sas pa-ra el hom - bre fiel, El Se - ñor en
3. To-das las pro-me-sas del Se - ñor se - rán, Go - zo y fuer-za en

po - de - ro - so de mi fe; Mien-tras lu-che a-quí bus-can - do
sus bon-da - des, cum-pli - rá, Y con-fia - do sé que pa - ra
nuestra vi - da te - rre - nal; E - llas en la du - ra lid nos

yo su luz, Siempre en sus pro - me - sas con - fia - ré.
siem-pre en él, Paz e - ter - na mi al-ma go - za - rá.
sos - ten - drán, Y triun-far po-dre - mos so-bre el mal.

**CORO**

Gran - des, fie - les, Las pro-me-sas
Grandes, grandes, fieles son, Grandes, grandes, fieles son,

que el Se - ñor Je - sús ha da - do, Gran - des,
Gran-des, grandes, fie-les son,

## Las Promesas De Jesús

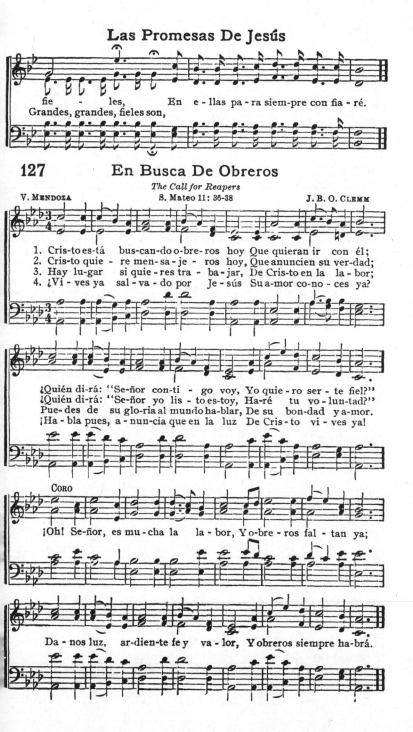

fie - les,  En e - llas pa - ra siem-pre con fia - ré.
Grandes, grandes, fieles son,

## 127  En Busca De Obreros

*The Call for Reapers*

V. MENDOZA  S. Mateo 11: 36-38  J. B. O. CLEMM

1. Cris-to es-tá  bus-can-do o-bre - ros hoy Que quieran ir  con él;
2. Cris-to quie - re men-sa - je - ros hoy, Que anuncien su ver-dad;
3. Hay lu-gar  si quie-res tra - ba-jar, De Cris-to en la  la - bor;
4. ¿Vi - ves ya  sal-va-do por  Je-sús Su a-mor co-no - ces ya?

¿Quién di-rá: "Se-ñor con-ti - go voy, Yo quie-ro ser - te fiel?"
¿Quién di-rá: "Se-ñor yo lis - to es-toy, Ha-ré  tu vo-lun-tad?"
Pue-des de  su glo-ria al mundo ha-blar, De su  bon-dad y a-mor.
¡Ha - bla pues, a - nun-cia que en la luz De Cris-to vi - ves ya!

**Coro**

¡Oh! Se-ñor, es mu-cha la  la-bor, Y o-bre-ros fal - tan ya;

Da - nos luz,  ar-dien-te fe y va - lor, Y obreros siempre ha-brá.

## 128 Valor Y Fe

*If the Heart Keeps Right*

V. Mendoza       Actos 4: 29-31       B. D. Ackley

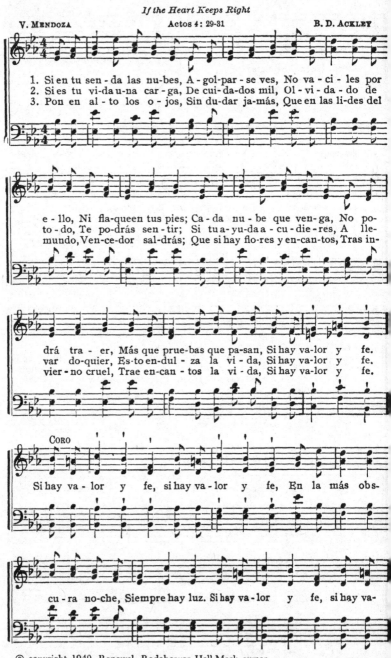

1. Si en tu sen-da las nu-bes, A-gol-par-se ves, No va-ci-les por e-llo, Ni fla-queen tus pies; Ca-da nu-be que ven-ga, No po-drá tra-er, Más que prue-bas que pa-san, Si hay va-lor y fe.

2. Si es tu vi-da u-na car-ga, De cui-da-dos mil, Ol-vi-da-do de to-do, Te po-drás sen-tir; Si tu a-yu-da a a-cu-die-res, A llevar do-quier, Es-to en-dul-za la vi-da, Si hay va-lor y fe.

3. Pon en al-to los o-jos, Sin du-dar ja-más, Que en las li-des del mundo, Ven-ce-dor sal-drás; Que si hay flo-res y en-can-tos, Tras in-vier-no cruel, Trae en-can-tos la vi-da, Si hay va-lor y fe.

**Coro**

Si hay va-lor y fe, si hay va-lor y fe, En la más obs-cu-ra no-che, Siempre hay luz. Si hay va-lor y fe, si hay va-

## Valor Y Fe

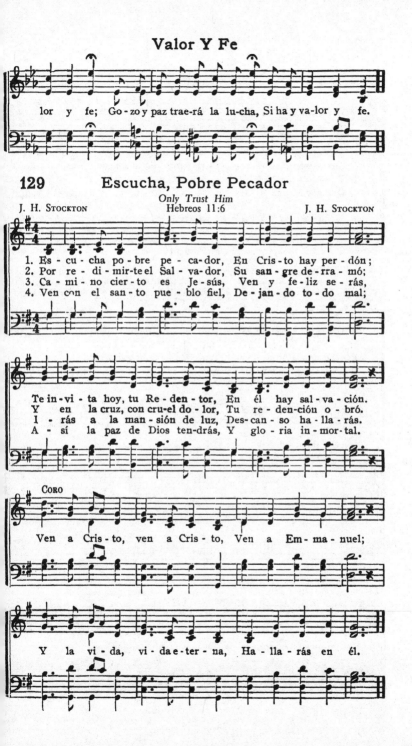

lor y fe; Go-zo y paz trae-rá la lu-cha, Si ha y va-lor y fe.

## 129 Escucha, Pobre Pecador

Only Trust Him

J. H. STOCKTON

Hebreos 11:6

J. H. STOCKTON

1. Es - cu - cha po - bre pe - ca - dor, En Cris-to hay per - dón;
2. Por re - di - mir-te el Sal - va - dor, Su san - gre de - rra - mó;
3. Ca - mi - no cier - to es Je - sús, Ven y fe - liz se - rás,
4. Ven con el san - to pue - blo fiel, De - jan - do to - do mal;

Te in-vi - ta hoy, tu Re - den - tor, En él hay sal - va - ción.
Y en la cruz, con cru-el do - lor, Tu re - den-ción o - bró.
I - rás a la man - sión de luz, Des-can - so ha - lla - rás.
A - sí la paz de Dios ten-drás, Y glo - ria in - mor - tal.

**Coro**

Ven a Cris - to, ven a Cris - to, Ven a Em - ma - nuel;

Y la vi - da, vi - da e - ter - na, Ha - lla - rás en él.

# Me Levantó

*He Lifted Me*

V. MENDOZA      Actos 26: 18      CHAS. H. GABRIEL

1. Mi Sal-va-dor en su bon-dad, Al mun-do ma - lo des - cen-dió;
2. Su voz con-stan-te re - sis - tí, Aun-que él a-man-te me lla-mó,
3. Tor-tu-ra cruel su-frió por mí, Cuan-do la cruz él es - ca - ló;
4. Que soy fe-liz, yo bien lo sé, Con es - ta vi - da que él me dio;

Y de hon-do a-bis-mo de mal-dad, El mi alma le - van - tó...........
Mas su pa - la - bra re - ci - bí, Y fiel me le - van - tó...........
Tan só-lo a-sí sal - va-do fui, Y a-sí me le - van - tó...........
Mas no comprendo, aún por qué, Je-sús me le - van - tó...........

me le-van-tó.

**CORO**

Se - gu - ri-dad me dió Je - sús, Cuan-do su ma - no me ten-dió;

Es-tan-do en sombra, a plena luz, En su bon-dad, me le - van - tó.

# 131 Dulce Paz

*Sweet Peace, the Gift of God's Love*

AUTOR DESCONOCIDO     Isa. 26: 3     PETER BILHORN

1. Ya vie-ne a mi al-ma un son, (un son,) Un coro de go-zo y paz; (y paz;) Lo can-to con gra-to a-mor; Dulce paz, el don de mi Dios.

2. Por Cris-to en la cruz vi-no paz, (vino paz,) Mi deu-da por él se pa-gó; (pa-gó;) Otra ba-se no hay si-no él, Para paz, el don de mi Dios.

3. Cuan-do Cris-to mi Rey co-ro-né, (co-roné,) Mi al-ma de paz se lle-nó; (lle-nó;) En él mi don ri-co ha-llé, Dulce paz, el don de mi Dios.

4. Mo-ran-do con paz en Je-sús, (Je-sús,) Y mien-tras que an-de con él, (con él,) No hay si-no paz pa-ra mí, Dulce paz, el don de mi Dios.

CORO

¡Paz, paz, dulce paz! ¡Don pre-cio-so de Dios! (de Dios!) ¡Oh, paz ma-ra-vi-lla de paz! El don de a-mor de mi Dios.

## 132 Estad Por Cristo Firmes

*Stand Up for Jesus*

J. C.  
Efesios 6: 10  
Geo. Webb

1. ¡Es-tad por Cris-to fir-mes, Sol-da-dos de la cruz! Al-zad hoy la ban-de-ra,
2. ¡Es-tad por Cris-to fir-mes! Os lla-ma a la lid; ¡Con él, pues a la lu-cha,
3. ¡Es-tad por Cris-to fir-mes! Las fuerzas son de él; El bra-zo de los hom-bres,

D. S.—Por él se-rán ven-ci-das,
D. S.—Es fuerte el e-ne-mi-go,
D. S.—De-be-res y pe-li-gros,

**FINE**

En nom-bre de Je-sús; Es vuestra la vic-to-ria, Con él por Ca-pi-tán;
Sol-da-dos to-dos id! Probad que sois valientes, Lu-chan-do contra el mal;
Es dé-bil y es in-fiel; Ves-tí-os la ar-ma-du-ra, Ve-lad en o-ra-ción,

Las huestes de Sa-tán.
Mas Cristo es sin igual.
Demandan gran te-són.

## 133 Tal Como Soy

*Just As I Am*

H. G. J.  
Isa. 55: 6-8  
Wm. Bradbury

1. Tal co-mo soy, sin más de-cir, Que a o-tro yo no pue-do ir,
2. Tal co-mo soy, sin de-mo-rar, Del mal que-rién-do-me li-brar;
3. Tal co-mo soy, en a-flic-ción; Expuesto a muerte y per-di-ción,
4. Tal co-mo soy, Tu gran a-mor, Me ven-ce y bus-co tu fa-vor,

Y Tú me in-vi-tas a ve-nir; Ben-di-to Cris-to, hé-me a-quí.
Tú só-lo pue-des per-do-nar; Ben-di-to Cris-to, hé-me a-quí.
Bus-can-do vi-da y per-dón, Ben-di-to Cris-to, hé-me a-quí.
Ser-vir-te quie-ro con va-lor; Ben-di-to Cris-to, hé-me a-quí.

# 134
## La Luz De Dios
*Let the Sunshine In*
S. Juan 1: 5

AUTOR DESCONOCIDO          CHAS. H. GABRIEL

1. Si al cruel e - ne - mi - go te - mes com - ba - tir, Si la
2. Si tu fe en Je - sús muy fla - ca y dé - bil es, Si Dios
3. Si fe - liz el cie - lo an-he - las al - can - zar, Y del
4. Si an-du - vié - re - mos en luz, di - vi - na luz, Lim-pios
5. Si el Es - pí - ri - tu de Dios, Con - so - la - dor, Luz del

du - da a - go - bia siem-pre tu ex - is - tir, Que la her-mo - sa
no con - tes - ta tu fer - vien - te prez, Que la her-mo - sa
mal y las ti - nie - blas es - ca - par, Que la her-mo - sa
nos ha - rá la san - gre de Je - sús; Cla - ri - dad ten-
cie - lo trae, di - vi - no res - plan - dor, Cuan - do ten-ga en-

luz de Dios ful-gu - re en ti, Y se - rás fe - liz a - sí.
luz de Dios ful-gu - re en ti, Y se - rás fe - liz a - sí.
luz de Dios ful-gu - re en ti, Y se - rás fe - liz a - sí.
dre - mos en el co - ra - zón, Si vi - vi - mos en la luz.
tra - da él en tu co - ra - zón, El se - rá tu e - ter - na luz.

**CORO**

De-ja pe-ne-trar la luz, De-ja pe-ne-trar la luz,..
pe-ne-trar la luz, pe-ne-trar la luz,

Que la hermosa luz de Dios fulgure en ti, Y se - rás fe - liz a - sí.

**135** Tú Amarás A Cristo

*How You Will Love Him*

H. C. BALL     S. Marcos 12: 28-35     B. D. ACKLEY

1. Tú que va-gas en las ti-nie-blas, Le-jos de Cristo y de su a-mor; Ven y ve cuán a-man-te es Cris-to,
2. Ven, a-cep-ta per-dón com-ple-to, La paz y go-zo del Sal-va-dor; Al-ma tris-te, Je-sús te lla-ma,
3. Es-te a-mor tan su-bli-me y tier-no, Y tan pro-fun-do en su ple-ni-tud; Bro-ta li-bre del pe-cho he-ri-do,
4. Y por sig-los in-ter-mi-na-bles, Ha de que-dar en el co-ra-zón; Sus mer-ce-des in-es-cru-ta-bles,

CORO

Ven, con-tem-pla a tu Sal-va-dor.
El te es-pe-ra con gran-de a-mor. ¡Oh, cuánto tú a-ma-rás a
De Je-sús, quien nos da sa-lud.
Que nos brin-dan su ben-di-ción.

Cris-to, Al mi-rar la glo-ria del Se-ñor!
glo-ria del Se-ñor!

*rit.*

Su co-ra-zón fue que-bran-ta-do, En la cruz por ti, por mí.

**136**     **Soy Salvo**

*Saved*

H. C. BALL     S. Lucas 19: 10     REV. H. E. BRIGHT

1. Cris-to del cie - lo  a  bus-car - me, Vi - no a la  tie - rra,
2. Cris-to me guar - da  de  pe - ca - do,  El es mi guí - a
3. El me con - du - ce  por  la  sen - da,  Me  li - bra siem - pre
4. Cris-to muy pron - to,  con  voz tier - na,  Ha  de lla - mar - me

se  hu - mi - lló;  Cuan-do va - ga - ba yo en la  no - che,
a  su man - sión;  Gran-des ri - que - zas  de  su  gra - cia,
de tro - pe - zar;  El  es mi a - po - yo y es mi  fuer - za,
al dul-ce ho - gar;  Do voy a  ver - le,  en  su  glo - ria,

él  me bus - có  y  mi al - ma sal - vó.
El de - rra - mó  en  mi co - ra - zón. Soy sal - vo,
Y si le  si - go no pue-do fla - que - ar.
Su triun-fo siem - pre  a - llí ce - le - brar.

CORO

es-te es mi can - to;  Cris-to me sal - va, ¡oh, cuán glo-rio - so! Soy

sal - vo, mi - ro su glo - ria, Doy a - la-ban-zas al  Sal - va - dor.

## 137 Siempre Orad

*Watch and Pray*

S. Lucas 21:36

H. C. BALL

WM. J. KIRKPATRICK

1. "Siem-pre o-rad" muy pronto vie - ne Cris - to, Guarda bien tu
2. "Siem-pre o-rad" que si hoy vi-nie - re Cris - to, El te ha - lle
3. "Siem-pre o-rad" sí vi - ve a-quí ve - lan - do, Es man-da - to
4. "Siem-pre o-rad" cons-tan-te y con ce - lo, E - jer-cí - ta-

co - ra - zón; Re - tén fir - me to - do lo que tie - nes, Tú ten-
en la lid, Con la es-pa - da su - ya bien em-plea - da, Fiel por
del Se - ñor; Sin de-mo - ra to - ma la pro - me - sa, Del gran
te en la fe; Ten el á - ni - mo de Je - su - cris - to, Y sus

**CORO**

drás tu ga - lar - dón. "Siem-pre o-rad" ........ nos man-da
nues - tro A - da - lid.
fiel Con - so - la - dor.
hue - llas si - gue fiel. "Siempre orad" nos manda Cristo, "Siempre o-

Cris - to, Y ve - lad ............ en o - ra-
rad" nos manda Cristo, Y ve - lad en o ra-ción; "Siem-pre o-

ción; Pronto ven - drá ............ El en las
rad" nos manda Cristo, Pronto ven - drá El en las nu-bes, Pronto ven-

## Siempre Orad

nu - bes, Nos da - rá su ben - di - ción. (con él.)
drá El en las nubes, Y nos lle - va - rá con él. (llevará con él.

# 138     La Fuente Sanadora

*Healing at the Fountain*

H. W. CRAGIN     Salmo 103: 3     WM. J. KIRKPATRICK

1. Ved la fuen-te sa - na - do - ra— La que a-brió el Sal - va - dor—
2. En la fuen-te que nos sa - na, He ha - lla-do el per - dón;
3. En la fuen-te que nos sa - na, Cris-to o-fre-ce la sa - lud;
4. Es - ta fuen-te que nos sa - na, Aun hoy dí-a es e - fi - caz;

Cu - yas a-guas re-fres-can - tes, Son de pe - ren-nal va - lor.
Y la - va - do to-da man-cha, De mi po - bre co - ra - zón.
Pues ve-nid, en-fer-mos to - dos, Pro - ba - réis su gran vir - tud.
Ven, su-mér-ge-te en e - lla, Cree, y sa - no que-da - rás.

**CORO**

¡Oh, pre - cio - sa fuen-te sa-na-do - ra! Pa - ra to-dos flu - ye libre;

¡Oh, pre - cio - sa fuen-te sa - na-do - ra! ¡Gloria a Dios! me sana a mí.

# 139 Quiero Ver Mi Patria

*Lift Me Up Above the Shadows*

H. C. BALL

S. Juan 14: 2, 3

R. E. Winsett

1. Quie-ro ver a Je-su-cris-to, Mi pre-cio-so Sal-va-dor, Quie-ro
2. Quie-ro dar a Je-su-cris-to, Sin re-ser-va mi a-mor, Quie-ro
3. Por la o-bra re-den-to-ra, De Je-sús, mi Sal-va-dor, Vi-vi-

ver el al-to cie-lo, ver el tro-no del Se-ñor; Ver la faz de
ser un men-sa-je-ro con-du-cien-do al pe-ca-dor, A la cruz de
ré por las e-da-des, do po-dré go-zar su a-mor; Por la San-gre

mi Maestro,quien por mí su-frió la cruz, Vi-vi-ré en e-sa
Je-su-cris-to y a la pa-tria ce-les-tial, Do po-drá vi-vir por
del Cor-de-ro,Aunque in-dig-no sé que soy, Con las hues-tes re-di-

CORO

pa-tria—De e-ter-no go-zo y luz. Quie-ro ver............ a-
siempre con el co-ro an-ge-li-cal.
mi-das loo-res al Se-ñor yo doy. Quie-ro ver a-que-lla tie-rra,

que-lla tie-rra, Don-de rei-na e-
quie-ro ver a-que-lla tie-rra, Don-de sombras ya no habrá,

# Quiero Ver Mi Patria

ter-no a-mor, Quiero es - tar......... en las mo
Quiero estar en las moradas, quie-ro es-tar en las moradas, quie-ro

ra-das, De Je - sús,........ mi Sal-va-dor.
es-tar en las moradas, De Jesús, mi Salvador, de Jesús, mi Salvador.

## 140 Más Santidad Dame

*My Prayer*
Hebreos 12: 14

**My Prayer**

P. P. Bliss

1. Más san-ti-dad da-me, Más o-dio al mal, Más cal-
2. Más pru-den-te haz-me, Más sa-bio en él, Más fir-
3. Más pu-re-za da-me, Más fuer-za en Je-sús, Más de

ma en las pe-nas, Más al-to i-deal; Más fe en mi Ma-es-tro,
me en su cau-sa, Más fuer-te y más fiel; Más rec-to en la vi-da,
su do-mi-nio, Más paz en la cruz; Más ri-ca es-pe-ran-za,

*rit.*

Más con-sa-gra-ción, Más ce-lo en ser-vir-le, Más gra-ta o-ra-ción.
Más tris-te al pe-car, Más hu-mil-de hi-jo, Más pron-to en a-mar.
Más o-bras a-quí, Más an-sia del cie-lo, Más go-zo a-llí.

# Viene Otra Vez

141

*Coming Again*

H. C. BALL  Actos 3:19-23  FREDERICK MESSICK

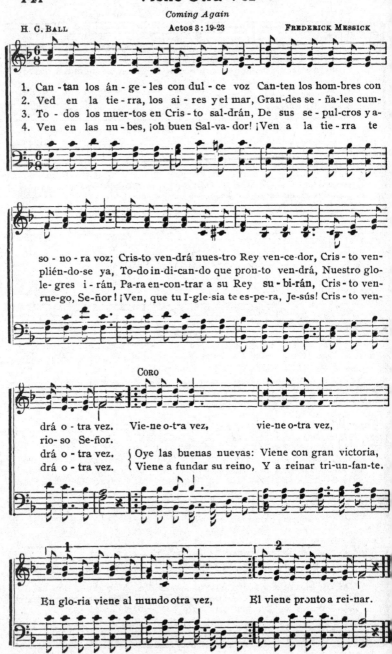

1. Can-tan los án-ge-les con dul-ce voz Can-ten los hom-bres con
2. Ved en la tie-rra, los ai-res y el mar, Gran-des se-ña-les cum-
3. To-dos los muer-tos en Cris-to sal-drán, De sus se-pul-cros y a-
4. Ven en las nu-bes, ¡oh buen Sal-va-dor! ¡Ven a la tie-rra te

so-no-ra voz; Cris-to ven-drá nues-tro Rey ven-ce-dor, Cris-to ven-
plién-do-se ya, To-do in-di-can-do que pron-to ven-drá, Nuestro glo-
le-gres i-rán, Pa-ra en-con-trar a su Rey su-bi-rán, Cris-to ven-
rue-go, Se-ñor! ¡Ven, que tu I-gle-sia te es-pe-ra, Je-sús! Cris-to ven-

**CORO**

drá o-tra vez. Vie-ne o-tra vez, vie-ne o-tra vez,
rio-so Se-ñor.
drá o-tra vez. Oye las buenas nuevas: Viene con gran victoria,
drá o-tra vez. Viene a fundar su reino, Y a reinar tri-un-fan-te.

**1**
En glo-ria viene al mundo otra vez,

**2**
El viene pronto a rei-nar.

# 142 Cuando Te Quiero Más

*Just When I Need Him Most*

H. C. BALL       Hebreos 4: 16       CHAS. H. GABRIEL

1. Cuan-do te quie-ro cer-ca tú es-tás, Mi buen Je-sús, no me de-ja-rás, Con tu po-ten-cia me sos-ten-drás,
2. Cuan-do te quie-ro lis-to tú es-tás, Y a-ban-do-nar-me nun-ca po-drás: Paz por tris-te-za siem-pre me das,
3. Cuan-do te quie-ro no fal-ta-rás, Ho-ra tras ho-ra tú me guia-rás; Tier-nos cui-da-dos tú me da-rás,
4. Cuan-do te quie-ro a-llí tú es-tás, Con tu pre-sen-cia me a-po-ya-rás, Bro-ta tu fuen-te de gran so-laz,

**CORO**

Cuan-do te quie-ro más. Cuan-do te quie-ro más, Cuan-do te quie-ro más, Cer-ca tú es-tás, mi buen Sal-va-dor, Cuan-do te quie-ro más.

## 143 Voy A La Ciudad Celeste

*Will You Meet Me Over Yonder?*

AUTOR DESCONOCIDO      Rev. 21: 18, 21      R. E. WINSETT

1. Voy a la.... ciu-dad ce-les-te, (la ce-les-te,) Do las
2. ¿Oh, her-ma - no, có-mo vi-ves, (có-mo vi-ves,) Si te
3. Dios le da.... man-sión her-mo-sa, (mansión hermosa,) Al que

ca - lles de o-ro son; (de o - ro son;) Don-de en paz....
lla - ma hoy tu Creador? (hoy tu Creador?) ¿Listo es-tás....
triun - fa sobre el mal; (so-bre el mal;) Lle-ga-re -

se mo - ra siem - pre, (mo-ra siempre,) En la cé -
a oír la ci - ta, (oír la ci-ta,) O te ago -
mos tras la lu - cha, (tras la lu-cha,) A la pa -

Coro

li - ca man-sión. (en mi man-sión.) Cuán go-zo - so es
bia a-quí el te-rror? (a-quí el te-rror?)
tria ce - les - tial. (la ce-les-tial.)

el en - cuen-tro, (el en-cuen-tro,) De los que han.. pa-

# Voy A La Ciudad Celeste

sa - do ya, (pa - sa - do ya;) La reu - nión.. de los cre -

yen-tes, (los creyentes,) Dios con e - llos se ha-lla-rá. (se ha-lla-rá.)

## 144  ¡Oh, Cuánto Amo A Cristo!

*Oh, How I Love Jesus*
1 Juan 4: 19

1. Es { Cris-to quien por mí mu-rió, Mis cul-pas por bo - rrar, Cuán }
   { gran-des pe- nas él su-frió, Cuán (*Omit*.............. Mi..}

al - ma al res - ca - tar.

**Coro**

{ ¡Oh, cuán-to a-mo a Cris - to!
{ ¡Oh, cuán-to a-mo a Cris - to!   Por-

¡Oh, cuán-to a-mo a Cris - to!   que an - tes me a-mó.

2 Jesús su sangre derramó,
   Mi Rey por mí murió;
Por mí, porque él me amó,
   Mi iniquidad limpió.

3 ¡Oh! nunca puedo yo pagar,
   La deuda de su amor;

Estoy aquí mi Salvador,
   Recíbeme, Señor.

4 Vivir con Cristo es tener paz,
   Con él habitaré;
Pues suyo soy, y de hoy en más,
   De nadie temeré.

# 145 El País De Beulah

*Is Not This the Land of Beulah?*

Isa 62·4

A. B.

Rev. J. W. Dadmun

1 Mo-ro yo en las al-tu-ras, Don-de en-cuen-tro go-zo y paz, En el pa-
2 Pue-do ver de las al-tu-ras, Có-mo an-du-ve en el e-rror, Ex-tra-
3 To-mo de la fuen-te vi-va, Don-de siem-pre quie-ro es-tar, Ya gus-
4 No me di-gas de las cru-ces, Con que no pue-da car-gar, Por-que en

ís de las be-lle-zas, Don-de tú vi-vir po-drás Es el pa-ís de her-mo-
via-do en las ti-nie-blas, Y las som-bras del te-rror. Du-das, vo-tos que-bran-
té del río de vi-da, Sa-tis-fe-cha mi al-ma es-tá; No a-pe-tez-co los pla-
Cris-to ha-brá vic-to-ria, El las pue-de so-por-tar Quie-ro yo se-guir a

su-ra, Do se cor-tan be-llas flores. Que de-rra-man sus o-lo-res.
ta-dos, Só-lo tu-ve en e-sa vida, Mas Je-sús me con-du-cí-a,
ce-res, De es-te mun-do en que moro, Por-que en Cris-to hay más te-so-ro.
Cris-to, La ver-güen-za des-pre-cian-do, Los ho-no-res des-e-chan-do,

**Coro**

En el al-ma de do-lor.
A es-te país don-de lle-gué. ¿No se-rá el país de Beu-lah, País fe-liz de
Y en ca-mi-no al cie-lo voy,
Por la glo-ria de la cruz.

luz y gozo, Don-de can-tan a-le-lu-ya, A Je-sús quien nos sal-vó?

# 146 Busca Por Mí

*Seeking for Me*

H. C. BALL        Gal. 4: 3-6        ARR. por R. E. WINSETT

1. El Rey de gloria al cie-lo de-jó, Pobre, hu-mil-de al mun-do lle-gó,
2. El Rey de gloria clavado a la cruz, A-sí mu-rió para dar-me la luz,
3. El Rey de gloria el buen Sal-va-dor, Llama al cansado que sigue el error,
4. El Rey de gloria en gran resplandor, Al mundo vie-ne con gloria y honor,

Do-lor y muer-te de cruz él su-frió, Me bus-ca a mí, a mí.
Es-ta es la prue-ba que me ama Je-sús, Mue-re por mí, por mí.
Bus-ca al perdido y con ansias de a-mor, Me lla-ma a mí, a mí.
Yo vo-la-ré de la tie-rra al Se-ñor, Vie-ne por mí, por mí.

**CORO**

Me bus-ca a mí, a mí,........ Me bus-ca a mí, a mí,........
Mue-re por mí, por mí,........ Mue-re por mí, por mí,........
Me lla-ma a mí, a mí,........ Me lla-ma a mí, a mí,........
Vie-ne por mí, por mí,........ Vie-ne por mí, por mí,........

Ma-ra-vi-llo-so es su gran a-mor, Me bus-ca a mí, a mí.
Su-fre la muer-te a-mar-ga en la cruz, Mue-re por mí, por mí.
Con tier-na voz y pro-fun-do a-mor Me lla-ma a mí, a mí.
¡Oh, en las nu-bes ve-ré a Je-sús! ¡Vie-ne por mí, por mí!

# 147 Las Buenas Nuevas

*Tidings*

AUTOR DESCONOCIDO

Rom. 1: 16

JAMES WALCH

1. Ve, ve oh Sión, tu gran des-ti-no cum-ple; Que Dios es
2. Ve cuán-tos mi-les ya-cen to-da-ví-a, En las os-
3. Es tu de-ber que sal-ves de la muer-te, Las al-mas
4. Ve, di a to-da tri-bu, pue-blo y len-gua, Que el Dios en
5. Tus hi-jos man-da con el gran men-sa-je; Con tu di-

luz, al mun-do pro-cla-mad, Que el Ha-ce dor de las na-
cu-ras cár-ce-les del mal, Ig-no-ran que de Cris-to
por las cua-les él mu-rió; Sé fiel si no ten-drás que
quien vi-vi-mos es a-mor, Que en la tie-rra ha muer-to
ne-ro im-pul-so a e-llos da, En o-ra-ción sus-ten-ta

cio-nes quie-re, Que na-die mue-ra en den-sa obs-cu-ri-dad.
la a-go-ní-a, Fue pa-ra dar-les vi-da ce-les-tial
ser cul-pa-ble, De que se pier-da lo que Dios ga-nó.
por-que ten-ga, To-do mor-tal la vi-da en el Se-ñor.
fiel sus al-mas, Y cuan-to gas-tes Cris-to pa-ga-rá.

**Coro**

A-le-gres nue-vas al mun-do dad,

Nue-vas de re-den-ción, de a-mor y li-ber-tad.

## 148 Fuente De La Vida Eterna

*Come, Thou Fount*

Nettleton      Salmo 36: 9      JOHN WYETH

1. Fuen-te de la vi-da e-ter-na, Y de to-da ben-di-ción,
En-sal-zar tu gra-cia tier-na, De-be ca-da co-ra-zón.
Tu pie-dad i-na-go-ta-ble, A-bun-dan-te en per-do-nar;
U-ni-co ser a-do-ra-ble, Glo-ria a ti de-be-mos dar.

2 De los cánticos celestes,
Te quisiéramos cantar,
Entonados por las huestes
Que lograste rescatar;
Almas que a buscar viniste,
Por que les tuviste amor;
De ellas te compadeciste
Con tiernísimo favor.

3 Toma nuestros corazones
Llénalos de tu verdad,
De tu Espíritu los dones,
Y de toda santidad.
Guíanos en obediencia,
Humildad, amor y fe;
Nos ampare tu clemencia;
Salvador, propicio sé.

## 149 Bautícese Cada Uno

*Come, Thou Fount*

Nettleton

1 En las aguas de la muerte,
Sumergido fue Jesús,
Mas su amor no fue apagado
Por sus penas en la cruz.
Levantóse de la tumba,
Sus cadenas quebrantó,
Y triunfante y victorioso,
A los cielos ascendió.

2 En las aguas del bautismo
Hoy confieso yo mi fe:
Jesucristo me ha salvado
Y en su amor me gozaré,

En las aguas humillantes
A Jesús siguiendo estoy,
Desde ahora para el mundo
Y el pecado muerto soy.

3 Yo que estoy crucificado,
¿Cómo más podré pecar?
Ya que soy resucitado,
Santa vida he de llevar,
Son las aguas del bautismo,
Mi señal de salvación,
Y yo quiero consagrarme
Al que obró mi redención.

## 150 No Me Avergüenzo De Jesús

*Not Ashamed of Jesus*

H. C. BALL          2 Cor. 13: 4          R. E. WINSETT.

1. {¿Será po-si-ble,.... mi Se-ñor,.... que me avergüence..
   { De tí, Señor,...... mi Sal-va-dor,.... que án-ge-les,.....

2. {¡A-ver-gon-zar...... me de Je-sús!.... Cuan-do sin cul --
   { No ten-ga bie - -nes que pe-dir,.... Ni al-ma ten - -

3. {¡A-ver-gon-zar - - me de Je-sús!.... De tie-rra y mar....
   { Del u-ni-gé - -ni-to de Dios,... del Rey de glo - -

**1**
yo de ti .... a-do-ran hoy?.. ¡A-ver-gon-zar - -
pas por la-var; ga que sal - var;.. Or-gu-llo ten - -
el Cre-a-dor, .. ria, mi Se-ñor;.. De mi Se-ñor........

**2**

me de Je-sús!..... ¡mi ú-ni-co........ a-mi-go-fiel!....
go en confesar,...... que mi con fian - -za pongo en ti,...
que vol-ve-rá,...... con diez mil án - -ge-les de luz;...

No, mi Se-ñor..... Te a-do-ro hoy,.... E-ter-no Rey .....
Se-rá mi glo - -ria que Je-sús..... no se a-ver-güen - -
No, mi Se-ñor..... doy to-do a ti,...... me lle-nas con - -

*D. S.*—Te se-gui-ré,...... Te a-la-ba-ré,...... Te en-sal-za-ré,......

# No Me Avergüenzo De Jesús

FINE CORO

Mi Sal - va - dor.........
ce, no, de mí.........  No mi Se - ñor,.........  Te a-do-ro
tu gra - ta luz.........

Mi Sal - va - dor.........

D. S.

hoy,.........  E-ter-no Rey.........  mi Sal-va-dor;.........

## 151  Sólo La Sangre

*Nothing But the Blood*
Hebreos 9: 11-23

H. W. CRAGIN                    ROBERT LOWRY

1. ¿Qué me pue-de  dar per-dón?  Só - lo de Je-sús la San - gre,
   ¿Y un nue-vo  co - ra - zón?  Só - lo de Je-sús la San - gre.
2. Fue el res-ca-te  e - fi - caz,  Só - lo de Je-sús la San - gre;
   Tra-jo san - ti - dad y paz,  Só - lo de Je-sús la San - gre.

CORO

Pre - cio-so es  el  rau - dal,  Que lim - pia to - do  mal;

No hay o - tro ma - nan-tial,  Só - lo de Je - sús la san - gre.

3 Veo para mi salud,
  Sólo de Jesús la sangre;
Tiene de sanar virtud,
  Sólo de Jesús la sangre.

4 Cantaré junto a sus pies,
  Sólo de Jesús la sangre;
El Cordero digno es,
  Sólo de Jesús la sangre.

*Tramp, Tramp, Tramp*

S. Mateo 5 : 8

GEO. F. ROOT

1. Bien-a - ven - tu - ra-dos son los de lim-pio co - ra-zón, Que no
2. Gran-de di - cha y fa - vor me con - ce - de mi Se-ñor, Por Su
3. Al Se - ñor o - be - de - cer y su Es-pí - ri - tu te - ner, Es un
4. ¡Cuán per-fec-ta es mi paz! no an - he - lo na - da más, En el

a - man el te-so - ro de a - quí; De tran-qui - li-dad y paz
san-gre de-rra-ma-da en la cruz; Soy guar-da-do siem-pre fiel
ver-da-de-ro cie-lo en mi ser; Y por su in-men-so a-mor
mundo que su luz y su ver - dad; Con mi a-ma-do Sal-va - dor,

go-zan ca-da dí - a más, Y del cie-lo el go - zo tie-nen ya en sí.
por la fe que tengo en él, Y me re - go-ci-jo an-dan-do en la luz.
hacia el pobre pe-ca-dor, Can-ta-ré sus a - la-ban - zas más a - llá.
po - se - í-do de su a-mor, Es - ta-ré con-ten-to por la e-ter - ni-dad.

CORO

¡Oh, can - te - mos a - le - lu - ya! Sí, de to - do
a - le - lu - ya! Sí, de to - -

co - ra-zón, Por a - mor al Sal - va - dor, a su
do co - ra - zón,

# Bienaventurados Los De Limpio Corazón

nom-bre dad lo - or,   Y  por siem-pre can-ta - re-mos de su a - mor.

## 153   ¡Aleluya, Amén!

*Hallelujah, Amen*

LECHUGA Y V. MENDOZA          Rev. 19: 1-11          WM. J. KIRKPATRICK

1. Mil ve-ces con el Ma - es - tro, En san - ta co-mu - nión.
2. De a-que-llos que su - frie - ron, Sed, ham - bre y do - lor,
3. Es - cu - cho los a - cen-tos, Del can - to sin i - gual,
4. U - ni-do es-toy con e - llos, A - ho - ra por la fe,

Es - cu - cho los a - cen - tos, De her-mo - sa a-gru-pa - ción.
Mas hoy glo - ri - fi - ca - dos, Es - tán con el Se - ñor.
Y mi al-ma al pun - to se u - ne, Al co - ro ce - les - tial.
Mas pron - to fren-te al tro - no, Con e - llos can-ta - ré.

**CORO**

"¡A - le - lu - ya, A - mén! ¡A - le - lu - ya, A - mén!

*poco rit.*

¡A - le - lu - ya, A - mén!      A - mén,      A - mén!"

## 154  ¡Ven a El, Ven a El!

*Come To-Day*

V. MENDOZA      S. Mateo 18: 11-14      R. L. BLOWERS

1. ¿De Je-sús no es-cu-chas tierno lla-ma-mien-to: "Ven a mí,
2. De tus pe - nas pronto pue-des ol - vi-dar-te, Ven a él,
3. Só-lo él pue-de ple-no go - zo con-ce-der-te, Ven a él,
4. No su voz de a-mor es-cu-ches con des-pre-cio, Ven a él,
         Ven a mí,

pe - ca-dor"? Quie-re dar-te su per-dón, paz y con-ten-to,
ven a él; Por - que de e-llas Cris-to pue-de a - li - vio dar-te,
ven a él; En o - dio-sa cruz por e - llo vio la muer-te,
ven a él; Por tu sal - va-ción pa-gó di - vi - no pre-cio,
   pe-ca-dor,"

**CORO**

Ven a él,     pe - ca - dor.
Ven a él,     ven a él.     Te lla - ma con un tier-no a-
Ven a él,     ven a él.
Ven a él,     ven a él.
   Ven a él,     pe - ca - dor.

cen-to, Tu vi - da quie-re re - di - mir; O - ye del Se - ñor el

## ¡Ven a El, Ven a El!

tier - no lla- ma-mien - to: "Ven a mí, ven a mí."
Ven a mí.

## 155 Con Voz Benigna

*Jesus is Calling*

T. M. WESTRUP    S. Juan 1: 48-51    GEO. C. STEBBINS

1. Con voz be-nig-na te lla-ma Je-sús, In-vi-ta-ción de pu-ro a-mor.
2. A los can-sa-dos con-vi-da Je-sús, Con compasión mi-ra el do-lor;
3. Siempre aguardando contempla a Je-sús: ¡Tan-to esperar! ¡con tanto a-mor!

¿Por qué le de-jas en va-no llamar? ¿Sor-do se-rás pe-ca-dor?
Tráe-le tu car-ga, te ben-de-ci-rá, Te a-yu-da-rá el Se-ñor.
Has-ta sus plan-tas ven, mí-se-ro y trae, Tu ten-ta-ción, tu do-lor.

CORO

Hoy.... te con vida;.. Hoy.... te con - vida,..

Voz.... ben-de-ci - - da, Be-nig-na con-ví-da-te hoy

## 156 El Cuidará De Mí

*His Eye is on the Sparrow*

V. Mendoza        S. Mateo 6: 25-34        Chas. H. Gabriel

1. ¿Có·mo po-dré es-tar tris-te,.. Có-mo en-tre sombras ir,..
2. "Nunca te des - a - lien-tes," Oi-go al Se-ñor de - cir,..
3. Siempre que soy ten-ta- do.. O que en la sombra estoy,..

Có-mo sen-tir - me so - lo.... Y en el do - lor vi - vir,..
Y en su Pa-la - bra fia - do.... Ha-go al do - lor hu - ir....
Más cer-ca de él ca - mi - no ... Y pro - te - gi - do voy...

Si Cris-to es mi con-sue-lo,.. Mi a - mi - go siem-pre fiel,.. Si
A Cris - to pa-so a pa-so . Yo si - go sin ce - sar,.. Y
Si en mí la fe des - ma-ya,.. Y cai-go en la ansiedad,.. ¡Tan

aún las a - ves tie - nen.. Se - gu-ro a - si - lo en él,....
to - das sus bon-da - des... Me da sin li - mi - tar,...
só-lo él me le - van-ta,... Me da se - gu - ri - dad!...

Si aún las a - ves tie - nen. Se - gu-ro a - si - lo en él?....
Y to - das sus bon-da - des.. Me da sin li - mi - tar,...
¡Tan só - lo él me le - van-ta,.. Me da se - gu - ri - dad!..

# El Cuidará De Mí

**Coro**

¡Fe - liz can-tan-do a-le- gre,.. Yo vi - vo siem-pre a-quí;..

a-le-gre, a-quí;

*rall.*

Si él cui - da de las a - ves. Cui-da - rá tam-bién de mí!

---

**157**

# No Lo Hay

*No, Not One!*
Fil. 4: 19

Geo. C. Hugg.

*Despacio y dulce*

1. No hay cual Jesús o - tro fiel a - mi-go,    No lo hay, no lo hay;
2. No hay o-tro a-mi-go tan santo y dig-no,    No lo hay, no lo hay;
3. No hay un in-stan-te que nos ol - vi-de,    No lo hay, no lo hay;
4. ¿Cuán-do es in-fiel el Pas-tor di - vi-no?    Ni u-na vez, ni u-na vez;
5. ¿Hay o - tra dá - di - va co - mo Cris-to?    No la hay, no la hay;

O - tro que pue - da sal-var las al-mas,    No lo hay, no lo hay.
Pe - ro a la vez es hu-mil-de y tier-no,    O - tro no hay cual Je - sús.
Ni hay no-che obscura que no nos cui- de,    No la hay, no la hay.
¿Cuán-do re-cha-za a los pe - ca - do-res?    Ni u-na vez, ni u - na vez.
Ha pro - me-ti-do él es-tar con-mi-go,    Has-ta el fin, has-ta el fin.

*D.S.*—No hay cual Je-sús o - tro fiel a - mi-go,    No lo hay, no lo hay.

**Coro**    *D. S.*

Co - no - ce to-das nuestras luchas,    Y só - lo él nos sos-ten-drá;

## 158  ¡Santo, Santo, Santo, Señor Jehová!

*Evening Praise*

V. MENDOZA — Rev. 4: 8 — WM. P. SHERWIN

1. Nues-tro sol se po - ne ya, To-do en cal-ma que-da-rá; La ple-
2. ¡Oh Se-ñor! tu pro-tec-ción Da - le hoy al co - ra-zón; Da-le a-
3. ¡Oh Se-ñor! que al descansar Pue-da en ti se-gu-ro es-tar, Y ma-

ga - ria le-van-tad Que ben-di-ga la bon-dad De nues-tro Dios.
que-lla dul-ce paz Que a los tuyos siempre das Con ple - ni - tud.
ña - na, mi de-ber Pue-da siem-pre fiel ha-cer En tu lo - or.

CORO

¡San-to, San-to, San-to, Se-ñor Jeho-vá! Cie-lo y tie-rra, de tu-amor

Lle-nos hoy es - tán, Se-ñor; ¡Lo - or a ti! A - mén.

# 159

## La Patria Del Alma

*I Will Sing You a Song*

**Rev. 22**

1. Can-ta-ré, can-ta- ré del her-mo-so pa - ís, El le-jano glo-rio- so jar-
2. ¡Oh la pa-tria del al- ma en sue-ños se ve, Sus muros de jas-pe y cris-
3. Y el ár-bol de vi - da flo - re - ce a - llá, Do flu - ye el rí - o de a-
4. ¡Oh cuán dul-ce se-rá en el san- to pa - ís, Pa-sa - das las pe- nas a-

dín, Don - de ha de vi - vir el al - ma fe - liz, Mientras vuelen los
tal; Y cer-ca - no pa - re - ce a-quel be-llo E-dén, Ra-dian-te de luz
mor; Y ja-más en la san-ta ciu-dad en-tra-rá Ni la muer-te ni a-
quí, Vol-ver-nos a ver en la vi - da fe - liz, Que ten-dre-mos con

si-glos sin fin, Mientras vue-len los si-glos sin fin, Don - de ha de
ce - les-tial, Ra-dian-te de luz ce - les - tial, Y cer-ca-no
mar-go do-lor, Ni la muer-te, ni a-margo do-lor, Y ja-más en
Cris-to a - llí! ¡Que ten-dre-mos con Cris-to a- llí! Vol-ver- nos a

vi - vir el al - ma fe - liz, Mientras vuelen los si-glos sin fin.
pa - re - ce a-quel be-llo Edén, Ra-dian-te de luz ce - les-tial
la san-ta ciu-dad en-tra- rá, Ni la muer-te, ni a-mar-go do - lor.
ver en la vi - da fe - liz, ¡Que ten-dre-mos con Cristo a - llí!

# Hay Un Mundo Feliz

*The Sweet By and By*

H. G. JACKSON

Hebreos 11: 8-10

JOS. P. WEBSTER

1. Hay un mun - do fe - liz más a - llá,   Don- de mo - ran los
2. Can - ta - re - mos con go - zo a Je - sús,   Al Cor - de - ro que
3. Pa - ra siem-pre en el mun- do   fe - liz,   Con los san - tos da-

san - tos en luz,   Tri - bu - tan - do e - ter - no lo - or,   Al in -
nos res - ca - tó,   Y con san - gre ver - ti - da en la cruz,   Los pe -
re - mos lo - or,   Al in - vic - to glo - rio - so Je - sús;   A Je -

**CORO**

vic - to glo - rio - so Je - sús.   En el mun - do fe -
ca - dos del mun - do qui - tó.
sús, nues-tro Rey   y   Se - ñor.   En el mun -

liz,   Rei - na - re-mos con nuestro Se-ñor;   En el
do fe - liz,   con nues-tro Se-ñor;

mun - do fe - liz,   Rei - na-re-mos con nuestro Se-ñor.
En el mun - do fe - liz,

## 161 Pecador, Ven Al Dulce Jesús

*I Believe Jesus Saves.* (*Musica No. 160.*)

1 Pecador, ven al dulce Jesús,
Y feliz para siempre serás,
Si en verdad le quisieres tener,
Al divino Señor hallarás.

Coro.—Ven a él, ven a él,
Que te espera tu buen Salvador;
Ven a él, ven a él,
Que te espera tu buen Salvador.

2 Si cual hijo que necio pecó,
Vas buscando a sus pies compasión,

Tierno padre en Jesús hallarás,
Y tendrás en sus brazos perdón.

3 Si enfermo te sientes morir,
El será tu Doctor celestial,
Y hallarás en su sangre también,
Medicina que cure tu mal.

4 Ovejuela que huyó del redil,
¡He aquí tu benigno Señor!
Y en los hombros llevada serás,
De tan dulce y amante Pastor.

## 162 ¡Oh! Amor Que No Me Dejarás

*Oh, Love That Will Not Let Me Go*

V. Mendoza          Rom. 8: 35-39          Albert L. Peace

1. ¡Oh! A-mor que no me de - ja - rás, Des - can - sa mí al-ma
2. ¡Oh! Luz que en mi sen - de - ro vas, Mi an-tor - cha dé - bil
3. ¡Oh! Go - zo que a bus-car - me a mí, Vi - nis - te con mor-
4. ¡Oh! Cruz que mi - ro sin ce - sar, Mi or-gu - llo, glo-ria y

siem-pre en ti; Es tu - ya y tú la guar - da - rás,
rin - do a ti; Su luz a - pa - ga el co - ra - zón,
tal do - lor, Tras la tor - men-ta el ar - co vi,
va - ni - dad, Al pol - vo de - jo por ha - llar,

Y en el o - céa - no de tu a-mor, Más ri - ca al fin se - rá.
Se - gu - ro de en-con-trar en ti; Más be - llo res - plan-dor.
Y ya el ma - ña - na, yo lo sé, Sin lá - gri - mas se - rá.
La vi - da que en su san-gre dio, Je - sús, mi Sal - va - dor.

## 163 Voz De Gratitud

*For He is so Precious to Me*

V. MENDOZA                      CHAS. H. GABRIEL

1. La glo-ria de Cris-to el Se-ñor can- ta - ré, Pues lle-na mi vi - da
2. En ho-ras de an-gus-tia con-mi-go él es - tá, Y pue-do es-cu-char su
3. Si a ru-dos con-flic-tos me mi- ra que voy, Me de-ja has-ta el fin a
4. También cuando go-zo lo mi- ro lle-gar, Y en-ton-ces mi di-cha

de go - zo y de paz; Ca - llar los fa - vo - res que de él al- can - cé,
dul - cí - si - ma voz, Que me ha-bla, y su paz i-ne - fa- ble me da,
mí so - lo lu-char, Mas pron-to, si ve que ce-dien-do ya es-toy,
la aumenta el Se-ñor, Ya lle - na mi co-pa, la veo re - bo-sar,

**CORO**

Mi la - bio no pue-de ja - más.
La paz in - fi - ni - ta de Dios.    Es to - do bon-dad pa - ra
So - co - rro me vie-ne a pres - tar.
Con to - dos sus do - nes de a - mor.

mí,...... Con él na-da pue-do de - sear, .... Pues to-dos mis
pa - ra mí, de - se - ar,

*rit.*

al - tos de - se - os a - quí, Tan só - lo él los pue-de lle-nar...

## 164 Jesús Es Todo Para Mí

*Jesus is All the World to Me*

V. MENDOZA                                                     WILL L. THOMPSON

1. Cris-to el Se-ñor es pa - ra mí, Con-sue - lo, di - cha y paz;..
2. En mis con-flic-tos con el mal, No hay u - no cual Je - sús,..
3. Vi - da de paz, de go - zo y luz, En-cuen-tro en mi Se - ñor;..
4. Glo - ria sin fin tri-bu - ta-ré, Go - zo - so a mi Je - sús,..

En él tan só-lo en-cuen-tro yo, Des-can - so, a-mor, so - laz.
Que pue-da dar - me pro - tec-ción, Sos-tén, po - der y luz.
He-ren-cia e-ter - na que me da, Su in-com-pa - ra-ble a - mor.
Quien vi-da tal me a-se - gu-ró, Mu-rien-do en cruen-ta cruz,

Si en mis tris - te - zas voy a él, Ha-llo un a - mi - go siempre fiel,
Yen-do con-mi-go el Sal-va-dor, Ya na - da pue-de el ten - ta-dor,
Na-da en el mun-do i-gua-la-rá, A lo que en Cris-to en-con-tra-rá,
Y por los si-glos mi can-ción, En-zal - za - rá su sal-va-ción,

Ha - llo un a - mi - go siem - pre fiel, En Je - sús.
Ya na - da pue - de el ten - ta - dor, Con - tra mí.
A lo que en Cris - to en-con - tra - rá, El mor - tal.
En - zal - za - rá su sal - va - ción, Sin i - gual.

# 165 Aunque Sean Como Escarlata

*Though Your Sins Be As Scarlet*

P. Grado        Isa. 1: 18        W. H. Doane

1. Aunque sean co-mo escarlata, Tus pe-ca-dos la - va - ré
   Y si fueren co - mo gra-na Ní-veos los       ha - ré.

Aun - que sean...... como escarlata Tus pe-ca-dos la-va-ré.

Aun-quesean

Aun-que sean    como escarla - ta Aun-que sean   como escarla - ta

Tus pe - ca - dos la - va - ré    Tus pe - ca - dos la - va - ré.

2 Oye voz que te suplica:
    Vuelve, vuelve a tu Señor.
Bueno es él, compasivo
    Y de tierno amor.
Oye voz que te suplica:
    Vuelve, vuelve a tu Señor.

3 El aleja tus pecados
    Y su consecuencia atroz;
Venid a mí y sed salvos,
    Dice nuestro Dios.
El aleja tus pecados
    Y su consecuencia atroz.

**166**

# Cristo el Rey de Gloria

*Crown Him*

Rev. 20: 4

ARR. by GEO. C. STEBBINS

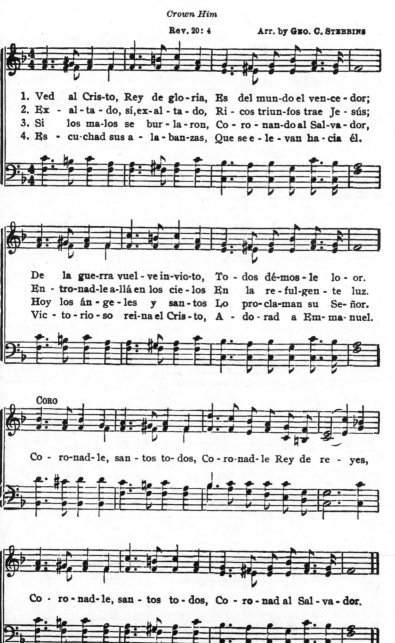

1. Ved al Cris-to, Rey de glo-ria, Es del mun-do el ven-ce-dor;
2. Ex-al-ta-do, sí, ex-al-ta-do, Ri-cos triun-fos trae Je-sús;
3. Si los ma-los se bur-la-ron, Co-ro-nan-do al Sal-va-dor,
4. Es-cu-chad sus a-la-ban-zas, Que se e-le-van ha-cia él.

De la gue-rra vuel-ve in-vic-to, To-dos dé-mos-le lo-or.
En-tro-nad-le a-llá en los cie-los En la re-ful-gen-te luz.
Hoy los án-ge-les y san-tos Lo pro-cla-man su Se-ñor.
Vic-to-rio-so rei-na el Cris-to, A-do-rad a Em-ma-nuel.

CORO

Co-ro-nad-le, san-tos to-dos, Co-ro-nad-le Rey de re-yes,

Co-ro-nad-le, san-tos to-dos, Co-ro-nad al Sal-va-dor.

# Santo Espíritu, Desciende

*Fill Me Now*

V. MENDOZA Y OTRO      Actos 1: 4, 5      JOHN R. SWENEY

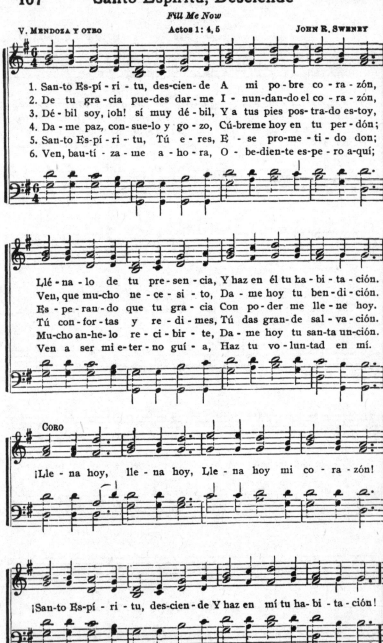

1. San-to Es-pí - ri - tu, des-cien- de A  mi po - bre co - ra - zón;
2. De tu gra - cia pue-des dar - me I - nun-dan-do el co - ra - zón;
3. Dé - bil soy, ¡oh! sí muy dé - bil, Y a tus pies pos - tra-do es-toy;
4. Da - me paz, con - sue-lo y go - zo, Cú-breme hoy en tu per - dón;
5. San-to Es-pí - ri - tu, Tú e - res, E - se pro-me - ti - do don;
6. Ven, bau-tí - za - me a - ho - ra, O - be-dien-te es-pe - ro a-quí;

Llé - na - lo de tu pre - sen - cia, Y haz en él tu ha - bi - ta - ción.
Ven, que mu-cho ne - ce - si - to, Da - me hoy tu ben - di - ción.
Es - pe - ran - do que tu gra - cia Con po - der me lle - ne hoy.
Tú con - for - tas y re - di - mes, Tú das gran - de sal - va - ción.
Mu-cho an-he - lo re - ci - bir - te, Da - me hoy tu san-ta un-ción.
Ven a ser mi e-ter - no guí - a, Haz tu vo - lun-tad en mí.

**CORO**

¡Lle - na hoy,    lle - na hoy, Lle - na hoy mi co - ra - zón!

¡San-to Es-pí - ri - tu, des-cien - de Y haz en mí tu ha - bi - ta - ción!

# Cara a Cara

*Face to Face*

V. MENDOZA        1 Juan 3: 2        GRANT COLFAX TULLAR

1. En pre-sencia estar de Cris - to,    Ver su ros - tro, ¿qué se - rá?
2. Só - lo tras obs-cu - ro ve - lo,    Hoy lo pue-do a-quí mi - rar,
3. Cuán-to go-zo habrá con Cris - to    Cuando no ha-ya más do-lor,
4. Ca - ra a ca-ra, ¡cuán glo-rio - so    Ha de ser a - sí vi-vir!

Cuando al fin en ple - no go - zo Mi al-ma le con-tem-pla - rá?
Mas ya pron-to vie-ne el dí - a, Que su gloria ha de mos-trar.
Cuan-do ce - sen los pe - li - gros Y ya es-te-mos en su a-mor.
¡Ver el ros - tro de quien qui - so Nuestras al - mas re - di - mir.

**CORO**

¡Ca - ra a ca-ra es-pe - ro ver - le Más a - llá del cie-lo a - zul,

Ca - ra a ca-ra en ple-na glo - ria He de ver a mi Je - sús!

# 169 Hay Un Lugar Do Quiero Estar

*Asilo*

V. MENDOZA    Salmo 121    J. M. BLACK

1. Hay un lu - gar do quie-ro es - tar Muy cer - ca de mi
2. Qui-tar-me el mun-do no po - drá La paz que ha-lló mi
3. Ni du - das ni te - mor ten-dré Es - tan - do cer - ca

Re - den - tor, A - llí po - dré yo des - can - sar Al
co - ra - zón: Je - sús a - man - te me da - rá La
de Je - sús; Ro - dea - do siem-pre me ve - ré Con

**CORO**

fiel am - pa - ro de su a-mor.
más se - gu - ra pro-tec-ción. Muy cer - ca de mi Re-den-
los ful - go - res de su luz.

tor Se - gu - ro a - si - lo en-con - tra - ré; Me guar - da-

rá del ten - ta - dor Y ya de na - da te - me - ré.

# 170 La Palabra Hoy Sembrada

*Zion*

S. Mateo 13: 1-9, 18-24

T. HASTINGS

1. La pa - la - bra hoy sem-bra - da Haz - la, Cristo, en mí na - cer,
2. La se - mi - lla que tu sier - vo Ha sem-bra - do con sa - ber,
3. Haz que crez-ca con tu gra - cia, Y tu ri - ca ben - di - ción,
4. Que su e-fec - to muy pro-fun - do, En la mente y co - ra - zón,
5. Sem-bra-re-mos la pa - la - bra Con a - mor y pro - fu - sión,

Pa - ra dar - le cre - ci-mien - to Só - lo tie - nes tú po - der.
No per - mi - tas que las a - ves, Se la ven-gan a co - mer;
No la aho-guen las es - pi - nas, De con-go - jas y a - flic - ción.
Lle - va - rá con - si-go al mun - do, Que le das la sal - va - ción.
Es - pe - ran - do la co - se - cha En la cé - li - ca man-sión.

Ri - cos fru - tos, tú nos pue - des con - ce - der;

Ri - cos fru - tos, tú nos pue - des con - ce - der.

# Meditad

*The Home Over There*

P. CASTRO        Rev. 22        TULLIUS C. O'KANE

1. Me-di-tad en que hay un ho-gar   En la mar-gen del rí - o de
2. Me-di-tad en que a-mi-gos te-néis   De los cua-les mar-cha-mos en
3. En que mo - ra Je-sús me-di-tad,   Don-de se-res que a-ma-mos es-
4. Re - u - ni-do a los mí-os se-ré,   Mi ca-rre-ra a su fin to-ca

luz, (más a - llá,) Don-de van para siem-pre a go-zar Los cre-
pos, (por la fe,) Y pen-sad en que al fin los ve-réis, En el
tán, (más a - llá,) Y a la pa-tria ben-di-ta vo-lad Sin an-
ya; (pron-to ya;) Y en mi ho-gar ce-les-tial en-tra-ré, Do mi

**CORO**

yen-tes en Cris-to Je-sús.      Más a - llá,      más a-
al - to pa - la-cio de Dios.
gus-tias, te - mo-res ni a-fán.
al - ma re-po - so ten-drá. más a - llá.      más a - llá,

llá,      Me-di-tad en que hay un ho-gar,      Más a-
     Me-di-tad en que a-mi-gos te-néis
     En que mo-ra Je-sús me-di-tad,
más a-llá, Re-u-ni-do a los mí-os se-ré, más a - llá,

# Meditad

llá,                    más a - llá, más a - llá, En la mar - gen del rí - o de luz.
                        más a - llá, De los cua - les mar - cha - mos en pos.
                        más a - llá, Don - de se - res que a - ma - mos es - tán.
más a - llá,            más a - llá, Mi ca - rre - ra a su fin to - ca ya.

## 172     Jesús, Yo He Prometido

*Angel's Story*

J. B. CABRERA       Fil. 4: 13       ARTHUR H. MANN

1. Je-sús, yo he pro-me-ti-do, Ser-vir-te con a-mor; Con-cé-de-me tu
2. El mun-do es-tá muy cer-ca, Y a-bun-da en ten-ta-ción; Sua-ve es el en-
3. Cuan-do mi men-te va-gue, Ya in-cier-ta, ya ve-loz, Con-cé-de-me que es
4. Je-sús, tú has pro-me-ti-do A to-do a-quel que va, Si-guien-do tus pi-

gra-cia, Mi a-mi-go y Sal-va-dor. No te-me-ré la lu-cha, Si tú a mi
ga-ño, Y es ne-cia la pa-sión: Ven tú, Je-sús, más cer-ca, Mos-tran-do
cu-che, Je-sús, tu cla-ra voz: A-ní-ma-me si pa-ro; In-spí-ra-
sa-das, Que al cie-lo lle-ga-rá. Sos-tén-me en el ca-mi-no, Y al fin con

la-do es-tás, Ni per-de-ré el ca-mi-no, Si tú gui-an-do vas.
tu pie dad, Y es-cu-da al al-ma mí-a De to-da i-ni-qui-dad.
me también: Re-prén-de-me, si te-mo En to-do ha-cer el bien.
dul-ce amor, Tras-lá-da-me a tu glo-ria, Mi a-mi-go y Sal-va-dor. A-mén.

## 178 Despliegue El Cristiano

*True-Hearted*

J. B. CABRERA — I. Tim. 6: 12 — GEORGE C. STEBBINS

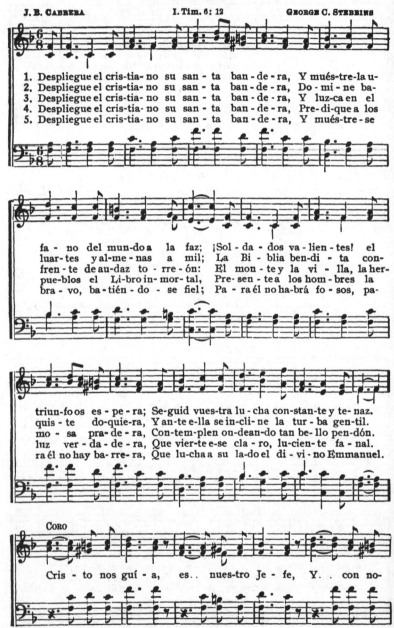

1. Despliegue el cris-tia-no su san-ta ban-de-ra, Y mués-tre-la u-
2. Despliegue el cris-tia-no su san-ta ban-de-ra, Do-mi-ne ba-
3. Despliegue el cris-tia-no su san-ta ban-de-ra, Y luz-ca en el
4. Despliegue el cris-tia-no su san-ta ban-de-ra, Pre-di-que a los
5. Despliegue el cris-tia-no su san-ta ban-de-ra, Y mués-tre-se

fa-no del mun-do a la faz; ¡Sol-da-dos va-lien-tes! el
luar-tes y al-me-nas a mil; La Bi-blia ben-di-ta con-
fren-te de au-daz to-rre-ón: El mon-te y la vi-lla, la her-
pue-blos el Li-bro in-mor-tal, Pre-sen-te a los hom-bres la
bra-vo, ba-tién-do-se fiel; Pa-ra él no ha-brá fo-sos, pa-

triun-fo os es-pe-ra; Se-guid vues-tra lu-cha cons-tan-te y te-naz.
quis-te do-quie-ra, Y an-te e-lla se in-cli-ne la tur-ba gen-til.
mo-sa pra-de-ra, Con-tem-plen on-dean-do tan be-llo pen-dón.
luz ver-da-de-ra, Que vier-te e-se cla-ro, lu-cien-te fa-nal.
ra él no hay ba-rre-ra, Que lu-cha a su la-do el di-vi-no Emmanuel.

CORO

Cris-to nos guí-a, es.. nues-tro Je-fe, Y.. con no-

## Despliegue El Cristiano

so - tros siem - pre es-ta - rá, Na - da te - ma - mos,

él nos a - lien - ta Ya la vic - to - ria lle-var-nos po-drá.

## 174     Buscando A Jesús

*I Am Trusting, Lord, in Thee*

VICENTE MENDOZA     Salmo 51: 10     W. G. FISCHER

1. Dé - bil, po - bre, cie - go soy,    Na - da pue - de en mí va - ler,
2. Mu - cho tiem-po el mal en mí,    Ha rei - na - do sin ce - sar;
3. ¡To - ma tú mi en-te - ro ser,    Al-ma y cuer - po tu - yos son;
4. ¡Cris-to, ven al co - ra - zón    A mo - rar por siem-pre en él.

*Coro.*—Yo con - fí - o só - lo en ti,    ¡Oh, Je - sús, mi Sal - va - dor!

*D. S. Coro*

Ya tu cruz an - sio - so voy,    Do sa - lud po - dré te - ner.
Y hoy, Se-ñor, a - cu - do a ti,    Ya de-sean-do des - can - sar.
No los va - ya a re - te - ner,    En su red la ten - ta - ción!
Y ob-te - ni - do tu per-dón,    Haz que pue - da ser - te fiel.

Da - me paz, da - me per-dón, Da - me hoy tu sal - va - ción.

# ¡Oh, Cristo Mío!

*Juanita*

ISABEL P. BALDERAS     Salmo 91     Melodia Espanola

1. ¡Oh! Cris - to mí - o, E - res tú mi a - mi - go fiel;
2. Cuan-do en la no - che, Ve - a yo es - tre - llas mil,
3. Cuan-do es - ta vi - da Ten - ga yo que a - ban - do - nar,

Se - gu-ro am-pa - ro Só-lo en ti ten-dré, En mis a - flic -
Tu voz her- mo - sa Pueda mi al-ma oír. Haz que yo me -
Co - ro-na her-mo-sa Tú me ce - ñi - rás; Y con dul - ce

cio - nes, Buen Je-sús, i - ré a tí, Y con-sue - lo y di - cha
di - te En tu tier-no y dul-ce amor, Y que yo te a - la - be
can - to Tu bondad a - la - ba-ré, Y en mansión de glo - ria

**CORO**

Me da-rás ¡Oh! sí.
Lle-no de fer-vor.    Cris - to, ven más cer-ca; Paz per-fec - ta en
Siempre mo - ra - ré.

*rit.*

mi al-ma pon; Cer - ca, sí, más cer - ca, De mi co - ra - zón.

# 176 Invocación a La Trinidad

*Italian Hymn*

VICENTE MENDOZA     2 Cor. 13: 14     FELICE GIARDINI

1. ¡Oh, Padre, eterno Dios! Alzamos
2. ¡Bendito Salvador! Te damos
3. ¡Espíritu...... de Dios! Escucha

nuestra voz En gratitud; De cuanto
con amor, El corazón, Y aquí nos
nuestra voz, Y tu bondad, Derrana en

tú nos das Con sin igual amor,
puedes ver, Que humildes a tu altar,
nuestro ser, Divina claridad.

Hallando nuestra paz En ti, Señor.
Venimos a ofrecer, Precioso don.
Para poder vivir En santidad. Amén.

## 177 No Te Dé Temor Hablar Por Cristo

*Valor*

AUTOR DESCONOCIDO

W. B. BRADBURY

1. No te dé te-mor ha-blar por Cris-to, Haz que bri-lle en ti su luz;
2. No te dé te-mor ha - cer por Cris-to, Cuan-to de tu par-te es-tá;
3. No te dé te-mor su-frir por Cris-to, Los re-pro-ches, o el do-lor;
4. No te dé te-mor vi - vir por Cris-to, E - sa vi - da que te da;
5. No te dé te-mor mo-rir por Cris-to, Vía, ver-dad y vi-da es él;

Al que te sal-vó con - fie-sa siem-pre, To - do de - bes a Je - sús.
O-bra con a-mor, con fe y con-stan-cia; Tus tra - ba - jos pre-mia - rá.
Su-fre con a-mor tus prue-bas to - das, Cual su-frió tu Sal - va - dor.
Si tan só-lo en él por siem-pre fia - res El con bien te sa - ca - rá.
El te lle-va-rá con su ter-nu - ra, A su cé - li - co ver-gel.

**CORO**

No te dé te - mor, no te dé te-mor, Nun-ca, nun - ca, nun - ca;

Es tu a-man-te Sal - va - dor, Nun - ca, pues, te dé te - mor.

# 178    Mi Espíritu, Alma y Cuerpo

*The Cross of Jesus*

H. C. E.        1 Tes. 5: 23        IRA D. SANKEY

1. Mi es-pí - ri-tu, al-ma y cuer-po, Mi ser, mi vi - da en-te - ra,
2. Soy tu - yo, Je - su - cris - to, Com-pra - do con tu san - gre;
3. Es - pí - ri - tu Di - vi - no, Del Pa - dre la pro - me - sa;

Cual vi - va, san - ta o - fren - da, En-tre - go a ti, mi Dios.
Con - ti - go haz que an - de, En ple - na co - mu - nión.
Se - dien - ta, mi al - ma an-he - la De ti la san - ta un-ción.

**CORO**

Mi to - do a Dios con - sa - gro En Cris - to, el vi - vo al - tar;

¡Des-cien-da el fue - go san - to, Su se - llo ce - les - tial!

## 179 ¡Trabajad! ¡Trabajad!

*To the Work*

T. M. WESTRUP          Rom. 13: 12          W. H. DOANE

1. ¡Tra - ba - jad! ¡tra - ba - jad! so - mos sier - vos de Dios, ¡Se - gui -
2. ¡Tra - ba - jad! ¡tra - ba - jad! hay que dar de co - mer, Al que
3. ¡Tra - ba - jad! ¡tra - ba - jad! For - ta - le - za pe - did, El rei -

re - mos la sen - da que el Maes-tro tra - zó! Re - no - van - do las
pan de la vi - da qui - sie - re te - ner; Hay en - fer - mos que i -
na - do del mal con va - lor com - ba - tid; Con - du - cid los cau -

fuer - zas con bie - nes que da, El de - ber que nos to - ca cum -
rán a los pies del Se - ñor, Al sa - ber que de bal - de los
ti - vos al Li - ber - ta - dor, Y de - cid que de bal - de re -

CORO

pli - do se - rá.   ¡Tra-ba- jad!      ¡tra - ba- jad!
sa - na su a-mor.
di - me su a-mor.   ¡Tra-ba- jad!      ¡tra - ba-jad!

¡Es - pe - rad,      y ve - lad!      ¡Con - fi - ad!
   ¡Es - pe - rad,      y ve - lad!      ¡Confiad!

# ¡Trabajad! ¡Trabajad!

¡siem-pre o-rad!  ¡o - rad!  Que el Maes-tro pron - to vol - ve - rá.

## 180  Las Santas Escrituras

*Jesus Paid It All*

J. B. CABRERA  Salmo 19  J. T. GRAPE

1. Pa - dre, tu pa - la - bra es  Mi de - li - cia y mi so - laz:
2. Sí o - be - dien - te o - í tu voz,  En tu gra - cia fuer - za ha - llé,
3. Tu ver - dad es mi sos - tén,  Con - tra du - da y ten - ta - ción,
4. Son tus di - chos pa - ra mí,  Prendas fiel - es de sa - lud;

Guí - e siem-pre a-quí mis pies,  Ya mi pe - cho trai-ga paz.
Y con fir - me pie y ve - loz,  Por tus sen - das ca - mi - né.
Y des - ti - la cal-ma y bien  Cuan-do a-sal - ta la a-flic - ción.
Da - me pues que te oi-ga a ti,  Con fi - lial so - li - ci - tud.

**Coro**

Es tu ley, Se - ñor,  Fa - ro ce - les - tial,  Que en pe-

ren - ne res - plan - dor,  Nor - te y guí - a da al mor - tal.

# Escuchad, Jesús Nos Dice

*Autumn*

DANIEL MARCH        S. Mateo 9: 36-38        LOUIS VON ESCH

1. Es - cu-chad, Je-sús nos di - ce: "¿Quié-nes van a tra-ba-jar?
2. Si por tie - rras o por ma - res No pu - die - res tran-si - tar,
3. Si co-mo e-lo-cuen-te a-pós - tol, No pue-die - res pre-di-car,

Cam-pos blan-cos hoy a - guar-dan Que los va - yan a se-gar."
Pue-des en-con-trar ham-brien-tos En tu puer - ta que aux-i-liar;
Pue-des de Je - sús de-cir - les, Cuánto al hom-bre su-po a-mar;

El nos lla - ma ca - ri - ño - so, Nos con-stri - ñe con su a-mor;
Si ca - re - ces de ri - que-zas, Lo que dio la viu - da da;
Si no lo-gras que sus cul-pas Re - co - noz - ca el pe-ca - dor,

¿Quién res-pon-de a su lla-ma-da: "He me a-quí, yo i-ré, Se-ñor?"
Si por el Se-ñor lo die-res, El te re-com-pen-sa-rá.
Con - du - cir los ni-ños pue-des Al be-nig - no Sal-va-dor. A-mén.

# 182  ¡Gloria A Ti Jesús Divino!

*Glory, Glory, Hallelujah*

AUTOR DESCONOCIDO  Ef. 3: 21  WILLIAM STEFFE

1. ¡Glo-ria a ti, Je-sús Di - vi - no! ¡Gloria a ti por tus bon- da - des!
2. Tú me a-mas-te con ter-nu - ra, Y por mí en la cruz mo - ris - te;
3. Ten - go fe só-lo en tu muer-te, Pues con e - lla me sal-vas - te;
4. Te ve - re-mos en el cie - lo: A vi - vir con-ti-go i - re - mos;
5. Ten va-lor, va-lor cris-tia - no, Cris-to es tu me-jor a - mi - go;

¡Glo-ria e-ter-na a tus pie - da - des! ¡Que-ri - do Sal-va - dor!
Con ter - nu - ra me qui-sis - te, Que-ri - do Sal-va - dor.
Vi - da e-ter - na me com-pras-te, Que-ri - do Sal-va - dor.
Tu pre-sen-cia go-za-re - mos, Que-ri - do Sal-va - dor.
El te lle-va-rá con-si - go, Je - sús es tu Se - ñor.

CORO

¡Glo-ria, glo-ria, a - le - lu - ya! ¡Glo-ria, glo-ria, a - le - lu - ya!

¡Glo - ria, glo - ria, a - le - lu - ya! A nues-tro Sal-va - dor.

# 183 Canta, Oh Buen Cristiano

*Work, For the Night Is Coming*

EPIGMENIO VELASCO      S. Mateo 26: 30      LOWELL MASON

1. Can - ta, oh buen cris - tia - no, Dul - ce se - rá can - tar,
2. Can - ta, oh buen cris - tia - no, Tem-pla tu co - ra - zón,
3. Can - ta, oh buen cris - tia - no, Dios tu so - co - rro es;

Ha - ce el ca - mi - no lla - no, Li - bra el pe - sar.
Al - za a tu So - be - ra - no, Tu fe - liz can - ción.
El sos - ten - drá tu ma - no, Has - ta la ve - jez.

*cres.*

Can - ta en las no - ches tris - tes, Can - ta en el sol y en luz,
Siem - pre es - tá lle - no el mun - do, De en - de - chas y do - lor;
¿Sa - bes que al dia-blo in-vi - tas, Cuan-do me-dro - so es - tás?

El mal a - sí re - sis - tes, Can - ta de Je - sús.
Can - ta el a - mor pro - fun - do, De tu Sal - va - dor.
Dios qui - ta - rá tus cui - tas, Si can - tan - do vas.

# 184 En Jesús, Mi Salvador

*Near the Cross*

AUTOR DESCONOCIDO     Ef. 2: 11-13     W. H. DOANE

1. Le - jos de mi Pa - dre Dios   Por Je - sús fui ha-lla - do,
2. En Je-sús, mi Sal - va - dor,   Pon- go mi con - fian - za;
3. Cer - ca de mi buen Pas - tor,   Vi - vo ca - da dí - a;
4. Guár-da-me, Se - ñor Je - sús,   Pa - ra que no cai - ga;

Por su gra-cia y por su a - mor   Só - lo fui sal - va - do.
To - da mi ne - ce - si - dad,   Su-ple en a - bun-dan - cia.
To - da gra-cia en su Se - ñor,   Ha - lla el al - ma mí - a.
Co-mo un sar-mien-to en la vid,   Vi - da de ti trai - ga.

**CORO**

En Je - sús, mi Se - ñor, Sea mi glo - ria e - ter - na;

El me a-mó y me sal - vó, En su gra-cia tier - na.

**185** **¡Oh, Bondad Tan Infinita!**

*Precious Name*

AUTOR DESCONOCIDO     Hebreos 1: 1-6     W. H. DOANE

1. ¡Oh, bon-dad tan in - fi - ni - ta, Ha-cia el mun-do pe - ca-dor,
2. Co - mo el vas-to fir - ma-men-to, Co-mo el in-son-da- ble mar,
3. Aun-que fue-ren tus pe - ca - dos Ro - jos co-mo el car-me-sí;

Dios, en Cris - to re - ve - lan - do Su e-ter - nal y san-to a-mor.
Es la gra-cia sal-va - do - ra Que Je - sús al al - ma da.
En el rí - o del Cal - va - rio, Hay lim-pie-za pa - ra tí.

**Coro**

Es Je - sús para mí, La es-pe-
      Es Je - sús     para mí,

ran - za de sa - lud, Só - lo en él
                Só - lo en él

ha - lla - ré, La di - vi - na ple - ni - tud.
     hallaré,

# 186 Presentimos Del Mundo Dichoso

*What Must It Be To Be There?*

H. M.                 Hebreos 11: 13-17                Geo. C. Stebbins

1. Pre-sen-ti-mos del mun-do di-cho-so, Los pla-ce-res que
2. Es-pe-ra-mos el go-zo, la glo-ria, La gran-de-za sin
3. An-he-la-mos el dí-a es-plen-den-te Que en el san-to pa-
4. Bien sa-be-mos que llan-to, ni due-lo, Ni pe-ca-dos ni

Dios nos da-rá, El pa-ís lo cre-e-mos her-mo-so;
fin que ten-drá, El mor-tal que ga-nó la vic-to-ria;
ís bri-lla-rá, Por Je-sús el Cor-de-ro i-no-cen-te;
ma-les ha-brá En la ca-sa de Dios en el cie-lo;

**Coro**

Mas ha-llar-nos a-llí ¿qué se-rá? ¿Qué se-rá? ¿qué se-
¿Qué se-rá?

rá? Mas ha-llar-nos a-llí ¿qué se-rá? ¿Qué se-
¿qué se-rá?

rá? ¿qué se-rá? Mas ha-llar-nos a-llí ¿qué se-rá?
¿Qué se-rá? ¿qué se-rá?

# 187 Yo Guiaré

*What Must It Be To Be There?*

A. FERNANDEZ      S. Juan 4: 29      GEO. C. STEBBINS

1. Yo guia-ré al pe - re-gri-no ex-tra - via - do, Bon - da - do-so has-ta el
2. Yo di - ré al que bus-ca - re la cal - ma, Que se lle-gue al a-
3. Al que va - gue bus-can-do u-na fuen - te, Do a - pa-gar de su
4. Al can - sa - do que bus-que re - po - so Sin ha-llar-lo en su

pie de la cruz; Yo di - ré al co - ra - zón an - gus - tia - do;
man - te Je - sús; Yo di - ré con pla - cer a a - que-lla al - ma;
sed el ar - dor, Lo guia-ré con a - mor di - li - gen - te,
du - ro pe - nar, Le di - ré que re - ci - ba al bon - do - so:

**CORO**

Ha - lla - rás tu con-sue-lo en Je - sús. Yo guia-ré, yo guia-
Que te i - nun - den sus on - das de luz.
A Je - sús, la gran fuen - te de a-mor.
"Ven a mí, yo te ha-ré des - can - sar." Yo guia-ré,

ré, Al se-dien-to de vi-da y de luz. Yo guia-
yo guia-ré,

ré, yo guia - ré, Al per - di-do a los pies de Je - sús.
Yo guia-ré, yo guia-ré,

# 188 Bellas Palabras De Vida

### Wonderful Words of Life

J. A. B.   S. Juan 6: 68   P. P. Bliss

1. ¡Oh! can-tád-me-las o-tra vez, Be-llas pa-la-bras de vi-da;

Ha-llo en e-llas mi go-zo y luz, Be-llas pa-la-bras de vi-da.

Sí, de luz y vi-da Son sos-tén y guí-a, ¡Qué be-llas son,

qué be-llas son! Be-llas pa-la-bras de vi-da, vi-da.

2 Jesucristo a todos da,
   Bellas palabras de vida;
Hoy escúchalas pecador,
   Bellas palabras de vida.
Bondadoso te salva,
   Y al cielo te llama,
¡Qué bellas son, que bellas son!
   Bellas palabras de vida,
¡Qué bellas son, qué bellas son!
   Bellas palabras de vida.

3 Grato el cántico sonará,
   Bellas palabras de vida;
Tus pecados perdonará,
   Bellas palabras de vida.
Sí de luz y vida;
   Son sostén y guía;
¡Qué bellas son, qué bellas son!
   Bellas palabras de vida,
¡Qué bellas son, qué bellas son!
   Bellas palabras de vida.

## 189 Yo Espero La Mañana

*Only Waiting*

PEDRO GRADO        S. Mateo 24: 29-32        JAMES H. FILLMORE

1. Yo es-pe-ro la ma-ña-na, De a-quel
2. Yo es-pe-ro la vic-to-ria, De la
3. Yo es-pe-ro ir al cie-lo Don-de
4. Pron-to es-pe-ro u-nir mi can-to, Al triun-

dí-a sin i-gual, De don-de la di-cha e-
muer-te al fin triun-far— Re-ci-bir la e-ter-na
rei-na e-ter-no a-mor; Pe-re-gri-no soy y an-
fan-te y ce-les-tial, Y po-der cam-biar mi

**CORO**

ma-na Y do el go-zo es e-ter-nal.
glo-ria, Y mis sie-nes co-ro-nar. Es-pe-
he-lo Las mo-ra-das del Se-ñor.
llan-to Por un can-to an-ge-li-cal. Es-pe-

ran - - - do, es-pe-ran-do,
ran-do, es-pe-ran-do, es-pe-ran-do, es-pe-ran-do,

# Yo Espero La Mañana

O - tra vi - - - da sin do - lor,
O - tra vi - da, o - tra vi - da, o - tra vi - da sin do - lor,

Do me den.................... la bien - ve-
Do me den la bien - ve - ni - da, do me

ni - da, De Je - sús mi Sal - va - dor.
den la bien - ve - ni - da,

## 190    Yo Consagro a Ti Mi Vida

*Only Waiting*

(*Música No. 189*)

1 Yo consagro a ti mi vida,
   ¡Oh! querido y buen Jesús,
   Y tu mano bendecida
   Llevaráme en clara luz.

CORO—Trabajando, trabajando,
     Viviré por mi Señor,
     Buenas nuevas anunciando
     Al perdido pecador.

2 Mil temores y mil dudas
   Por doquier me asediarán;

Pero tú, Jesús, me ayudas
Y arredrarme no podrán.

3 Con placer y amor me alisto
   En las huestes de la fe,
   Fortaleza me da Cristo
   Y sin duda venceré.

4 Obtendrán feliz victoria:
   Los soldados del Señor
   Se verán llenos de gloria
   De este mundo en derredor.

# De Heladas Cordilleras

*Missionary Hymn*

REGINALD HEBER, Tr.  Rom. 1: 14-17  LOWELL MASON

1. De he-la-das cor-di-lle-ras, De pla-yas de co-ral,
2. No-so-tros, a-lum-bra-dos De ce-les-tial sa-ber,
3. Lle-va-da por los vien-tos La his-to-ria de la cruz,

De e-tió-pi-cas ri-be-ras Del mar me-ri-dio-nal,
¿A tan-tos des-gra-cia-dos Ve-re-mos pe-re-cer?
Des-pier-te sen-ti-mien-tos De a-mor ha-cia Je-sús:

Nos lla-man a-fli-gi-das A dar-les li-ber-tad,
A las na-cio-nes de-mos De Dios la sal-va-ción;
Pre-pa-re co-ra-zo-nes, En-se-ñe su ver-dad

Na-cio-nes su-mer-gi-das En densa obs-cu-ri-dad.
El nom-bre pro-cla-me-mos Que obró la re-dención.
En to-das las na-cio-nes Se-gún su vo-lun-tad. A-mén.

# 192 Dejo El Mundo y Sigo a Cristo

*Take the World But Give Me Jesus*

VICENTE MENDOZA      2 Pedro 3: 8-17      JOHN R. SWENEY

1. De-jo el mun-do y si-go a Cris-to Porque el mun-do pa - sa - rá,
2. De-jo el mun-do y si-go a Cris-to, Paz y go-zo en él ten-dré,
3. De-jo el mun-do y si-go a Cris-to, Su son-ri - sa quie-ro ver,
4. De-jo el mun-do y si-go a Cris-to A - co-gién-do-me a su cruz.

Mas su a-mor, a-mor ben-di - to, Por los si - glos du - ra - rá.
Y al mi - rar que va con-mi - go, Siempre sal - vo can-ta - ré.
Co - mo luz que en mi ca - mi - no Ha-ga a-quí res-plan-de-cer.
Y des-pués ir a mi-rar - le ¡Ca-ra a ca-ra en ple - na luz!

**Coro**

¡Oh, qué gran mi-se-ri-cor-dia! ¡Oh, de a-mor su - bli-me don!

¡Ple-ni-tud de vi-da e-ter-na, Pren-da vi - va de per-dón!

Used by permission of Mrs. L. E. Sweney

# Iglesia De Cristo

*Lyons*

M. Cosido      Ef. 5: 22-23      HAYDN

1. I - gle - sia de Cris - to rea - ni - ma tu a - mor,
2. Si fal - ta en al - gu - nos el san - to fer - vor,
3. Quien si - gue la sen - da del vil pe - ca - dor,

Y es - pe - ra ve - lan - do a tu au - gus - to Se - ñor;
La fe sea de to - dos el des - per - ta - dor.
Se en - tre - ga en los bra - zos de un sue - ño trai - dor;

Je - sús el es - po - so, ves - ti - do de ho - nor,
Ve - lad, com - pa - ñe - ros, ve - lad sin te - mor,
Mas pa - ra los sier - vos del buen Sal - va - dor,

Vi - nien - do se a - nun - cia con fuer - te cla - mor.
Que es - tá con no - so - tros el Con - so - la - dor.
Ve - lar es - pe - ran - do es su an - he - lo me - jor.

# 194 Gloria a La Trinidad

*America*

ESTRELLA DE BELEN      1 Juan 5: 7, 8      HENRY CAREY

1. A nues - tro Padre Dios Al - ce - mos
2. A nues - tro Sal - va - dor De - mos con
3. Es - pí - ri - tu de Dios, E - le - vo a
4. Con go - zo y a - mor, Can - te - mos

nues - tra voz, ¡Glo - ria a él! Tal fue su a
fe lo - or; ¡Glo - ria a él! Su san - gre
ti mi voz; ¡Glo - ria a ti! Con ce - les-
con fer - vor Al Tri - no Dios. En la e-

mor que dio Al hi - jo que mu - rió,
de - rra - mó; Con e - lla me la - vó,
tial ful - gor Me mues - tras el a - mor
ter - ni - dad Mo - ra la Tri - ni - dad;

En quien con - fí - o yo; ¡Glo - ria a él!
Y el cie - lo me a - brió ¡Glo - ria a él!
De Cris - to, mi Se - ñor; ¡Glo - ria a ti!
¡Por siem - pre a - la - bad Al Tri - no Dios!

## 195 Soldados de Cristo

*True-Hearted*

E. Martinez Garza     1 Samuel 17: 1-58     Geo. C. Stebbins

1. Sol - da - dos de Cris - to que es-táis en   la lid, Lu-chad sin des-
ma - yo, pe-lead con   va - lor, Se - guid a - de - lan-te y lu-
chan - do de - cid: ¡Ren-dí - os   a Cris - to, él es   el Se - ñor!

2. Pe - lead ¡Oh•Cris-tia-nos! la cau - sa es de Dios, Se-guid a - de-
lan - te, lu-chad por Je - sús, Sed siem-pre va - lien-tes y al-
zad vues-tra voz Di-cien - do que Cris-to mu-rió en u - na cruz.

3. La au-ro - ra se a-cer - ca del dí - a   fi - nal, En que han de pre-
miar - se la fe y el va - lor, En-ton - ces Je - sús ga - lar-
dón ce - les - tial, Da-rá a los que al mun-do a-nun-cia-ron su a-mor.

**Coro**

¡Oh! jó - ve-nes, ni - ños, y an - cia-nos mar-chad, Lle-van-do en las
ma - nos las ar - mas de luz; Las al - mas per - di - das

## Soldados de Cristo

con ce - lo bus-cad Y pres-to lle-vad-las A Cris-to Je - sús.

## 196     Cuando Leo En La Biblia

*Sweet Story of Old*

S. Mateo 18: 1-5

1. Cuan-do le - o en la Bi - blia có - mo lla - ma Je - sús, Y ben-
2. Ver qui-sie - ra sus ma - nos so-bre mí re - po - sar, Ca - ri-
3. Mas aún a su es-tra-do en o-ra-ción pue-do ir, Y tam-
4. To-dos los re - di - mi-dos y sal - va - dos por él, Al Cor-
5. Mu-chos hay que no sa - ben de e-sa be - lla man-sión, Y no
6. Yo an-sí - o a-quel tiem-po ven-tu - ro - so, sin fin, El más

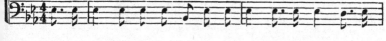

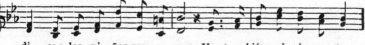

di - ce a los ni - ños con a - mor, Yo tam bién qui - sie-ra es-tar,
ño - sos a - bra-zos de él sen-tir, Sus mi - ra - das dis-fru - tar,
bién de su a - mor par - ti - ci - par; Pues si pon-go en él mi fe,
de - ro ce - le-bran in - mor-tal; Can - tan vo - ces mil y mil
quie - ren a Cris - to re - ci - bir; Les qui-sie - ra yo mos-trar
gran-de, el más lú-ci-do, el me - jor, Cuan - do de cual-quier na - ción

Y con e-llos des-can-sar En los bra-zos del tier-no Sal - va-dor.
Las pa - la-bras es-cu-char: A los ni - ños de-jad a mí ve-nir.
Le ve-ré y le es-cu-cha-ré En el rei - no que él fue a pre-pa - rar.
En el co - ro in-fan-til, Pues es de e-llos el rei-no ce-les-tial.
Que pa-ra e-llos hay lu-gar, En el cie - lo do los con-vi-da a ir.
Ni-ños mil sin dis-tin-ción A los bra - zos a - cu-dan del Se - ñor.

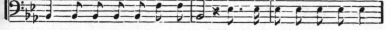

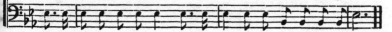

**197**

# ¡Oh Jóvenes Venid!

*Oporto*

1 Timoteo 4: 12

1. ¡Oh! jó - ve - nes ve - nid, su bri - llan - te pa - be - llón, Cris-to ha
2. ¡Oh! jó - ve - nes ve - nid, el Cau - di - llo Sal - va - dor, Quie-re
3. Las ar - mas in - ven - ci - bles del Je - fe guí - a - dor, Son el
4. Los fie - ros e - ne - mi - gos, en-gen-dros de Sa - tán, Se ha-llan
5. Quien venga a la pe - le - a, su voz es - cu - cha - rá; Cris-to

des - ple - ga - do an - te la na - ción. A to - dos en sus fie-
re - ci - bir - os en su de - rre - dor; Con él a la ba - ta-
e - van - ge - lio y su gran-de a - mor; Con e - llas re - ves - ti-
sos - te - ni - dos por su ca - pi - tán; ¡Oh! jó - ve - nes, vo - so-
la vic - to - ria le con - ce - de - rá; Sal-ga - mos, com-pa - ñe-

las os quie - re re - ci - bir, Y con él a la pe - le - a
lla sa - lid sin va - ci - lar, Va-mos pron-to, com - pa - ñe - ros
dos, y lle - nos de po - der, Com-pa - ñe - ros, a - cu - da - mos,
tros po - né - os sin te - mor A la dies - tra del Cau - di - llo,
ros, lu - che-mos bien por él; Con Je - sús con-quis - ta - re - mos

**Coro**

os ha - rá sa - lir.
va - mos a lu - char. ¡Va-mos a Je - sús, a - lis - ta - dos sin te - mor,
va - mos a ven - cer.
nuestro Sal - va - dor.
in - mor - tal lau - rel.

## ¡Oh Jóvenes Venid!

Va-mos a la lid, in-fla-ma-dos de va-lor! Jó-venes, lu-che-mos

to-dos contra el mal: En Je-sús lle-va-mos nues-tro Ge-ne-ral.

## 198    Jesús De Los Cielos

*When He Cometh*

J. B. CABRERA                    Mal. 3: 16, 17                    GEO. F. ROOT

1. Je - sús de los cie - los Al mun-do ba - jó,   En bus-ca de
2. An - gus-tias y muer-te, Y ho-rrible a-flic-ción Cos - ta-ron las
3. Su    her-mosa diade - ma De e-ter-no esplendor, La a-dor-nan las
4. Los ni - ños y    ni - ñas Que van al Se - ñor, Son to-dos, las
5. Ve - nid, pues, a - le-gres Al buen Re-den - tor;  El    quie-re las

CORO

jo - yas Que aman - te com-pró.  Los ni - ños sal - va-dos Se-

rán    como el sol, Bri-llan-do en la    glo - ria Del rey Sal-va - dor.

## 199 Gozo La Santa Palabra Al Leer

*Jesus Loves Even Me*

S. Mateo 19: 13, 14

P. P. BLISS

1. Go - zo la San - ta Pa - la - bra al le - er, Co - sas pre-
cio - sas a - llí pue - do ver; Y es la más be - lla que el
buen Re - den - tor, Tie - ne a los ni - ños muy tier - no a - mor.

2. Me a - ma Je - sús, pues al mun - do ba - jó, Y por sal-
var - me su vi - da en - tre - gó, A sus dis - cí - pu - los
él di - jo a - sí, De - jad los ni - ños que ven - gan a mí.

3. Cuan - do yo es - té en la ce - les - te man - sión, Es - ta por
siem - pre se - rá mi can - ción: ¡Oh! buen Je - sús, te ben-
di - go yo a ti, ¡Qué ma - ra - vi - lla!—me a - mas - te Tú a mí.

**CORO**

Con tier - no a - mor me a - ma Je - sús, Me a - ma Je - sús, Me a - ma Je - sús;

Con tier - no a - mor me a - ma Je - sús, Me a - ma aún a mí.

# 200 Nítido Rayo Por Cristo

*I'll Be a Sunbeam*

S. D. ATHANS         S. Mateo 5: 16         E. O. EXCELL

1. Ní - ti - do ra - yo, por Cris - to, Yo quie-ro siem-pre ser,
2. A Cris - to quie - ro lle-gar - me, En mi tem-pra-na e - dad,
3. Ní - ti - do ra-yo en ti - nie - blas, De- seo res-plan-de - cer;
4. U - na man-sión en el cie - lo, Fue Cristo a pre - pa - rar,

En to - do quie-ro a-gra-dar - le, Y ha-cer - lo con pla - cer.
Por siempre quie-ro a - mar - le, Y ha-cer su vo - lun - tad.
Al - mas per - di - das a Cris - to, An - he - lo con - du - cir.
Que el ni -ño tier-no y a - man - te, En e - lla pue - da en-trar.

**CORO**

Un ní - ti - do ra - yo, Ní - ti - do ra - yo por Cris - to,

Un ní - ti - do ra - yo, Ní - ti - do ra - yo se - ré.

## 201 La Lucha Sigue
### The Fight is On

E. R.                    Efesios 6: 12                    Mrs. C. H. Morris

1. Lu-chan-do es-táis, aun sue-na la trom-pe-ta hoy, Lla-
2. Lu-chan-do es-táis, sol-da-dos del Se-ñor Je-sús, Lu-
3. Lu-chan-do es-táis, con-fia-dos en Je-sús marchad, Ha-

man-do a los sol-da-dos a la lid;        A Je-su-
chan-do es-táis, en con-tra de Sa-tán;        Es Je-su-
cien-do hu-ir al e-ne-mi-go vil,        Y Je-su-

cris-to con va-lor de-cid: "Yo voy," Y él os di-rá: "¡Ve-
cris-to nues-tra for-ta-le-za y luz, Y él tam-bién es
cris-to nues-tro Je-fe a-man-te y fiel, Sos-tén se-rá de

**Coro. Unison**

nid, oh sí, ve-nid!"
nuestro Ca-pi-tán. La lu-cha si-gue, oh Cris-tia-nos, Y bra-zo a
to-dos en la lid.

## La Lucha Sigue

bra - zo lu - cha - réis; En Je - su - cris - to seguid con-fian-do,

Y por la fe en él ven - ce - réis; La lu - cha si - gue, oh, Cris-

tia - nos, Sed fie-les y en Je - sús con - fiad; La lu - cha

siem-pre, seguid her-ma-nos, Y la vic - to - ria es - pe - rad.

---

**202**  Si A Jesús Acudo

*If I Come to Jesus*

1 Si a Jesús acudo, me bendecirá,
   Cuando me halle triste, me conso-
   lará.

Coro—Si a Jesús acudo, me bendecirá,
   Como a todo niño que a su lado
   va.

2 Si a Jesús acudo, me dará perdón,
   El pondrá su gozo en mi corazón.

3 Si a Jesús acudo, me ayudará,
   Y de los pecados él me librará.

4 Si a Jesús acudo, él será mi Bien,
   Y me llevará a aquel feliz Edén.

# Los Niños, Joyas De Cristo

*Little Stars*

H. C. BALL        Mal. 3: 17        J. S. FEARIS

1. Los ni - ños son de Cris - to, El es su Sal - va - dor,
2. Los ni - ños son te - so - ros, Pues que del cie - lo son,
3. Los ni - ños son es - tre - llas, De gra - ta cla - ri - dad,
4. Los ni - ños son de Cris - to, Por e - llos él ven - drá;

Son jo - yas muy pre - cio - sas, Com - pró - las con su a - mor.
Luz re - ful - gen - te es - par - cen, En ho - ras de a - flic - ción.
Quie - re Je - sús que a - nun - cien Al mun - do su ver - dad.
Y con él pa - ra siem - pre, Di - cho - sos vi - vi - rán.

CORO

Jo - yas, jo - yas, jo - yas, Jo - yas del Sal - va - dor,

Es - tán en es - ta tie - rra, Cual luz y dul - ce a - mor.

## 204 Cristo Me Ama

*Jesus Loves Me*

(Himno favorito de China)     S. Juan 17: 24     WM. B. BRADBURY

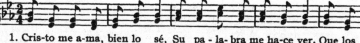

1. Cris-to me a-ma, bien lo  sé, Su pa-la-bra me ha-ce ver, Que los
2. Cris-to me a-ma, pues mu-rió, Y  el cie-lo me a-brió; El mis
3. Cris-to me a-ma—es ver-dad—Y me cui-da en su bon-dad, Cuando

**CORO**

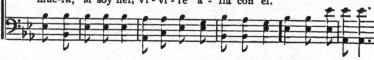

ni-ños son de Aquél, Quien es nuestro A-mi-go fiel.
cul-pas qui-ta-rá, Y la en-tra-da me da-rá. Cris-to  me a-ma,
mue-ra, si soy fiel, Vi-vi-ré a-llá con él.

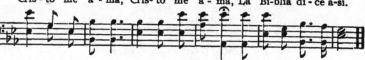

Cris-to me a-ma, Cris-to me a-ma, La Bi-blia di-ce a-sí.

## 205 El Reposo

*Safe in the Arms of Jesus*

1 Salvo en los tiernos brazos,
De mi Jesús seré
Y en su amoroso pecho,
Siempre reposaré.
Este es sin duda el eco
De celestial canción,
Que de inefable gozo
Llena mi corazón.

CORO—Salvo en los tiernos brazos
De mi Jesús seré,
En su amoroso pecho
Siempre reposaré.

2 De sus amantes brazos
La gran solicitud,

Me libra de tristeza,
Me libra de inquietud.
Y si tal vez hay pruebas,
Fáciles pasarán;
Lágrimas si vertiere,
Pronto se enjugarán.

3 Y cruzaré la noche
Lóbrega, sin temor,
Hasta que venga el día
De perennal fulgor.
¡Cuán placentero entonces
Con él será morar,
Y en la mansión de gloria
Siempre con él reinar!

# Navidad

## Venid, Pastorcillos

*Hiding in Thee*

F. Martinez de la Rosa     S. Mateo 2: 1, 2     Ira D. Sankey.

1. Venid, Pastorcillos, ve-nid, a adorar Al rey de los cielos que nace en Ju-dá.

Sin ri-cas o-fren-das po-de-mos lle-gar, Que el niño pre-fie-re la fe y la bondad.

1 Venid, pastorcillos, venid a adorar
  Al Rey de los cielos que nace en Judá.
  Sin ricas ofrendas podemos llegar,
  Que el niño prefiere la fe y la bondad.

2 Un rústico techo abrigo le da,
  Por cuna un pesebre, por templo un portal;
  En lecho de pajas incógnito está,
  Quien quiso a los astros su gloria prestar.

3 Hermoso lucero le vino a anunciar,
  Y magos de Oriente buscándole van:
  Delante se postran del Rey de Judá,
  De incienso, oro y mirra tributo le dan.

## Segunda Tonada

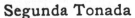

*Lento con expression*     Martin Lutero

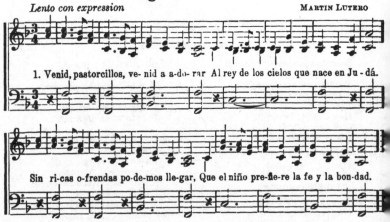

1. Venid, pastorcillos, ve-nid a a-do-rar Al rey de los cielos que nace en Ju-dá.

Sin ri-cas o-frendas po-de-mos lle-gar, Que el niño pre-fie-re la fe y la bon-dad.

# 207 Suenen Dulces Himnos

*Ring the Bells of Heaven*

J. B. CABRERA          S. Lucas 2: 8-15          GEO. F. ROOT

1. ¡Sue-nen dul-ces him-nos gra-tos al Se-ñor, Y ói-gan-se en con-
2. Mon-tes y co-lla-dos flu-yan le-che y miel, Y a-bun-dan-cia es-
3. Sal-te, de a-le-grí-a lle-no el co-ra-zón, La a-ba-ti-da y
4. La-ta en nuestros pe-chos no-ble gra-ti-tud Ha-cia quien nos

cier-to u-ni-ver-sal! Des-de el al-to cie-lo ba-ja el Sal-va-dor
par-zan y so-laz. Gó-cen-se los pue-blos, gó-ce-se Is-ra-el,
po-bre hu-ma-ni-dad; Dios se com-pa-de-ce vien-do su a-flic-ción,
brin-da re-den-ción; Y a Je-sús el Cris-to, que nos da sa-lud,

**CORO**

Pa-ra be-ne-fi-cio del mor-tal.
Que a la tie-rra vie-ne ya la paz. ¡Glo-ria! ¡glo-ria se-a a
Y le muestra bue-na vo-lun-tad.
Tri-bu-te-mos nuestra a-do-ra-ción.

nues-tro Dios! ¡Glo-ria! sí, can-te-mos a u-na voz, Y el cantar de

glo-ria, que se o-yó en Belén, Se-a nues-tro cán-ti-co tam-bién.

**208**

# Lugar Para Cristo

*Room for Thee*

EMILY E. S. ELLIOTT, Tr.

S. Lucas 2: 1-8

IRA D. SANKEY

1. Tú de-jas-te tu tro-no y co-ro-na por mí, Al ve-
nir a Be-lén a na-cer; Mas a ti no fue-da-do el en-
trar al me-són, Y en pe-se-bre te hi-cie-ron na-cer.

2. A - la-ban-zas ce-les-tes los án-ge-les dan, En que
rin-den al ver-bo lo-or; Mas hu-mil-de vi-nis-te a la
tie-rra, Se-ñor, A dar vi-da al más vil pe-ca-dor.

3. Siempre pue-den las zo-rras sus cue-vas te-ner, Y las
a - ves sus ni-dos tam-bién, Mas el Hi-jo del Hom-bre no
tu-vo un lu-gar En el cual re-cli-na-ra su sien.

4. Tú vi-nis-te. Se-ñor, con tu gran ben-di-ción Pa-ra
dar li-ber-tad y sa-lud, Mas con o-dio y des-pre-cio te hi-
cie-ron mo-rir, Aun-que vie-ron tu a-mor y vir-tud.

5. A - la-ban-zas su-bli-mes los cie-los da-rán, Cuando
ven-gas glo-rio-so de a-llí, Y tu voz en-tre nu-bes di-
rá: "Ven a mí, Que hay lu-gar jun-to a mí pa-ra ti."

CORO

Ven a mi co-ra-zón, ¡oh Cris-to! Pues en él hay lu-gar pa-ra ti;

Ven a mi co-ra-zón, ¡oh Cristo! ven, Pues en él hay lugar pa-ra ti.

# 209 ¡Oh Gloria Inenarrable!

S. Mateo 1: 23     C. W. A. MOZART

1. ¡Oh glo - ria i - ne - na - rra - ble! ¡Pro - di - gio sin se - gun - do!
2. ¡Ve - nid, gen - tes y pue - blos! ¡Ve - nid con a - fán san - to!
3. Ve - nid, que ya al va - gi - do Del ni - ño dul - ce y tier - no
4. Mas no en sun - tuo - so al - cá - zar Busquéis al re - gio In - fan - te
5. A - sí al hu - mil - de y po - bre Le - van - ta y bea - ti - fi - ca;

¡Dios mis - mo vie - ne al mun - do Na - cien - do de mu - jer:
¡No os cau - se mu - do es - pan - to La den - sa lo - bre - guez;
Se es - tre - me - ció el in - fier - no, Se con - tur - bó Luz - bel;
Ba - jo ar - te - són bri - llan - te Ni es - plén - di - do do - sel.
A - sí al or - gu - llo in - di - ca Su cie - ga in - sen - sa - tez.

Y ve - mos en sus bra - zos, Al se - no re - co - gi - do
Pues bro - tan de es - ta no - che Di - vi - nas cla - ri - da - des,
Y co - ros ce - les - tia - les, Cantan - do el na - ci - mien - to.
¡Su cu - na es un es - ta - blo Que a - zo - ta el cier - zo frí - o,
A - sí re - ba - ja el pre - cio De las mun - da - nas glo - rias

Cual ni - ño des - va - li - do, De cie - lo y tierra al Rey!
Que to - das las e - da - des Ve - rán res - plan - de - cer!
Con ju - bi - lo - so a - cen - to Nos lla - man a Be - lén.
Cua - ján - do - se el ro - cí - o So - bre su ní - vea tez!
Sus di - chas i - lu - so - rias, Su e - fí - me - ro o - ro - pel.

# 210 Los Heraldos Celestiales

*Faben*

T. C.  S. Lucas 2: 10, 11  W. G. WILCOX

1. Los he - ral-dos ce - les - tia - les Can-tan con so - no - ra voz:
2. La Di - vi - ni-dad su - bli - me En la car - ne se ve - ló;
3. Sal - ve, Prín - ci - pe glo - rio - so De la paz y del per - dón;
4. Na - ce man - so, des-po - ja - do De su glo-ria y es-plen-dor,

¡Gloria al Rey re-cién na - ci - do, Que del cie - lo des-cen-dió!
Ved a Dios mo-ran-do en car-ne, Y a - do - rad al Hombre-Dios.
Sal - ve a tí que de jus - ti - cia ¡E - res el di - vi - no Sol!
Por - que no mu - ra-mos to - dos En fa - tal con-de - na - ción,

Paz, mi - se - ri - cor-dia ple - na, Franca re - con - ci - lia-ción,
Em-ma-nuel, Dios con no - so-tros, A la tie - rra des-cen-dió;
Luz y vi - da res-plan-de-cen A tu gra - ta a-pa - ri - ción,
Na - ce, sí, pa - ra que el hombre Ten-ga en él re - su-rrec-ción,

En - tre Dios, tan a-gra - via - do, Y el mor-tal que le o-fen - dió.
Y hecho hom-bre, con los hombres, Tie - ne ya su ha - bi - ta - ción.
Y en tus blan-cas a - las tra - es La sa - lud al pe - ca - dor.
Na - ce pa - ra que re - naz - ca A la vi-da el pe - ca - dor.

## 211 Gloria A Dios En Las Alturas

St. George's

J. B. CABRERA      S. Lucas 2: 14      GEORGE J. ELVEY

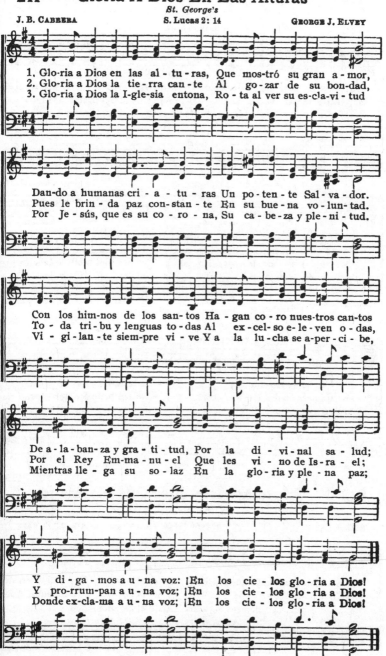

1. Glo-ria a Dios en las al - tu - ras, Que mos-tró su gran a - mor,
2. Glo-ria a Dios la tie - rra can - te Al go - zar de su bon-dad,
3. Glo-ria a Dios la I-gle-sia entona, Ro - ta al ver su es-cla-vi - tud

Dan-do a humanas cri - a - tu - ras Un po-ten - te Sal - va - dor.
Pues le brin - da paz con-stan - te En su bue - na vo - lun-tad.
Por Je - sús, que es su co - ro - na, Su ca - be - za y ple - ni - tud.

Con los him-nos de los san-tos Ha - gan co - ro nues-tros can-tos
To - da tri-bu y lenguas to - das Al ex-cel-so e - le - ven o - das,
Vi - gi - lan - te siem-pre vi - ve Y a la lu-cha se a-per - ci - be,

De a - la - ban-za y gra - ti - tud, Por la di - vi - nal sa - lud;
Por el Rey Em-ma - nu - el Que les vi - no de Is - ra - el;
Mientras lle - ga su so - laz En la glo - ria y ple - na paz;

Y di - ga - mos a u - na voz: ¡En los cie - los glo - ria a Dios!
Y pro-rrum-pan a u - na voz; ¡En los cie - los glo - ria a Dios!
Donde ex-cla-ma a u - na voz; ¡En los cie - los glo - ria a Dios!

## 212   ¡Noche De Paz! ¡Noche De Amor!

*Holy Night*

S. Juan 3: 16

1. ¡Noche de paz, noche de amor! To-do duerme en derre-dor, En-tre los
2. ¡Noche de paz, noche de amor! O-ye humilde el fiel pastor, Co-ros ce-
3. ¡Noche de paz, noche de amor! Ved qué be-llo resplan-dor Luce en el

astros que espar-cen su luz, Be-lla anunciando al ni - ñi - to Je-sús,
les-tes que anuncian sa-lud, Gra-cias y glo-rias en gran ple-ni-tud,
ros-tro del ni - ño Je-sús, En el pe - se-bre, del mun-do la luz

Bri - lla la es-tre-lla de   paz,   Bri - lla la es-tre-lla de   paz.
Por nues-tro buen Re-den - tor,   Por nues-tro buen Re-den - tor.
As - tro de e-ter - no ful - gor,   As - tro de e-ter - no ful - gor.

## 213   Un Amigo Hay Más Que Hermano

*Oh, How He Loves*

H. C. E.        S. Juan 10: 15        HUBERT P. MAIN

1. Un amigo hay más que hermano, Cristo el Se - ñor, Quien llevó en su
2. Co - no-cer-le es vi-da e-ter - na, Cristo el Se - ñor; To-do aquel que
3. Hoy, a-yer, y por los sig - los Cristo el Se - ñor, Es el mis-mo

# Un Amigo Hay Más Que Hermano

cuerpo humano Nuestro do-lor. Es-te a-mi - go mo-ri-bun-do, Pa-de-
quie- ra, venga Al Re-den-tor. Por no - so-tros él de-rra-ma Vi-da
fiel a - mi-go, Ven, pe- ca-dor. Es ma- ná en el de-sier-to, Nuestro

cien-do por el mundo, Le mostró su amor profundo; ¡Dad-le lo- or!
su - ya, pues nos a-ma; Y a su la-do a to-dos lla-ma: ¡Dad-le lo- or!
guí - a, nuestro puerto, Es su amor el mis-mo cie-lo, ¡Dad-le lo- or!

## 214 Gloria Demos al Padre

*Gloria Patri*                                                      CHARLES MEINEKE

Glo - ria de - mos al Pa-dre, Al Hi - jo y al San-to Es-

pí - ri - tu; Co-mo e-ran al prin-ci-pio, Son

hoy y ha-brán de ser, E - ter-na-men- te. A - mén.

## 215 El Gran Día del Juicio

*The Great Judgment Morning.*

Apoc. 20:11-15.

Arr. por THORO HARRIS.

1. { So-ñé que el gran dí-a del jui-cio, Lle-gó, y so-nó el cla-rín;
     So-ñé ver los pue-blos reu-ni-dos Pa-ra oír de su suer-te sin fin. }

2. { El ri-co lle-gó, mas su o-ro Se fue, y se des-va-ne-ció,
     Cual po-bre pa-ró-se an-te el tro-no, De sus deu-das a Dios se a-cor-dó. }

3. { Vi-no el mo-ra-lis-ta al jui-cio, Mas va-na fue su pre-ten-sión;
     Tam-bién los que a Cris-to ma-ta-ron Hi-cie-ron mo-ral pro-fe-sión. }

Del cie-lo ba-jó un gran án-gel, Y pa-ra-do en tie-rra y mar,
El gran-de tam-bién, mas la muer-te Le ha-bía qui-ta-do su ho-nor;
Y el al-ma que da-ba la ex-cu-sa—"Hoy no, o-tro dí-a me-jor,"

CORO.—Con llan-to y due-lo en-ton-ces, Los per-di-dos su cuen-ta da-rán;

*D. S.*

Ju-ró con su dies-tra al-za-da, Que el tiem-po ya no más se-rá.
Y el án-gel a-brien-do los li-bros, No ha-lló na-da en su fa-vor.
Ha-lló que por si-glos e-ter-nos Su-fri-ría por su gran e-rror.

Cla-ma-rán a las ro-cas "Cu-brid-nos," O-ra-rán, pe-ro tar-de se-rá.

## Música para el himno No. 121

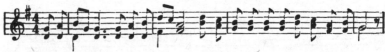

Voy al cie-lo, soy pe-re gri-no, A vi-vir e-ter-na-men-te con Je-sús,

El me a-brió ya ve-raz ca-mi-no Al ex-pi-rar por nos-o-tros en la cruz.

## 216 Ya Venimos, Cual Hermanos

*(Dorrance)*

1 Cor. 11: 25

I. B. WOODBURY

1. Ya ve-ni-mos, cual her-ma-nos, A la ce-na del Se-ñor;
2. En me-mo-ria de su muer-te, Y la san-gre que ver-tió,
3. Re-cor-dan-do las an-gus-tias Que por nos su-frió el Se-ñor,
4. In-vo-que-mos la pre-sen-cia Del di-vi-no Re-den-tor,

¡Con-gre-gué-mo-nos, cris-tia-nos, Res-pi-ran-do tier-no a-mor!
Ce-le-bre-mos el ban-que-te Que en su a-mor nos or-de-nó.
Di-vi-di-da es-tá nues-tra al-ma En-tre el go-zo y el do-lor.
Que nos mi-re con cle-men-cia Y nos lle-ne de su a-mor. A-mén.

## 217 La Santa Cena

*(Holy Bible, Book Divine)*

Música, número 39

1 Santa Cena, para mí
Eres memorial aquí;
Tú me enseñas con verdad
El misterio de bondad;
Me recuerdas de la cruz,
Del Cordero, mi Jesús.

2 Tú elevas nuestro ser,
Al angélico placer;
Tipificas con señal
La crucifixión pascual.
Comulguemos al tomar
De Jesús y su penar.

3 Participe el corazón
De tu conmemoración;
Nos recuerdas el partir
De Jesús y su venir;
Eres tú nuestra señal,
De su pacto divinal.

4 Como sello del amor
Del divino Redentor,
Volveremos a tomar,
Y con Cristo disfrutar,
De la cena del Señor,
Prenda fiel del viador.

# 218 Yo Me Acuerdo

## (*Remember*)

H. C. Ball

R. E. Winsett

1. Yo me a-cuer-do que Je - sús por mí mu-rió, (él por mí,)
2. Yo me a-cuer-do que Je - sús el pan que-bró, (lo que-bró,)
3. Yo me a-cuer-do que el vi - no él les dio, (él les dió,)

En la cruz en el Cal-va-rio él su-frió, (él su-frió;)
A los su - yos to-dos con a-mor lo dio; (él lo dió;)
Sí, to-mad de e - llo to-dos, les man-dó; (les man-dó;)

Yo me a-cuer-do que él mu-rió, Su es-pí - ri-tu entregó, Pues por
En su cuer-po el Se-ñor, ya lle - vó nues-tro do-lor, Pues por
Es mi san-gre de la cruz, por la cual os doy la luz, Pues por

D. S.—Por la san-gre de Je - sús, de - rra-ma-da en la cruz, Re-di-

### Fine Coro

mí el Se-ñor mu - rió. (él mu-rió.) Yo me a-cuer-do que Je - sús pa-

mi - do y sal - vo soy. (sal-vo soy.)

### D. S.

gó por mí, (pagó por mí) Mi gran deuda, hoy es-toy li-bre aquí;(li bre aquí)

# 219  Dios Bendiga Las Almas Unidas

*(Puebla)*

D. Hall

COLECCION ESPAÑOLA

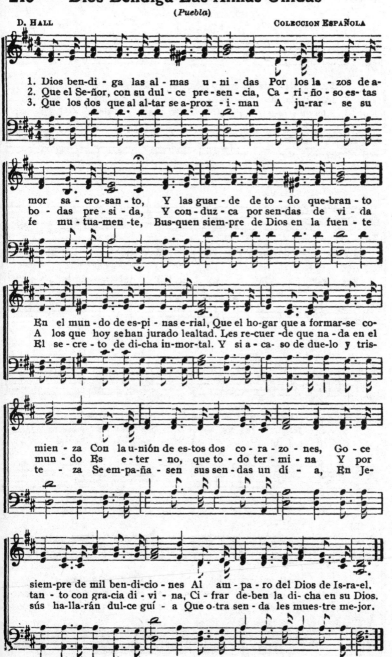

1. Dios ben-di - ga las al - mas u - ni - das  Por los la - zos de a-
2. Que el Se-ñor, con su dul - ce pre-sen-cia,  Ca - ri - ño - so es- tas
3. Que los dos que al al-tar se a-prox - i - man  A ju-rar - se su

mor sa - cro-san - to,  Y las guar - de de to - do que-bran - to
bo - das pre - si - da,  Y con-duz - ca por sen-das de vi - da
fe  mu - tua-men - te,  Bus-quen siem-pre de Dios en la fuen - te

En el mun - do de es-pi - nas e-rial,  Que el ho-gar que a formar-se co-
A los que hoy se han ju-ra-do lealtad. Les re-cuer -de que na - da en el
El se - cre - to de di-cha in-mor-tal. Y si a - ca- so de due-lo y tris-

mien - za  Con la u-nión de es-tos dos  co - ra - zo-nes,  Go - ce
mun - do  Es  e - ter - no, que to - do ter - mi - na  Y por
te - za  Se em-pa-ña - sen  sus sen-das un dí - a,  En Je-

siem-pre de mil ben-di-cio - nes  Al  am - pa - ro del Dios de Is-ra-el.
tan - to con gra-cia di - vi - na,  Ci - frar de-ben la di - cha en su Dios.
sús ha-lla-rán dul-ce guí - a  Que o-tra sen - da les mues-tre me-jor.

# 220 Hogar De Mis Recuerdos

*(Home, Sweet Home)*

2 Tim. 1: 5

H. R. BISHOP

1. Ho-gar de mis re-cuer-dos, A ti vol-ver an-he-lo;
2. ¡A-llí la luz del cie-lo Des-cien-de más se-re-na,
3. Más quie-ro que pla-ce-res Go-zar en tier-ra ex-tra-ña,

No hay si-tio ba-jo el cie-lo Más dul-ce que el ho-gar.
De mil de-li-cias lle-na La di-cha del ho-gar.
Vol-ver a la ca-ba-ña De mi tran-qui-lo ho-gar.

Po-sa-ra yo en pa-la-cios, Co-rrien-do el mun-do en-te-ro,
A-llí las ho-ras cor-ren Más bre-ves y go-zo-sas;
A-llí mis pa-ja-ri-llos Me a-le-gran con sus can-tos;

A to-dos yo pre-fie-ro Mi ho-gar, mi dul-ce ho-gar.
A-llí to-das las co-sas Re-cuer-dan sin ce-sar.
A-llí con mil en-can-tos Es-tá la luz de paz.

# Hogar De Mis Recuerdos

¡Mi ho - gar, mi ho - gar, mi dul - ce ho - gar No hay

si - tio ba-jo el cie - lo Más dul - ce que el ho - gar!

---

## 221  De Jesús El Nombre Invoca

(Música núm. 185 en este himnario.)

1 De Jesús el nombre invoca,
  Búscale con vivo afán;
Dulce hará tu amarga copa,
  Tus pesares cesarán.

CORO.
Suave luz, manantial
  De esperanza, fe y amor;
Sumo bien celestial
  Es Jesús el Salvador.

2 De Jesús el nombre adora;
  Que te sirva de broquel;
Alma débil, perturbada,
  Hallarás asilo en El.

3 De Jesús el nombre ensalza,
  Cuyo sin igual poder
Del sepulcro nos levanta,
  Renovando nuestro ser.

## 222 Disipadas Las Neblinas

(*When the Mists*)

T. M. WESTRUP          1 Cor. 13: 12          I. D. SANKEY

1. Di - si - pa - das las ne - bli - nas, A   la   vis- ta de es-plen-dor
2. Ca - mi - nar a - tri - bu - la - dos Con-tem-plan-do el por-ve-nir;
3. To - dos di - cha re - bo - san-do, Del gran so-lio en der- re-dor,

De las sie-rras y las rí - as A la   luz y a-mor del sol,
Es som-brí - o, du-ro y lar-go, En la   so - le-dad su-frir.
En-tre a-man-tes,en-tre a-ma-dos, Rec-ta y san - ta com-pren-sión;

Del Se- ñor el ar-co vien-do, De pro-me- sas la   se-ñal,
Mas la voz, "Ve-nid, ben-di-tos," A   las pe-nas fin pon-drá;
Do los re - di-mi-dos can-tan Su res-ca - te sin   ce-sar,

Con a - mi-gos ver-da - de-ros, Go-za-re-mos cla-ri-dad.
En la au-ro-ra a-llá reu-ni-dos, Tras las nie - blas cla-ri-dad.
Tras de au-gus-ta ca-ra el ve-lo, Go-za-re - mos cla-ri-dad.

CORO

Co-mo nos        co-no-ce-rán, .......... Lle-ga-re - - mos
Co-mo nos        co-no-ce-rán,        Lle-ga-re-mos

# Disipadas Las Neblinas

a te-ner........ Ple-no y recto enten-dimiento, Paz, tranqui-li-
a te-ner, a te-ner

dad, pla-cer, Jus-ta-men-te juz-ga-re-mos Sin las nie-blas del a-yer.

## 223    Jesucristo Desde El Cielo

*(Jesus Calls Us)*

Apoc. 3:20

W. H. Jude, 1874

1. Je - su-cris - to des-de el cie - lo Con be - nig - na voz de a - mor
2. No re-cha-ces su lla-ma-da, A - bre ya tu co - ra - zón;
3. El te a-ma con ter-nu - ra, En la cruz lo de-mos-tró,
4. Con a - fán Je - sús te bus-ca Cual a - man - te y fiel pas - tor,
5. ¡Oh! a - cu-de sin de-mo-ra A tu Sal - va-dor y Dios;

A su la - do te con-vi - da, Des-di - cha-do pe - ca - dor.
El te o-fre - ce paz, con-sue - lo Y per-fec - ta sal - va - ción.
Pues a - llí por tu pe - ca-do Pu - ra san-gre der - ra - mó.
Mien-tras va - gas ex - tra-via-do Por la sen-da del er - ror.
El te brin-da dul - ce a - li - vio, No re-sis-tas más su voz.

## 224 Allí La Puerta Franca Está

*(Gate Ajar)*

S. J. VAIL

1. A - llí la puer - ta fran - ca es - tá; Su luz es re - ful - gen - te;
2. Y los que bus - can sal - va - ción La en - tra - da li - bre tie - nen;
3. Pa - sa - do el rí - o, más a - llá, En la fe - raz pra - de - ra,

La cruz se a - vis - ta más a - llá, Se - ñal de a - mor fer - vien - te.
No hay po - bre, ri - co ni na - ción, A cuán - tos a e - lla vie - nen.
El pre - mio de la cruz es - tá: ¡E - ter - na pri - ma - ve - ra!

**Coro**

¡Oh cuán - to me a - ma Dios a mí! La puer - ta fran - ca es - tá por mí;

¿Por mí? por mí; Bien fran - ca es - tá por mí.

# 225 Su Sangre Derramó Jesús

*(There's Room at the Fountain)*

H. C. BALL   Copyright, 1931, by Thoro Harris. Used by per.   T. E. JONES

1. Su san - gre der-ra-mó   Je-sús, La san-gre   te   pue - de lim - piar;
2. ¿De-se - as tú an-dar con Dios? La san-gre   te   pue - de lim - piar;
3. ¿En glo-ria quie-res tú   mo-rar? La san-gre   te   pue - de lim - piar;
4. ¡Oh, no re-cha-ces   el perdón! La san-gre   te   pue - de lim - piar;

Pa-ra nos -o -tros en  la cruz, La san-gre   te   pue - de   lim-piar.
¿Y siem-pre o-ír su dul-ce voz? La san-gre   te   pue - de   lim-piar.
¿Con Cristo e-ternamente es-tar? La san-gre   te   pue - de   lim-piar.
A - sí ten-drás gran sal-va-ción, La san-gre   te   pue - de   lim-piar.

**CORO**

La san-gre   te  pue-de lim - piar,........ ....   La san - gre te

pue - de  lim - piar;........ Tus mu - chos pe - ca - dos Dios

pue - de qui-tar - te, La san - gre   te   pue - de lim - piar.

## 226  A La Batalla Y A La Victoria

T. MARTIN                                                          J. R. SWENEY

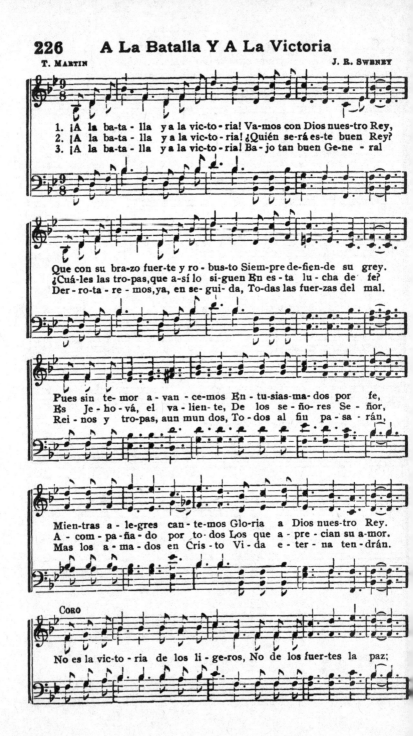

1. ¡A la ba-ta - lla  y a la vic-to - ria! Va-mos con Dios nues-tro Rey,
2. ¡A la ba-ta - lla  y a la vic-to - ria! ¿Quién se-rá es-te buen Rey?
3. ¡A la ba-ta - lla  y a la vic-to - ria! Ba - jo tan buen Ge-ne - ral

Que con su bra-zo fuer-te y ro - bus-to Siem-pre de-fien-de su  grey.
¿Cuá-les las tro-pas, que a-sí lo si-guen En es - ta lu - cha de  fe?
Der - ro-ta - re - mos, ya, en se - gui-da, To-das las fuer-zas del mal.

Pues sin te - mor a - van - ce-mos En - tu-sias-ma-dos por  fe.
Es Je-ho-vá, el va-lien-te, De  los se-ño - res Se - ñor,
Rei - nos y tro-pas, aun mun dos, To-dos al fin pa-sa - rán,

Mien-tras a - le-gres can - te-mos Glo-ria  a  Dios nues-tro Rey.
A - com - pa - ña - do  por to - dos Los que a - pre - cian su a-mor.
Mas los a - ma-dos en Cris-to Vi-da  e - ter - na ten-drán.

**CORO**

No es la vic-to - ria  de los li - ge-ros, No de los fuer-tes la  paz;

# A La Batalla Y A La Victoria

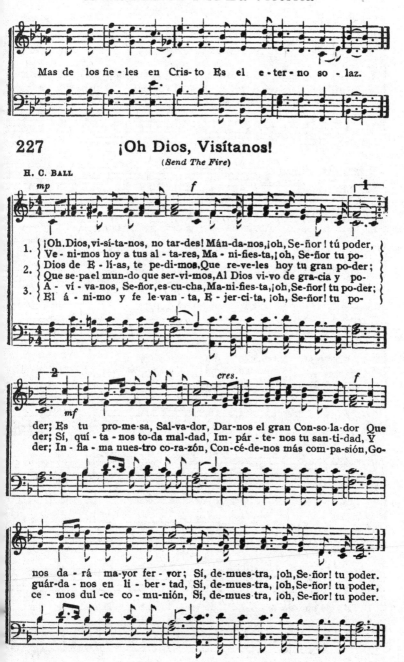

Mas de los fie-les en Cris-to Es el e-ter-no so-laz.

**227**                    **¡Oh Dios, Visítanos!**
                              *(Send The Fire)*

H. C. BALL

1. { ¡Oh, Dios, vi-sí-ta-nos, no tar-des! Mán-da-nos, ¡oh, Se-ñor! tú poder,
     Ve - ni-mos hoy a tus al - ta-res, Ma - ni-fies-ta, ¡oh, Se-ñor tu po-
2. { Dios de E - lí-as, te pe-di-mos, Que re-ve-les hoy tu gran po-der;
     Que se-pa el mun-do que ser-vi-mos, Al Dios vi-vo de gra-cia y po-
3. { A - ví - va-nos, Se-ñor, es-cu-cha, Ma-ni-fies-ta, ¡oh, Se-ñor! tu po-der;
     El á - ni-mo y fe le-van - ta, E - jer-ci-ta, ¡oh, Se-ñor! tu po-

der; Es tu pro-me-sa, Sal-va-dor, Dar-nos el gran Con-so-la-dor Que
der; Sí, quí - ta - nos to-da mal-dad, Im - pár - te - nos tu san-ti-dad, Y
der; In - fla - ma nues-tro co-ra-zón, Con-cé-de-nos más com-pa-sión, Go-

nos da - rá ma-yor fer - vor; Sí, de-mues-tra, ¡oh, Se-ñor! tu poder.
guár-da - nos en li - ber - tad, Sí, de-mues-tra, ¡oh, Se-ñor! tu poder,
ce - mos dul - ce co - mu-nión, Sí, de-mues-tra, ¡oh, Se-ñor! tu poder.

# 228 Venid Todos A La Lid

*(Sound the Battle Cry)*

H. C. BALL                                                WM. F. SHERWIN

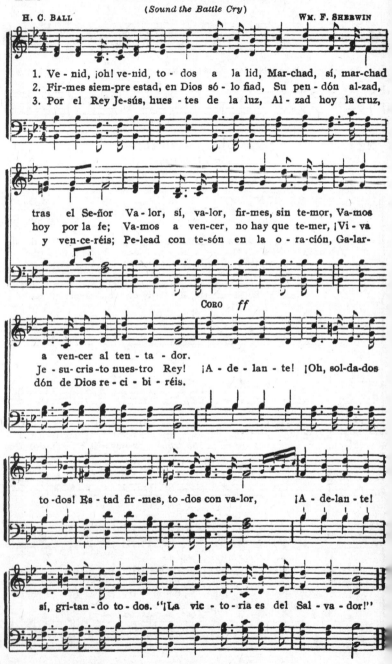

1. Ve - nid, ¡oh! ve-nid, to - dos a la lid, Mar-chad, sí, mar-chad
2. Fir-mes siem-pre estad, en Dios só - lo fiad, Su pen - dón al-zad,
3. Por el Rey Je-sús, hues - tes de la luz, Al - zad hoy la cruz,

tras el Se-ñor Va - lor, sí, va-lor, fir-mes, sin te-mor, Va-mos
hoy por la fe; Va-mos a ven-cer, no hay que te-mer, ¡Vi - va
y ven-ce-réis; Pe-lead con te-són en la o - ra-ción, Ga-lar-

**CORO** *ff*

a ven-cer al ten - ta - dor.
Je - su-cris-to nues-tro Rey! ¡A - de - lan - te! ¡Oh, sol-da-dos
dón de Dios re - ci - bi - réis.

to -dos! Es - tad fir -mes, to -dos con va-lor, ¡A - de-lan - te!

sí, gri-tan-do to - dos. "¡La vic - to - ria es del Sal - va - dor!"

**229**

# Hay Muchos Que Viven

*(The Kingdom is Coming)*

H. C. Ball

Robert M. McIntosh

1. Hay muchos que viven en densas tinieblas, Por
2. Avanzan veloces las huestes celestes, A-
3. Con cantos y gritos y júbilo santo, A

falta del buen Salvador; Mas hoy mensajeros provan-
vanzan con fe y valor; Conquistan doquiera en
Cristo veremos allá; Le coronaremos cual

claman sus glorias, Y brilla doquier su fulgor.
nombre de Cristo, "Pro-Cristo" es su gran clamor.
Rey Soberano, Él siempre nos gobernará.

**Coro**

El reino ya viene, decid la historia, El reino del buen Redentor;

Y todo el globo cubierto de gloria, La paz gozará del Señor.

Los himnos que aparecen a continuación
son los que figuraron en el himnario

# CANTOS DE TRIUNFO

**arreglados por H. C. Ball**

# Cimiento Eterno de la Fe

*How Firm a Foundation.*

GEORGE KEITH.  1 Cor. 3: 11.  V. MENDOZA.

1. ¡Cuán firme cimiento se ha dado a la fe, De Dios en su eterna Palabra de amor! ¿Qué más él pudiera en su libro añadir Si todo a sus hijos lo ha dicho el Señor, Si todo a sus hijos lo ha dicho el Señor?

2. "Ya te halles enfermo o en plena salud, Ya rico, ya pobre se encuentre tu ser, En casa o viajando por tierra o por mar, Conforme a tus años será tu poder, Conforme a tus años será tu poder."

3. "No temas por nada, contigo yo soy; Tu Dios yo soy sólo, tu ayuda seré; Tu fuerza y firmeza en mi diestra estarán, Y en ella sostén y poder te daré, Y en ella sostén y poder te daré."

4. "No habrán de anegarte las ondas del mar Si en aguas profundas te ordeno pasar; Pues siempre contigo seré en tus angustias Y todas tus penas podré bendecir, Y todas tus penas podré bendecir."

5. "La llama no puede dañarte jamás Si en medio del fuego te ordeno el oro de tu alma más puro será, Pues sólo la escoria se habrá de quemar, Pues sólo la escoria se habrá de quemar."

6. "Mi amor siempre tierno, invariable, eternal, Constante a mi pueblo mostrar le podré, Si nívea corona ya ciñe su sien, Cual tierno cordero aún cuidaré, Cual tierno cordero aún cuidaré."

7. "Al alma que anhele la paz que hay en mí, Jamás en sus luchas la habré de dejar; Si todo el infierno la quiere perder, ¡Yo nunca, no nunca, la puedo olvidar, Yo nunca, no nunca, la puedo olvidar!"

---

231

# ¡Triunfo! ¡Triunfo!

*How Firm a Foundation.*

2 Cor. 2: 14.

1 ¡Triunfo! ¡Triunfo! cantemos la gloria
Del Rey poderoso por cuya victoria
Quedó abolido el poder de la muerte—
El fuerte vencido por Uno más fuerte—
Jesús vencedor, y vencido Satán.

2 El Crucificado, por Dios coronado,
Señor de señores será proclamado,

Dánle honores, dominio y grandeza
Los siglos futuros, eterna realeza
Que ya se merece y pronto tendrá.

3 Su frente celeste ciñendo corona:
Los hombres dan honra a su Santa Persona:
El cetro terrestre en breve empuñando,
En paz le veremos cual Rey dominando
En cielos y tierra el reino de Dios.

# 232    ¿Quién a Cristo Quiere?

*Who Will Follow Jesus?*

1 Ped. 2: 21.                                    WM. J. KIRKPATRICK.

1. ¿Quién a Cris - to quie - re De hoy en más se - guir,
2. ¿Quién se - guir - le quie - re Con pro - fun - do a-mor,
3. ¿Quién se - guir - le quie - re Sin va - ci - la - ción,

Su pen - dón al - zan - do, Yen - do a com - ba - tir?
Dán - do - le la glo - ria, Dán - do - le el ho - nor,
A su se - no hu - yen - do De la ten - ta - ción,

¿Quién le quie - re hu - mil - de Siem - pre a - quí ser - vir,
De su no - ble cau - sa, Sien - do de - fen - sor,
Sin du - dar con - fian - do En su pro - tec - ción,

Siem - pre o - be - de - cer - le, Dar - le su ex - is - tir?
Y en su san - ta vi - ña Fiel tra - ba - ja - dor?
Y go - zan - do siem - pre De su ben - di - ción?

Coro.

¿Quién se - guir - le quie - re? ¿Quién res - pon - de - rá

# ¿Quién a Cristo Quiere?

Al buen Re-den-tor: "He-me a-quí, yo i-ré?" ¿Quién doquier que fue re

Tras su hue-lla i-rá? ¿Quién di-rá al Se - ñor: "Yo te se - gui - ré?"

**233**  **Junto a la Cruz**

*Down at the Cross.* *(Glory to His Name.)*

E. A. HOFFMAN     1 Cor. 1:18.     J. H. STOCKTON

1. Jun - to a la cruz do Je - sús mu - rió, Jun - to a la cruz
2. Jun - to a la cruz don - de le bus - qué, ¡Cuán ad - mi - ra-
3. Fuen - te pre - cio - sa de sal - va - ción, Qué gran - de go-
4. Tú, pe - ca - dor que per - di - do es - tás, Hoy es - ta fuen-

do sa - lud pe - dí, Ya mis mal - da - des él per - do - nó,
ble per - dón me dio! Ya con Je - sús siem - pre vi - vi - ré,
zo yo pu · de ha-llar, Al en - con-trar en Je - sús per-dón,
te ven a bus - car, Paz y per - dón en-con-trar po - drás,

*D. S.*—Ya mis mal - da - des él per - do - nó,

FINE. CORO     *D. S.*

¡A su nombre gloria! ¡A su nombre gloria! ¡A su nombre gloria!

**234**

# Gozo Te Dará Jesús

J. E. Ruark
H. C. Ball, Tr.

Fil. 4:4.

Wm. J. Kirkpatrick

1. Puedes ob - te - ner la dul - ce paz de Dios, Si a Je - su-
2. El a - mor de Cristo pue - des co - no - cer; Su sos - tén y
3 ¿Quieres tú de Cristo fiel sol - da - do ser, Y pe - lear por
4. Tú podrás por Cristo, ser a - quí una luz, Si tu to - do

Cris - to a - cu - die - res hoy; Ven contri - to a Su Cruz El tus
gra - cia pue - des ob - te - ner, No más só - lo lu - charás, Cris - to
siempre a fa - vor de él? Ven, entonces sin tar - dar, Más que
rin - des al Se - ñor Je - sús: Y al ve - nir el Salva - dor, En su

cul - pas bo - rra - rá, Y a - sí gran go - zo, te da - rá Je - sús.
te de - fen - de - rá, Y a - sí gran go - zo, te da - rá Je - sús.
vencedor te hará, Y por él lu - chan - do, go - zo tú ten - drás.
glo - ria y esplen - dor, ¡Con cuán grande go - zo, rei - na - rás con él!

*D. S.—Que te tra - jo Cris - to en la cruen - ta cruz.*

**Coro.**

Go - zo, da la sal - va - ción, go - zo en el
Da la salvación, En el corazón;

co - ra - zón; San - to jú - bi - lo tendrás cuando reine en ti la paz

# 235 No Hay Más Que Uno

*Only One Way.*

H. C. BALL.    1 Cor. 3: 11.    CHAS. H. GABRIEL.

1. En el mun-do no hay más que U - no, Que pue - de las al-mas sal-var,
2. Es Je-sús el ca-mi-no glo - rio - so, Que lle - va las al-mas a Dios,
3. En el mun-do no hay más que U - no, Que pue-de las vi-das cambiar,

Es Cris - to que en el cal-va - rio, Su vi - da en la cruz en - tre - gó.
Y él que se-guir-lo de - se - a, Paz, go-zo y luz ha - lla - rá.
La san-gre de Cristo bien pue - de Las manchas del al-ma bo - rrar.

El es nuestra paz nuestra vi - da, La sen - da tan só - lo es él
La sen - da de vida es an-gos - ta, Muy po - cos la hallan a - quí,
La ro - ca de si-glos es Cris - to, El gran fun-da-men-to es él,

Que nos pue - de lle-var a la glo - ria, La pa-tria fe - liz del mor - tal.
Mas fe - liz es a-quél que la si - gue, Perdón, vida e-ter-na ten - drá.
De la I-gle-sia él es la ca-be - za, La fuente de to - da ver - dad.

D. S.—Es Je-sús, el ca-mi-no glo-rio - so, El Hi - jo a-ma-do de Dios.

CORO.

En el mundo no hay más que U - no, Que pue - de sal-var......
Que pue - de salvar Cristo pue - de sal-var

# Ven a Descansar

*Come Unto Me.*

H. C. BALL.    Matt. 11: 28, 29, 30.    CHARLES P. JONES.

1. O - ye, pe - ca-dor, la voz del Sal-va-dor: "Si es-tás can-sa - do,
2. Ven a él, hambriento, aunque pobre estés, Hay ma-ná del cie - lo,
3. ¿An-das tú des-via-do, le - jos del re - dil? En los montes den-sos,
4. Pon tu fe en Cris - to, él te sal - va-rá, Go - zo paz per-fec - ta

ven a des - can - sar; Ven, no te de - ten-gas, e - cha so-bre mí,
to - do lis-to es-tá; Gran-de es la fies - ta, gra-tis pa - ra ti,
hay pe - li-gros mil; De - ja de va - gar, ¡oh ven al buen Pastor!
te con - ce - de - rá; Nun-ca él re - cha - za al que acude a él,

**Coro.**

To - da car - ga tu - ya, yo la lle - va - ré." Ven, ven a
Cris-to te in - vi - ta, ven y ce - na - rás.
Vuelve al re - ba - ño y re - po - sa - rás.
Cristo es compa-si - vo, te re - ci - bi - rá. Ven a mí,

mí, y............. des-can - sa - rás,
Ven a mí tú des-can-sa-rás, tú descan - sa-rás,

To - ma hoy mi yu - go Yo.......... te sal-va-
Hoy toma sobre ti mi yu-go es suave Yo te sal-va-ré

# Ven a Descansar

ré.............. Man - - so soy y humil - de,
sí, yo te salvaré   Cu - al cor-de - ro muy pa-ci-en-te soy,

Tu .............. a - mi-go soy,        Ven...... en mí con-
Me-jor a - mi-go        en mí con-fí - a,   Ven. ¡oh ven!

*rit.*

fí - - a,   Yo..... te sal-va-ré.
fi - ar en mí po-drás, Ven a mí,        Sí, yo te salvaré.

237   Aviva Tu Obra, ¡Oh Dios!

*Ferguson.*

ALBERTO MIDLANE, Tr.        Hab. 8· 2.        GEO KINGSLEY.

1. A - vi - va tu o-bra, oh Dios E jer ce tu  po der; Los
2. A tu o - bra vi - da; Las al mas tie nen sed; Ham-
3. A - vi - va tu la bor; Glo-rio - so fru - to dé; Me-
4. La fuen-te es pi - ri - tual, A - vi - ve nues - tro a-mor; Se-

muer - tos hau - de o - ír la voz Que hoy he mos me - nes - ter.
brien tas de tu buen ma ná A guar dan tu mer ced.
dian - te el gran Con - so - la dor A bun de nues tra fe.
rá tu glo - ria sin i - gual Y nues-tro el bien, Se - ñor.

# ¡Gloria a mi Jesús!

*My Saviour Suffered on the Tree*
Hechos 3:18.

AUTOR DESCONOCIDO

S. S.

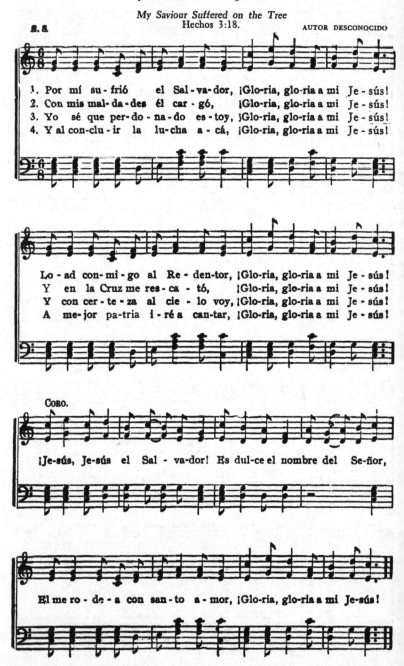

1. Por mí su-frió el Sal-va-dor, ¡Glo-ria, glo-ria a mi Je-sús!
2. Con mis mal-da-des él car-gó, ¡Glo-ria, glo-ria a mi Je-sús!
3. Yo sé que per-do-na-do es-toy, ¡Glo-ria, glo-ria a mi Je-sús!
4. Y al con-clu-ir la lu-cha a-cá, ¡Glo-ria, glo-ria a mi Je-sús!

Lo-ad con-mi-go al Re-den-tor, ¡Glo-ria, glo-ria a mi Je-sús!
Y en la Cruz me res-ca-tó, ¡Glo-ria, glo-ria a mi Je-sús!
Y con cer-te-za al cie-lo voy, ¡Glo-ria, glo-ria a mi Je-sús!
A me-jor pa-tria i-ré a can-tar, ¡Glo-ria, glo-ria a mi Je-sús!

CORO.

¡Je-sús, Je-sús el Sal-va-dor! Es dul-ce el nombre del Se-ñor,

El me ro-de-a con san-to a-mor, ¡Glo-ria, glo-ria a mi Je-sús!

# 239
## Acogida Da Jesús
*Christ Receiveth Sinful Men.*

Arr. por Neumaster        Hechos 10:43        JAMES McGRANAHAN

1. Al que en bus-ca de la luz, Va-gue cie-go y con te-mor,
2. A sus pies des-can-sa-rás, E - jer - ci - ta en él, tu fe;
3. Haz-lo, por-que a-sí di-rás: "Ya no me con de-na-ré;
4. A - co - ger-te pro-me-tió, Da-te pri-sa en a cu-dir,

Lo re - ci - be el buen Je-sús En los bra - zos de su a-mor.
De tus ma-les sa - na-rás; A Je-sús, tu a-mi - go, vé.
Ya la ley no pi - de más; La cum-plió Je - sús, lo sé."
Ne-ce - si - tas, co - mo yo; Vi - da, que él te ha-rá vi - vir.

**CORO.**

Vol-ve-re - - mos a can-tar,.......... Cris-to a-
A cantar volved,      A cantar volved; Cris-to a-

co - ge al pe-ca-dor..... Cla-ro ha-ced - lo
co-ge al pecador, Cris-to a-co-ge al pecador.  Que resuene haced,

re - so - nar;.......... **Cris-to a-co - ge al pe-ca - dor.**
Que re-suene haced;

# 240 La Bienvenida Daremos a Cristo

*I Shall Be Ready.*

H. C. BALL.      1 Cor. 15: 52.      B. D. ACKLEY.

1. La bien-ve-ni-da da-re-mos a Cris-to, Cuan-do le
2. Lis-to es-ta-ré, pues en él he con-fia-do, To-das mis
3. O-ye mi a-mi-go ¿se-rá su ve-ni-da Pa-ra tu
4. Fiel es Je-sús y me ha pro-me-ti-do, Que yo en-

vea-mos del cie-lo ba-jar; En es-plen-dor y gran
mi-nas a él con-sa-gré; Co-sas a-ma-das por
ser u-na gran ben-di-ción? ¿O tiem-blas tú al pen-
ton-ces con él rei-na-ré; Pron-to se-rá mi Je-

glo-ria ves-ti-do, Vie-ne su triun-fo pa-ra ce-le-brar.
él he de-ja-do, En Je-su Cris-to mi go-zo ha-llé.
sar en tal co-sa? ¿Te-mes que só-lo trae-rá mal-di-ción?
sús pro-cla-ma-do, So-bre la tie-rra, por to-dos el Rey.

**Coro.**

Lis to es-ta-ré cuan-do él ven-drá, El ven-drá, El ven-drá;

Lis-to es-ta-ré cuando él vendrá, Je-sús pronto regre-sa-rá.

# 241
# Santo Es El Señor
*Holy is the Lord.*

H. C. BALL.      (Sál. 145: 17.)      WM. B. BRADBURY.   ARR. B. D. ACKLEY.

1. ¡San - to! ¡San - to! gran-de, eter-no Dios, Con a - le - grí - a
2. A - la - bad - le, cie - los, tie-rra y mar, To - da su I-gle - sia,
3. Rey de si - glos, só-lo e - ter - no Dios, Ve - raz y jus - to,

hoy te a - la - ba-mos; Rey de re - yes, gran-de Ca - pi - tán
sus men - sa - je - ros; A - la - ban - zas, can-tos de lo - or,
in - com-pren-si - ble; In - mor - tal, Au - tor de to-do bien,

To - do po - de - ro - so Gue - rre - ro. Hon-or y glo - ria,
Hoy u - ni - dos e - le - va - re - mos. Juez ma-jes-tuo - so
E - res tú el An-cia-no de Dí - as. Y pa - ra siem - pre

luz y do - mi - nio, Tri - bu - ta - re - mos to - dos a ti.
y re - ve - ren - do Fue - go y vi - da e-res, Se - ñor.
en - to - na - re - mos El can-to e-ter - no de re - den-ción.

**CORO.**

¡San-to! ¡Santo! e-res tú, Señor, ¡Dios de las ba-ta-llas, Glorio - so!

# 242 El Es Mi Fuerte Salvador

*He's a Wonderful Savior to Me.*
(Sant. 4:12.)

H. C. BALL, TR.

BLANCHE KERR BROCK.

1. Va-gan-do yo en la ob-scu-ri-dad, El Se ñor me buscó y sal-
2. En mi pe-ca do y des-es-pe-ra·ción, Su cruz me en-se·ñó el Se-
3. Me go zo en es-ta grande sal-va-ción, En gloria mi nombre ha de es-
4. Un día a-le-gre Cristo vol-ve-rá, Y con él a la glo ria i-

vó; Je-sús me halló per-di-do en la maldad, Con su
ñor; Me hi-zo ver que aunque en per-di-ción, Me al-can-
tar; Del Es-pí-ri-tu me vi-no la un-ción, El por
ré; Cam-bia-do a-llí mi cuer-po vil se-rá, Cual el

san-gre mi cul-pa bo-rró............ ....
za-ba su gracia y a-mor. ...........   El es mi fuer-te y
siempre me ha de guardar..............
cuer-po de Cris-to, mi Rey..........

**CORO.**

gran Sal-va-dor, El es mi fuerte y gran Salvador; Yo per-
me salvó, me salvó;

di-do fui, mas Cris to me sal-vó, El es mi fuerte y gran Sal-va-dor.

# El Gran Médico

*The Great Physician.*

S. Marcos 16: 16-19.

H. W. Cragin, Tr.                                                    J. H. Stockton

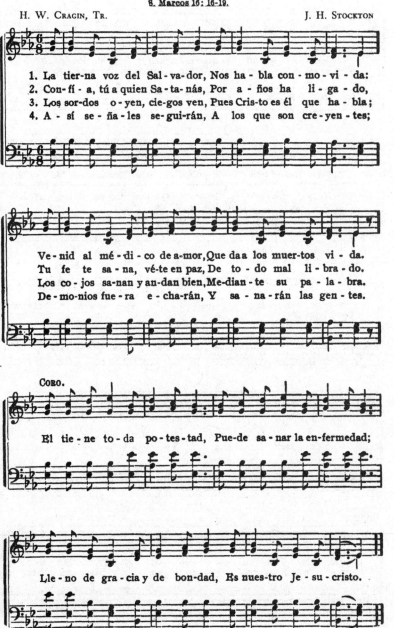

1. La tierna voz del Salvador, Nos habla conmovida:
2. Confía, tú a quien Satanás, Por años ha ligado,
3. Los sordos oyen, ciegos ven, Pues Cristo es él que habla;
4. Así señales seguirán, A los que son creyentes;

Venid al médico de amor, Que da a los muertos vida.
Tu fe te sana, véte en paz, De todo mal librado.
Los cojos sanan y andan bien, Mediante su palabra.
Demonios fuera echarán, Y sanarán las gentes.

**Coro.**

El tiene toda potestad, Puede sanar la enfermedad;

Lleno de gracia y de bondad, Es nuestro Jesucristo.

# Adoradle

*I Will Praise Him.*

H. C. BALL, TR.    Heb. 13:15.    MRS. M. J. HARRIS

1. Dad al Padre to-da glo-ria, Dad al Hi-jo to-do ho-nor,
2. A-do-rad-le, ¡oh, i-gle-sia! Por Je-sús tu Re-den-tor;
3. En-to-nad-le un can-to nue-vo, Huestes li-bres del Se-ñor;

Y al Es-pí-ri-tu di-vi-no, A-la-ban-zas de lo-or.
Res-ca-ta-da por su gra-cia, Li-bre por su gran-de a-mor.
Tie-rra, cie-los, mar y lu-na, Glo-ria dan al Tri-no Dios.

**CORO** *Animoso.*

A-do-rad-le, a-do-rad-le, A-do-rad al Sal-va-
*Coro:* (segundo.)
Yo te a-do-ro, yo te a-do-ro, Yo te a-do-ro buen Je-

dor; (al Sal-va-dor;) Tri-bu-tad-le to-da
sús; (sí, buen Je-sús;) Yo te a-do-ro re-ve-

glo-ria, Pue-blo su-yo por su gran-de a-mor.
ren-te, ¡Oh, Cor-de-ro san-to de mi Dios!

# 245 Cuando Estemos En Gloria

*When We All Get to Heaven.*

H. C. BALL, TR.       APOC. 22:4.       MRS. J. G. WILSON

1. Can-tad del a - mor de Cris-to, En - sal - zad al Re-den - tor;
2. La vic-to - ria es se - gu - ra, A las huestes del Se - ñor;
3. El pendón al - zad, cris-tia-nos, De la cruz, y ca - mi - nad;
4. A - de-lan - te en la lu-cha, ¡Oh, sol - da - dos de la fe!

Tri - bu-tad - le san - tos to-dos, Gran-de glo-ria y lo - or.
¡Oh, pe-lead con la mi - ra - da Puesta en nuestro Pro-tec - tor!
De tri - un - fo en tri - un-fo, Siempre fir-mes a - van - zad.
Nuestro el triunfo, ¡oh es-cu-chad! Los cla - mo-res,¡Vi-va el Rey!
glo - ria y lo-or.

**CORO.**

Cuan-do es-te - mos en glo - ria, En pre-sen-cia de nuestro
Cuan-do es-te-mos       En pre-sen-

Re-den - tor, A u-na voz la
cia de nues-tro Re-den-tor, A u-na voz

his-to-ria, Di - re - mos del gran Ven-ce - dor.
del gran Vencedor.

# ¡Aleluya, El Me Salva!

*Hallelujah, He Saves Me.*

VINCENTE MENDOZA.　　　Heb. 7: 25.　　　J. M. BLACK.

1. Je - sús bo - rró ya mi mal-dad Su san-gre al de - rra - mar,

El qui-so en mí su gran bon-dad Ve - nir a re - ve - lar.

CORO.

¡A - le - lu - ya! El me sal - va, Pues en mí su a-mor pro - bó;

¡A - le - lu - ya! El me sal - va, Pa - ra siem-pre me li - bró.

2 El es mi paz, mi protección,
　Mi buen Consolador;
Asilo fiel en la aflicción,
　Amigo en el dolor.

3 Ningún peligro temeré
　Si él conmigo está;
Ni dudas ni dolor tendré
　Pues él me guardará.

4 Jesús, tu nombre alabaré
　Con todo el corazón,
Y alegre al mundo anunciaré
　Tu grande salvación!

# 247 Libres Estamos

*Once for All.*
Gál 5: 1.

P. P. BLISS.

1. Li-bres es ta - mos, Dios nos ab - suel-ve, En él con - fia-mos, paz nos de - vuel-ve, Vió-nos per - di - dos, nos so - co - rrió, Aunque e - ne - mi-gos nos a - mó. El nos re - di - me na-da te-me-mos; ¡Verdad su bli - me! no la du - de - mos, Nuestra ca-de - na Cris-to rom pió; Li-bres de pe - na nos de ió.

CORO.

2 Ciegos, cautivos, míseros siervos,
En carne vivos, en alma muertos;
La ley trillando en cada acción,
Nunca mostrando compunción.

3 Hoy libertados, ya no pequemos;
Santificados, suyos seremos;
Sangre preciosa Cristo vertió,
Vida gloriosa nos legó.

# 248 Dame La Fe De Mi Jesús

*Faith of Our Fathers.*

V. Mendoza, Tr.    Heb. 11:30-40.    Adapted by J. G. Walton

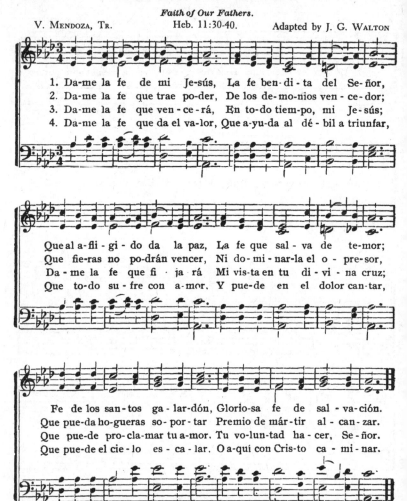

1. Da-me la fe de mi Je-sús, La fe ben-di-ta del Se-ñor,
2. Da-me la fe que trae po-der, De los de-mo-nios ven-ce-dor;
3. Da-me la fe que ven-ce-rá, En to-do tiem-po, mi Je-sús;
4. Da-me la fe que da el va-lor, Que a-yu-da al dé-bil a triunfar,

Que al a-fli-gi-do da la paz, La fe que sal-va de te-mor;
Que fie-ras no po-drán vencer, Ni do-mi-nar-la el o-pre-sor,
Da-me la fe que fi-ja rá Mi vis-ta en tu di-vi-na cruz;
Que to-do su-fre con a-mor, Y pue-de en el dolor can-tar,

Fe de los san-tos ga-lar-dón, Glorio-sa fe de sal-va-ción.
Que pue-da ho-gueras so-por-tar Premio de már-tir al-can-zar.
Que pue-de pro-cla-mar tu a-mor. Tu vo-lun-tad ha-cer, Se-ñor.
Que pue-de el cie-lo es-ca-lar. O a-quí con Cris-to ca-mi-nar.

# 249 En Mi Maldad.

1 En mi maldad busqué a Jesús,
Y él me aceptó con grande amor;
Me dio perdón allá en la cruz,
Salud hallé por su dolor
Cristo me dijo: "Ven a mí,
Que ya mi vida di por ti."

Muy densa fue la obscuridad
Que en mi pecado me cercó,
Mas el Señor en su bondad,

Viniendo a mí así me habló:
"Yo soy la luz, yo te guiaré,
Yo tu camino alumbraré."

3 "¿Quieres la vida sin igual
Que en abundancia a todos doy?
De vida el pan, soy al mortal,
¡Ven sin tardar, tu vida soy!"
¡Va vengo a ti, Señor Jesús!
Dame perdón y vida y luz.

# Al Cansado Peregrino

*Precious Promise*

N NILES.    Sal. 98: 1.    P. P. BLISS.

1. Al can-sa-do pe - re-gri - no Que en el pe -cho sien-te fe

El Se - ñor ha pro - me-ti - do, "Con mi bra - zo te guia-ré."

"Con mi bra-zo, con mi bra-zo, Con mi bra-zo te guia-ré;"

El Se - ñor ha pro - me-ti - do, "Con mi bra - zo te guia - ré."

2 Cuando cruel su lazo el mundo
  Arrojare ante tu pie,
  Te dirá Dios, tu refugio:
  "Con mi brazo te guiaré,
  Con mi brazo, con mi brazo,
  Con mi brazo te guiaré."
  Te dirá Dios, tu refugio:
  "Con mi brazo te guiaré."

3 Si perdiste la esperanza
  Como sombra que se fue,
  Oye atento la promesa:
  "Con mi brazo te guiaré,

Con mi brazo, con mi brazo,
  Con mi brazo te guiaré."
  Oye atento la promesa:
  "Con mi brazo te guiaré."

4 Cuando mires que a tu estancia
  Ya la muerte entrando esté,
  Ten consuelo en las palabras
  "Con mi brazo te guiaré,
  Con mi brazo, con mi brazo,
  Con mi brazo te guiaré."
  Ten consuelo en las palabras:
  "Con mi brazo te guiaré."

# 251 El Hijo Pródigo

*Calling the Prodigal.*

PEDRO GRADO.        S. Lucas 15: 11-32        CHAS. H. GABRIEL.

1. Ven ¡oh pró-di go! ven sin tar-dar, te lla ma Dios;
2. Con pa-cien-cia y ter-nu-ra te lla-ma, ven a él;
3. De tu Pa-dre en la ca-sa a-bun-dan-cia hay de pan,

O-ye-le lla man-do. llamándo-te a ti;........
O-ye-le lla man-do. llamándo-te a ti;........
O-ye-le lla man-do. llamándo-te a ti;........
a ti;

Tú que va gas e-rran-te, es-cu cha su tier-na voz,
Mien tras él te lla-ma, ven: no seas in-fiel,
Ya la me-sa es-tá lis-ta, la bien-ve-ni-da dan,

CORO.

Es-cu-cha su voz de a-mor.........  Lla - man-
de a-mor. Llamando por ti,

do por ti,.......... Per-di - - do pró-di-go
Llamando por ti,  Perdido pró-di-go ven

# El Hijo Pródigo

ven;...... ..... Lla - man-do por ti,.........
Perdido pródigo ven; Llamando por ti, Llamando por ti,

Per - di - - - do pró-di-go ven......... .....
Perdido pró-di-go ven, Perdido pró-di-go ven.

## 252 Un Fiel Amigo Hallé
*Fade Each Earthly Joy*

H. C. Ball, Tr.     S. Juan 15:15.     Theodore E. Perkins

1. Un fiel a mi-go ha-llé: Mi buen Je - sús;... Su a-mor no
2. Di cho so yo se ré: Mi buen Je - sús; ... El sos-ten
3. El mun-do pa-sa rá: Mi buen Je - sús; ... El día fi-

per - de - ré: Mi buen Je-sús. Si a-mi gos y so laz,
drá mi fe: Mi buen Je sús. El me so-co-rre rá,
nal ven-drá: Mi buen Je sús. ¡Oh, qué pla-cer sin par!

A- quí no encuentro más, Me o-fre-ce e-ter-na paz, Mi buen Je-sús.
Su bra-zo cer-ca es-tá, Y gra-cia me da rá, Mi buen Je-sús.
A-llí a mi Rey mi-rar, Su glo ria ce - le-brar, Mi buen Je-sús.

# 253
# Divina Luz
### Lux Benigna.

J. B. CABRERA, Tr.

J. B. DYKES.

1. Di - vi - na Luz, con tu es-plendor be-nig-no  Guar-da mi
pie; Densa es la no-che y ás - pe - ro el ca - mi - no;
Mi guí - a sé  Har-to dis - tan - te de mi hogar es-
toy;  Que al dul-ce hogar de las al - tu - ras voy.

2 Amargos tiempos hubo en que tu gracia
No supliqué;
De mi valor fiando en la eficacia,
No tuve fe.
Mas hoy deploro aquella ceguedad:
Préstame ¡Oh Luz! tu grata claridad.

3 Guiando tú, la noche es esplendente,
Y cruzaré
El valle, el monte, el risco y el torrente,
Con firme pie;
Hasta que empiece el día a despuntar,
Y entre al abrigo de mi dulce hogar.

# La Voz de Jesús

*I Hear Thy Welcome Voice.*

J. B. CABRERA, TR.　　　S. Juan 10:4.　　　REV. L. HARTSOUGH

1. Yo es-cu-cho, buen Je-sús, Tu dul-ce voz de a-mor,

Que, des-de el ár-bol de la cruz, In-vi-ta al pe-ca-

dor. Yo soy pe-ca-dor, Na-da hay bue-no en mí;

Ser ob-je-to de tu a-mor De-se-o, y ven-go a ti.

2 Tú ofreces el perdón
De toda iniquidad,
Si el llanto inunda el corazón
Que acude a tu piedad.
Yo soy pecador,
Ten de mí piedad,
Dame llanto de dolor
y borra mi maldad.

3 Tú ofreces aumentar
La fe del que creyó,
Y gracia sobre gracia dar
A quien en ti esperó.
Creo en ti, Señor,
Sólo espero en ti;
Dame tu infinito amor,
Pues basta para mí.

# Salvador, Mi Bien Eterno.

*Close to Thee.*

Fanny J. Crosby     Sal. 23.     S. J. Vail

1. Sal-va-dor, mi bien e-ter-no Más que vi-da pa-ra mí,

En mi fa-ti-go-sa sen-da Cer-ca siem-pre te ha-lle a ti.

Jun-to a ti, jun-to a ti, Jun-to a ti, jun-to a ti:

En mi fa-ti-go-sa sen-da, Cer-ca siem-pre te ha-lle a ti.

2 No los bienes, no placeres,
  Ni renombre busco aquí,
  En las pruebas, en desdenes,
  Cerca siempre te halle a ti;
  Junto a ti, junto a ti,
  Junto a ti, junto a ti:
  En las pruebas, en desdenes,
  Cerca siempre te halle a ti.

3 Yendo por sombrío valle,
  En rugiente mar hostil,
  Antes y después del trance,
  Cerca siempre te halle a ti;
  Junto a ti, junto a ti,
  Junto a ti, junto a ti:
  Antes y después del trance,
  Cerca siempre te halle a ti.

# 256 Tentado No Cedas

*Yield Not to Temptation.*

H. R. Palmer          Sant. 1:10-13.          H. R. Palmer

1. Ten - ta - do no ce - das; Ce - der es pe - car; Me - jor y más
2. E - vi - ta el pe - ca - do, Pro - cu - ra a - gra - dar, A Dios a quien
3. A - man - te, be - nig - no, Y e - nér - gi - co sé; En Cris - to tu a -

no - ble Es lu - char y triun - far; ¡Va - lor pues! cris - tia - no,
de - bes, Por siem - pre en - sal - zar; No manches tus la - bios,
mi - go, Pon to - da tu fe; Ve - raz sea tu di - cho,

Do - mi - na tu mal; Dios puede li - brar - te, De a - sal - to mor - tal.
Im - pú - di - ca voz, Pre - ser - va tu vi - da, De o - fensas a Dios.
De Dios es tu ser; Co - ro - na te es - pe - ra, Y vas a ven - cer.

**Coro.**

En Je - sús, pues, con - fí - a, En sus bra - zos tu al - ma,

Ha - lla - rá dul - ce cal - ma, El te ha - rá ven - ce - dor.

# 257

## Templos De Dios Sois

*Have Ye Received the Holy Ghost?*

Mrs. C. H. Morris

Hechos 19:2.

Mrs. C. H. Morris

1. Templos de Dios sois, A-sí es-tá escri-to, Templos de su Es-pí-ri-
2. El que per-do-na, Quiere lim-piar-te; To-da la es-co-ria de
3. ¡Oh! pe-re-gri-no, En el de-sier-to, Entra en la tie-rra de

tu de ver-dad; ¿A él le es da-da, Li-bre en-tra-da? ¿Franca es la
tu al-ma qui-tar; Pu-ri-fi-ca-do, Muerto al pe-ca-do, El San-to Es-
le-che y miel; San-ti-fi-ca-do, De Dios lle-na-do, Guiado se-

**Coro.**

puer-ta de tu vo-lun-tad? De-ja en-trar,....
pí-ri-tu po-drá en-trar.
rás por su Es-pí-ri-tu fiel. Deja entrar, deja entrar,

Pa-ra mo-rar,.... Al San-to Es-pí-ri-tu; ....
Para morar, para morar, Santo Es-pí-ri-tu, Santo Es-pí-ri-tu;

El ha ve-ni-do, Pacto cumplido, Bendito Es-pí-ri-tu de Dios.

# 258 Por Gracia Me Sostendrá

**His Grace Is Enough For Me.**

2 Cor. 12: 9.

J. BRUCE EVANS.

1. Si es-toy des-a-len-ta-do, Con penas y te-mor, Con cuitas o-pri-
2. Cuando en la du-ra prueba, Conmigo el mundo es cruel, Cuando en la ru-da
3. Cuando en mis aflic-cion-es, No puedo re-sis-tir, Cuando a las tenta-

mi-do, En pruebas y en do-lor, Entonces Cris-to di-ce, Mis pruebas
lu-cha, No ha-llo un a-mi-go fiel, Entonces lle-ga a mi alma, Un e-co
ciones, Voy ca-si a su-cum-bir, Entonces su so-co-rro El Sal-va-

al mi-rar, Que su sos-tén y a-yu-da, Ja-más me fal-ta-rán.
ce-les-tial, Es el Se-ñor que di-ce, Que a-yuda, me da-rá.
dor me da, Y él ha pro-me-ti-do Con-mi-go siempre es-tar.

**Coro.**

Por gra-cia Je-sús me sos-ten-drá, Y nun-ca me fal-ta-rá;

Si en sombras yo voy, Y tris-te es-toy, Su gra-cia me sos-ten-drá.

# Guarda El Contacto

*Keep In Touch With Jesus.*

H. C. BALL, TR.  S. Juan 15:7.  C. S. KAUFFMAN.

1. ¿Quieres so-bre el mundo ser un ven-ce-dor? ¿Quie-res tú can-
2. En el mundo hay muchos, tris-tes en pe-car, Cu-yos co-ra-
3. ¿Quieres tú con Dios la co-mu-nión te-ner, Y su glo-ria
4. De-ja que el Es-pí-ri-tu im-plan-te en ti, La hu-mil-dad de

tar aún cuan-do hay do-lor? ¿Quieres ser a-le-gre cual fiel
zo-nes llo-ran de pe-sar; Dá-les el men-sa-je, no hay
siem-pre en ti per-ma-ne-cer, Que el mun-do a Cris-to pueda en
Cris-to y su san-to a-mor; O-ra siem-pre y ve-la, que Je-

*FINE.*

lu-cha-dor? Guar-da el con-tac-to con el Sal-va-dor.
que ca-llar, Con Dios el con-tac-to de-bes de guar-dar.
ti, hoy ver? Guar-da el con-tac-to con el Su-pre-mo Ser.
sús ven-drá— Guar-da el con-tac-to con el Sal-va-dor.

*D. S.*—A cau-sa del con-tac-to con el Sal-va-dor.

CORO.

Guar-da el con-tac-to con el Sal-va-dor, Lue-go las ti-nie-blas

*D. S.*

no te cu-bri-rán; Por la senda a-le-gre tú ca-mi-na-rás,

# 260 Creo En La Biblia

*I Belive the Bible.*

ATHANS Y BRAND.　　　Hechos 17: 2.　　　E. S. UFFORD.

1. Cre-o en la Biblia, el li-bro re-den-tor, Pues de Je-su-cris-to
2. Cre-o en la Biblia, en-sé-ña-me a cantar, Cantos de vic-to-ria,
3. En la San-ta Biblia encuentro san-ti-dad, Dá-di-va de Cris-to,
4. Hoy la Biblia oi-ga-mos, mostrando a los demás, El a-mor de Cris-to,

muestra el dul-ce a-mor; To-dos mis pe-ca-dos ya bo-rra-dos son;
y de su amor sin par; Suaves me-lo-dí-as, ten-go en mi alma hoy,
y su vo-lun-tad; To-dos los que bus-can ple-na sal-va-ción,
y su in-men-sa paz; Pues la vi-da nues-tra, li-bre de mal-dad,

Paz y go-zo ten-go en mi co-ra-zón.
Por-que re-di-mi-do por la san-gre es-toy.　Cre-o en la Bi-blia,
Ha-lla-rán en Cris-to es-ta ben-di-ción.
Hon-ra-rá el di-vi-no li-bro de ver-dad.

CORO.

li-bro de mi Dios; Músi-ca del cie-lo, pa-ra mí es su voz; Mués-tra-me el ca-

mi no, y me tra e dul-ce paz, Hallo en la Biblia to-do mi so-laz.

# Cristo Te Llama

*Jesus is Calling.*

Apoc. 3: 20.

C. F. WEIGELE.

1. Cris - to te lla - ma a ti, pe - ca - dor, Te lla - ma a ti
2. De - ja las sen - das del mun-do trai-dor Ven a Je - sús,
3. Cris - to glo - rio - so ven-drá con po - der, ¿Lis-to es - ta - rás
4. Voz com - pa - si - va de Cris-to Je-sús, Te lla - ma hoy

con tier - na voz; De - ja tus cul - pas y ven al Se - ñor,
te lla - ma a ti; Cris - to te pue - de sal - var y guar-dar,
a ver a tu Juez? El con su san - gre te pue-de la - var,
con san - to a-mor; Ven a la fuen - te, re - ci - be per-dón,

**CORO.**

Cris - to te lla-ma a ti............ Cris-to te lla - ma, te
te lla - ma a ti.

lla - ma a ti, Cris-to te lla - ma, ¡oh, ven sin tar-dar! Cris-to te es-

*rit.*

pe - ra a ti, pe - ca-dor, Cris-to te lla - ma a ti. ......
te lla-ma a ti.

# 262 El Que Ha De Venir Vendrá

*Christ Returneth.*

ENRIQUE TURRALL, TR     Heb. 10:37.     JAMES McGRANAHAN.

1. Al ra-yar el al-ba tal vez ven-ga Cris-to, Con
2. Qui-zás él ven-drá cuan-do el dí-a fe-nez-ca, Qui-
3. Su mag-ni-fi-cen-cia y glo-ria ve-re-mos, El

a-cla-ma-ción y con voz de arc-án-gel; Le-van-ta a los
zás en la no-che su glo-ria a-pa-rez-ca. ¡Va-lor pues! ¡her-
mundo, el pe-ca-do her-ma-nos de-je-mos; A-sí, con gran

muertos, trans-for-ma a los vivos A los su-yos él viene a lle-var.
ma-nos! y es-te-mos de es-pe-ra; A los su-yos él viene a lle-var.
go-zo, le re-ci-bi-re-mos Cuando Cris-to nos viene a lle-var.

**CORO.**

¿Has-ta cuán-do? Se-ñor Je-sús. ¿Hasta cuándo ven-drás? Cris-to
El que ha de ve-nir ven-drá, Y no tar-da-rá. Vie-ne

*rit.*

vie-ne, a-le-lu-ya, a-le-lu-ya, a-mén; A-le-lu-ya, a-mén.
pres-to, a-le-lu-ya, a-le-lu-ya, a-mén; A-le-lu-ya, a-mén.

263

# ¡Viene! ¡Viene!

*Is It the Crowning Day?*

H. C. BALL.    Apoc. 2: 25.    CHARLES H. MARSH.

1. Un dí-a mi Se-ñor, Vie-ne, vie-ne, Y yo ve-
2. Por su I-gle-sia fiel, Vie-ne, vie-ne, Y él la
3. ¿De qué más te-me-ré? Vie-ne, vie-ne, Mi Sal-va-
4. Es-ta pa-la-bra es fiel, Vie-ne, vie-ne, ¿Y si te

ré a mi Rey, Con él por siem-pre es-ta-ré, Ja-
lle-va-rá, A las man-sio-nes a-llá, Que
dor y Rey, Yo a su la-do i-ré, Con
ha-llas tú, Con los que que-dan a-trás? ¡Qué

**CORO.**

más yo le de-ja-ré.
él fué a pre-pa-rar.    ¡Vie-ne! ¡Vie-ne! ¡oh, dí-a sin i-
él siempre rei-na-rá.
tris-te te sen-ti-rás!

gual! Vendrá en las nu-bes bien lo sé, A-sí ven-drá tal

*rit.*

cual se fué; ¡Vie-ne! ¡Vie-ne! Ha de ve-nir mi Rey.

**264**     Tu Cosecha, ¿Cuál Será?

*Life's Harvest.*

H. C. BALL, TR.     Gal. 6:7-9.     R. E. WINSETT.

1. El dí - a de se - gar vendrá, A to - do hombre a - quí;
2. Si tu se - mi - lla es car - nal, De gus - to te - rre - nal;
3. ¿Por qué hoy la maldad sembrar, Los vi - cios y pa - sión?
4. Si tu se - mi - lla es redención, Por fe en el Se - ñor;
5. No siem - bres a la car - ne hoy, Y lue - go es - pe - rar,

Y la se - mi - lla que sem - bró, Co - se - cha le da - rá.
La tal pro - du - ce co - rrupción, Y muer - te e - ter - nal.
En es - ta vi - da hay que segar, Y e - ter - na per - di - ción.
La tal pro - du - ce sal - va - ción, Y e - ter - nal a - mor.
Co - se - cha bue - na por - que Dios, No se de - ja bur - lar.

**CORO.** *Moderato.*

Lo que siem - bres a - quí,
La co - se - cha ven - drá,

Se - ga - rás más a - llá, Fue - re

Lo ha di - cho el Señor:

bue - no o fue - re mal. La co - se - cha tu - ya—¿cuál se - rá?

# 265 Más Allá El Día Viene

*In the Golden By and By.*

H. C. BALL.    Apoc. 22: 1-6.    J. L. HEATH.

1. Más a - llá........ el dí - a vie - ne, En que
2. ¿Qué se - rá....,... es - tar con Cris - to? Es - cu-
3. Con Je - sús........ por guí - a siem-pre, El ca-
4. Lis-to es-toy........ por pu - ra gra - cia, A es-cu-

1. Más a - llá el dí - a vie - ne, dí-a viene,

lu - chas ya no ha-brá; Los a - fa - nes y cui-
char...... su dul-ce voz; Ver su ros - tro tan bri-
mi - no se-gui-ré; Con con-fian - za ple-na y
char...... su voz de a-mor, Que me lla - ma a Su

En que luchas ya no habrá, ya no habrá, Los a - fa - nes y cui-

da - dos, De es-te mun - do ce - sa - rán.
llan - te, Y an - dar...... de él en pos.
dul - ce, Que al cie - lo lle - ga - ré.
la - do, A vi - vir ..... en su ful - gor.

dados, y cuidados, De es-te mun-do ce - sa - rán, ce-sa-rán.

**CORO.**

Más a - llá........ no habrá más llan - to,
Más a - llá no ha-brá más llan - to, no más llan-to,

# Más Allá El Día Viene

Si - no no - - tas de lo - or;
Si - no no - tas de lo - or, sí, de lo - or;

Más a - llá......... un dí - a a - le - gre.
Más a - llá un dí - a a - le - gre, dí - a a - le - gre,

Que por siem - - pre ha de du - rar.
Que por siempre ha de du - rar. ha de du - rar.

## 266    Tira La Soga.

*Throw Out the Life-Line.*

(Música No. 109, Himnos de Gloria.)

Por sus pecados está el pecador.
Cual pobre náufrago sin salvador;
Triste es su suerte que se hunde en
el mar,
Se esfuerza, se cansa, no puede ya
más.

CORO:

Tira la soga—Al que se ahoga,
Antes que se hunda en el mar;
Ve su peligro—Muere sin Cristo,
Y no se puede salvar.

2 Tira la soga, ¿por qué vacilar?
Pronto se pierde un alma inmortal,
Ve ya se hunde por última vez,
Asióse la soga—y salvo ya es.

3 El poderoso Evangelio de Dios,
Soga es al náufrago de salvación.
Cristo le puede salvar, si por fe,
Se entrega en sus brazos confiándose
a él.

# Más Cerca de Cristo

*Sweeter Every Day.*

H. C. BALL.                    C. AUSTIN MILES.

1. De Cris - to ca - da dí-a quie-ro yo más cer - ca es - tar,
2. Ya mi - ro cer - ca el dí - a del re - gre - so del Se - ñor,
3. Y cuan-do es-te - mos sal - vos en su rei - no ce - les - tial,

El es mi Rey a - ma - ble, mi pre - cio - so Sal - va - dor;
Y yo, con mu-chos san - tos. al en - cuen-tro sin i - gual.
Ja - más nos can - sa - re - mos de ser - vir al Sal - va - dor:

No pue-do en to - do el mundo a - mi - go cual Je-sús ha-llar
I - re - mos a las nu - bes a - la - ban do con fer vor,
¡Go-zo - sos al - za - re - mos nues-tro cán - ti - co triun-fal

Quien ma - ra - vi - llas ha - ce y pro - di - gios sin ce - sar.
A Cris - to el Rey glo - rio - so, cu - yo rei - no es e - ter - nal.
Y de ar-pas mil los e - cos su - bi - rán en su lo - or!

# Más Cerca de Cristo

**CORO.**

Ja - más ......... po-drán con-tar - me De
Ja - más po-drán con-tar-me, De Cris - to la mi - tad, Ja-

Cris - - - to la mi tad; De
más po - drán con - tar - me De Cris - to la mi - tad; De

su......... a-mor di-vi - no, Su po der y ma-jes-tad.
su amor di-vi-no, Su po-der y majestad, Su poder y ma-jes-tad.

## 268  Cristo el Hijo del Santo Dios

(Música No. 188, Himnos de Gloria.)

1 Cristo, el Hijo del santo Dios,
  Hizo la salvación,
Padeciendo la muerte atroz,
  Por nuestra redención.
Por su sangre pura, por su muerte
  dura,
Sólo Jesús, sólo Jesús, hizo la salva-
  ción.

2 ¡Oh, qué gracia nos reveló!
  ¡Célebre Salvador!
Compasión y bondad mostró,
  A todo pecador.
Para los dolientes, que le son creyen-
  tes,
Sólo Jesús, sólo Jesús, hizo la salva-
  ción.

3 Ni las lágrimas ni el dolor,
  Pueden la paz ganar,
Nuestro mérito es sin valor,
  No nos podrá salvar.
Sin ayuda nuestra, por su propia
  diestra,
Sólo Jesús, sólo Jesús, hizo la salva-
  ción.

4 Pues confiando en Cristo ya,
  Nuestro es el perdón,
Nuestro Padre es Jehová—
  Hijos de su adopción.
Su favor tenemos, siempre cantare-
  mos:
Sólo Jesús, sólo Jesús, hizo la salva-
  ción.

269 **En La Sangre Virtuosa**

*Cleansing For Me.*

E. S.　　　　　Heb. 9: 11-28.　　　　　T. H. BAYLY.

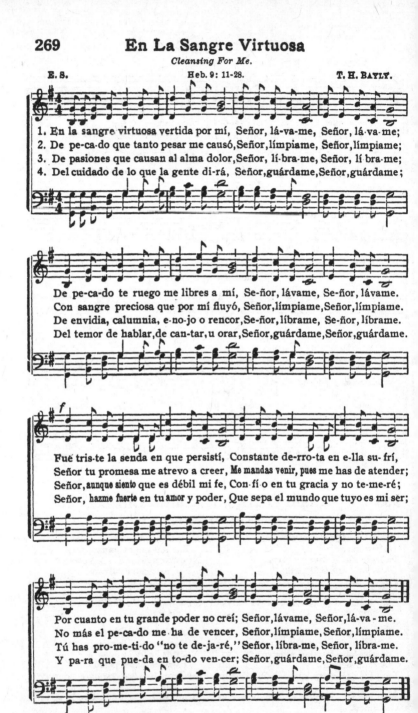

1. En la sangre virtuosa vertida por mí, Señor, lá-va-me, Señor, lá-va-me;
2. De pe-ca-do que tanto pesar me causó, Señor, límpiame, Señor, límpiame;
3. De pasiones que causan al alma dolor, Señor, lí-bra-me, Señor, lí bra-me;
4. Del cuidado de lo que la gente di-rá, Señor, guárdame, Señor, guárdame;

De pe-ca-do te ruego me libres a mí, Se-ñor, lávame, Se-ñor, lávame.
Con sangre preciosa que por mí fluyó, Señor, límpiame, Señor, límpiame.
De envidia, calumnia, e-no-jo o rencor, Se-ñor, líbrame, Se-ñor, líbrame.
Del temor de hablar, de can-tar, u orar, Señor, guárdame, Señor, guárdame.

Fué tris-te la senda en que persistí, Constante de-rro-ta en e-lla su-frí,
Señor tu promesa me atrevo a creer, Me mandas venir, pues me has de atender;
Señor, aunque siento que es débil mi fe, Con-fí-o en tu gracia y no te-me-ré;
Señor, hazme fuerte en tu amor y poder, Que sepa el mundo que tuyo es mi ser;

Por cuanto en tu grande poder no creí; Señor, lávame, Señor, lá-va-me.
No más el pe-ca-do me ha de vencer, Señor, límpiame, Señor, límpiame.
Tú has pro-me-ti-do "no te de-ja-ré," Señor, líbra-me, Señor, líbra-me.
Y pa-ra que pue-da en to-do ven-cer; Señor, guárdame, Señor, guárdame.

# Sólo Jesús

*Only Jesus.*

Hechos 22: 16.

AUTOR DESCONOCIDO

1. En Je - su-Cris - to tan só - lo Gra - cia ten-drás, pe - ca - dor;
2. Los que en Cris - to cre - ye-ron Go - zan de ple - na sa - lud:
3. ¿Quie-res sal - var a    tu al - ma, Quie-res te - ner el per - dón?
4. A - na, Jo - sé y Ma - rí - a To - dos cre - ye-ron en él:
5. Pe - dro. Andrés y San-tia - go, Le - ví y Lu - cas tam - bién;
6. ¡A - bre tu puer-ta ce - rra - da! ¡To - ca el buen Sal - va - dor!

¡Na - die de po - lo a po - lo Es co - mo el Sal - va - dor!
Paz y per - dón re - ci - bie-ron; ¡Gran-de es su mul - ti - tud!
Ven a Je - sús, él te lla - ma Y ob - ten-drás sal - va - ción.
An - ge - les can - tan su glo - ria, ¡Gran-de es E - ma - nu - el!
Vie-nen de le - jos los Ma-gos; To - dos al Un-gi-do cre - en.
El so - li - ci - ta en - tra - da, ¿Cuán-do se - rá, pe - ca - dor?

CORO.

¡Só - lo Je - sús,...... só - lo Je - sús,...... Sal - var - te
Só - lo Je-sús,                 só-lo Je-sús,

pue - de; sí só - lo Je - sús!.......... ¡Só - lo Je - sús,......
sí só - lo Je - sús!                          Só lo Je-sús,

só - lo Je - sús,...... Sal-var-te pue - de; sí, só-lo Je - sús!....
só - lo Je-sús,

# 271 A La Lucha

*Dwelling in Beulah Land.*

H. O. Costales     2 Tim. 4:7, 8.     C. Austin Miles

1. Ya las hues-tes se a-pres-tan pa - ra la ba-ta-lla, Es Je-sús el
2. Las le-gion-es de Jesús de triunfo en triunfo a-vanzan ¿No las ves con
3. Dá-te pri-sa, no va ci - les, él te ne-ce-si-ta, Si a-mas a Je-
4. Es la mies muy grande y los o-bre-ros son muy po-cos; Des-de hoy mi

ca - pi-tán que a to-dos nos guia-rá; Y con él a la ca-be-za,
qué va-lor com-ba-ten contra el mal? ¿Puedes tú que-dar dor-mi-do
sús también a o - tros a - ma-rás; Y si an-dan en las sen-das
Sal-va-dor ha-llar-me él po - drá; Tra-ba-jan-do en su mies en

no hay que va - ci - lar, De se-gu-ro al triun-fo nos lle-va-rá.
o in-di-fe-ren-te Cuan-do o-tros lu-chan sin des-can-sar?
de la i - ni - qui-dad, A los pies de Cris-to los lle-va-rás.
bus-ca de las al-mas, Y con su po-der él me sos-ten-drá.

**Coro.**

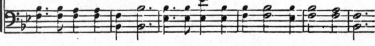

Yo quie-ro estar con Cristo, en lo ru - do de la lid,    Yo

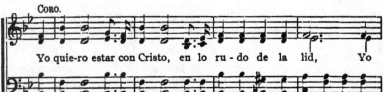

quiero siempre listo, va-lien-te combatir; Has-ta que en gloria pueda

ver-le, mi ca-rre - ra al ter-mi-nar Y vida e-ter - na con él go - zar.

## Dios Vive
*Beautiful Isle.*

**272**

Tomas M. Westrup, Tr.      Sal. 93:2.      J. S. Fearis

1. Do luz-ca el sol lo hay siempre; Do mo-ren a - ves lo-hay;
2. Prolón-guen-se los dí - as; Sus fae-nas tie - nen fin;
3. Se sien-te me - nos car-ga; Se mi-ra el por-ve - nir;
4. A - llí no ha-brá más som-bra; El ros-tro bri - lla - rá,

No si - gan tus la - men-tos; Dios vi - ve, y so-bra el ¡Ay!
Ad-quie - re fuer-za el al - ma; Se a - le ja de lo ruin.
Las nu - bes se le - van-tan, Y to-do es re - vi - vir.
Del Cor - de - ro que a-lum - bra Y el sol se a - pa-ga - rá.

**Coro.**

¡Ved - la! ¡Ved - la! La ín-su - la riente de ¡Es-pe-ra!

Patria del bien, me-jo-ra - do Edén, Cé-li - ca pri - ma-ve - ra.

# 273　　Mi Pastor

D. E. Finstrom.　　　　Salmo 23 y Juan 10.　　　　D. E. Finstrom.

1. Un cor - de - ri - to dé - bil soy, Mas cer - ca del Pastor es - toy,
2. Je - sús se lla - ma mi Pas-tor, De quien dis-fru - to tal a - mor,
3. Re - cuer-do yo mi per - di-ción, Es - tu - ve en o - tra con-di - ción
4. ¡Oh, cuán be-nig - no es, y ved! En pas - tos ver-des yo ya - cer,
5. Si pa - sos in - ci - er-tos doy, Me di - ce: "Yo con-ti-go es-toy,"
6. Aún cuando ha - ya lo - bos mil, El cor - de - ri-to en su re - dil
7. ¿Y có - mo no he de can-tar? ¡Si mu - cho más he de go - zar!

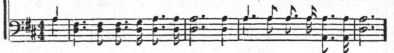

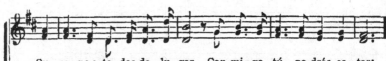

Su se - no a to - dos da lu - gar, Con-mi-go tú po-drás es - tar;
El cui - da mu-cho a su grey, Pues él también es nuestro Rey;
Mas el Pas-tor me en-con-tró, Me res-ca - tó y paz me dió;
El a - gua fres-ca me da - rá, Nin-gu - na gra-cia fal - ta - rá;
Co - no - ce mi ca - mi-no él, Pro-me - te ser-me Guí - a fiel;
No te - me, porque su Pas-tor, Los a - hu-yen - ta con va - lor;
Al cie - lo pron-to yo i - ré, Y con Je - sús des-can - sa - ré;

Su se - no a to - dos da lu - gar, Con-mi-go tú po-drás es - tar.
El cui - da mu-cho a su grey, Pues él también es nues-tro Rey.
Mas el Pas-tor me en-con-tró, Me res-ca - tó y paz me dió.
El a - gua fres-ca me da - rá, Nin-gu - na gra-cia fal - ta - rá.
Co - no - ce mi ca - mi-no él, Pro-me - te ser-me Guí - a fiel.
No te - me, porque su Pas-tor, Los a - hu-yen - ta con va - lor.
Al cie - lo pron-to yo i - ré, Y con Je - sús des-can - sa - ré.

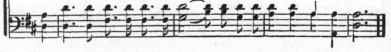

# 274 En Mi Alma Hay Dulce Paz

*Since His Love Came Shining Through.*

H. C. BALL.  S. Juan 16: 20.  B. B. McKINNEY.

1. En os - cu - ri - dad sin Je - sús me vi, Con mil pe - nas
2. Por las gran - des o - las de la mal - dad, Yo lle - va - do
3. ¿En la ru - da lid com - ba - ti - do es - tás, Sin a - mi - go

y gran do - lor; Mas Je - sús lla - mó, ven, sí ven a - mí,
fui más y más; Sin te - ner pi - lo - to en la tem - pes - tad,
y sin so - laz? ¡Oh, no llo - res más, si - no ve la faz,

**Coro**

Quie - ro ser tu Sal - va - dor. En mi al - ma hay dulce paz,.......
Has - ta ver al buen Je - sús.
De tu a - mi - go, es Je - sús!  dul - ce paz,

Des - de que vi - ne a Je - sús;.......... No hay no - che
vi - ne a Je - sús;

nun - ca si - no paz y go - zo, Des - de que vi - vo en su luz.

# Por La Sangre

Sal. 103: 3.

1. Por el mun-do bri-lla luz, Des-de que mu-rió Je-sús,
2. An-tes to-do fué te-mor Mas a-ho-ra es a-mor,
3. ¿E-res gran-de pe-ca-dor? ¡He a-quí tu Sal-va-dor!

Por no-so-tros en la cruz Del Cal-va-rio; Los pe-
Por-que com-pren-dí el va-lor Del Cal-va-rio. Yo vi-
Te-ma del pre-di-ca-dor: El Cal-va-rio. Sal-va-

ca-dos él lle-vó, De la cul-pa nos li-bró,
ví en per-di-ción, Hoy po-se-o sal-va-ción,
ción a ca-da cual Que pa-de-ce por su mal;

Con la san-gre que ma-nó Del Cal-va-rio.
Por la gran-de re-den-ción Del Cal-va-rio.
Dios o-fre-ce gra-cia tal, Por la san-gre.

# Por La Sangre

Coro.

Por la san - gre, por la san - gre, So-mos re - di - mi-dos, sí, Por la san - gre car - me - sí: Por la san - gre, por la san - gre, Por la san-gre de Je - sús Del Cal - va - rio.

## 276    Voy a Ver a Cristo el Rey

*We Shall See the King Some Day.*

Apoc. 20: 4.

(Música: "Himnos de Gloria," No. 93.)

1 Aunque peregrino y pobre soy aquí
   Voy a ver a Cristo el Rey;
Cuando en las nubes venga él por mí,
   Voy a ver a Cristo el Rey.

CORO.

Voy a ver a Cristo el Rey,
   Y sus glorias cantaré;
Cuando al cielo allá a los suyos lla-
      mará,
   Voy a ver a Cristo el Rey.

2 Tras angustia y pena y tras cruel
     dolor,
   Voy a ver a Cristo el Rey;

Perdurable gozo me dará el Señor,
   Voy a ver a Cristo el Rey.

3 Tras las duras luchas que aquí ten-
     dré,
   Voy a ver a Cristo el Rey;
Cuando mi carrera acabado habré,
   Voy a ver a Cristo el Rey.

4 Con los redimidos que se fueron
     ya,
   Voy a ver a Cristo el Rey;
Lágrimas y llanto nunca más ha-
     brá,
   Voy a ver a Cristo el Rey.

# La Palabra Divina

Col. 3: 16.

D. FINSTROM.                                                                N. L. RIDDERHOF.

1. An - he - lo yo o - ír la voz De mi buen Sal-va - dor;
2. Sí, las Pa - la - bras de Je - sús In - fun-den fuerza y fé;
3. En to - do tiem-po mi Je - sús Pa - la - bras me ten - drá;
4. Lu - gar no hay no lo ha - brá En es - te mun-do, no,

Sus di-chos un ban-que - te son, Mi ver - da - de - ra luz;
A - le - jan de mi co - ra - zón Las du - das, yo lo sé;
En pruebas e - llas son mi bien; Su voz me a-len - ta - rá;
En que el al - ma go - ce paz Si és - to ol - vi - dó;

Cual el ma-ná a mi al - ma dau Dul - zu - ra y sos - tén,
La man - se-dum-bre es de él, Con él a-pren - de - ré;
En e - llas mi al-ma tie - ne paz ¿Quién la po-drá tur - bar?
Pues su Pa - la - bra fuen - te es De to - da ben-di - ción

Con-sue - lo, paz, re - ci - bo a-quí Del Maes-tro de Be - lén.
Y en la Glo - ria su a - mor Siem-pre a - la - ba - ré.
Je - sús me ofre - ce un fes - tín Sin más por de - se - ar.
Y me - dio só - lo del Se-ñor Pa - ra la sal - va - ción.

# La Palabra Divina

¡Tus pa-la - bras, oh Jesús! ¡Tus pa-la - bras vi - da son!

Me en-señan, alumbran, Me traen la luz; Las Pa - labras de Je - sús.

## 278
### Amoroso Salvador
*Last Hope.*
Heb. 7:25.

AUTOR DESCONOCIDO

GOTTSCHALK.

1. A - mo - ro - so Sal - va - dor, Sin i-
2. Mi con - tri - to co - ra - zón Te con-
3. Te con - tem - plo sin ce - sar En tu
4. ¡Fuen - te tú de com - pa - sión Siem - pre

gual es tu bon - dad, E - res tú mi
fie - sa su mal - dad, Pi - de al Pa - dre
tro - no des - de a - quí; ¡Oh! cuán gra - to
a ti te doy lo - or; Sien - do gra - to

me - dia - dor, Mi per - fec - ta san - ti - dad.
mi per - dón Por tu san - ta ca - ri - dad.
es me - di - tar Que in - ter - ce - des tú por mí.
al co - ra - zón En - sal - zar - te ¡mi Se - ñor!

# 279

## ¿Te Desvías?

*Drifting Down.*

J. N. DE LOS SANTOS y 4 por BALL.　Heb. 3:13.　　W. E. M. HACKLEMAN.

*Despacio.*

1. Te des ví - as por el mar, Don - de pue - des nau - fra - gar,
2. E - sos fa - ros al bri - llar, Tu pe - li - gro ha - rán no - 'tar,
3. E - sas vo - ces del ho - gar, Ya se can - san de lla - mar,
4. ¿No o - yes a Je - sús lla - mar? Que te di - ce que en desviar,

Te des - ví - as len - ta - men - te más y más; La ma-
Te des - ví - as len - ta - men - te más y más; De la
"Te des - ví - as len - ta - men - te más y más," ¡Oh, her-
Hay pe - li - gro, gran pe - li - gro más y más; Si per-

re - a lle - va - rá Tu bar-qui - lla más a - llá, Te des-
Ba - rra más a - llá, Tu bar-qui - lla pa - sa - rá, Te des-
ma - no, o - ye ya! E - sa voz te sal - va - rá, An - tes
sis - tes en va - gar, El no te po - drá sal - var, Y la

*rit. ad lib.*　　　　　　　　　　　　CORO. *rit.*

ví - as len - ta - men - te más y más. Te des - v - as
ví - as len - ta - men - te más y más.
que des - via - do se - as más y más.
muer - te se a - cer - ca más y más. Te des - ví - as más y

*a tempo. rit.*　　　　　　　　*a tempo.*

más,　　　más y más, En el pro - ce - lo - so mar,
más, más y más, más y más, más, más,

# ¿Te Desvías?

Te des-ví - as más, Del ca - ri - ño pa - ter-nal, A la
Te des-ví-as más y más, más,

muer-te tan fa-tal, Te des-ví-as len - ta-men-te más y más, (más y más.)

**280**

## Jesús, Yo Te Amo

*My Jesus, I Love Thee.*

J. N. de los Santos.    1 Juan 4:19.    A. J. Gordon.

1. Je - sús, yo te a - mo y tu - yo se - ré, Por ti los pla -
2. Pri - me - ro me a - mas - te y dis - te por mí, De san - gre pre -
3. En be - llas man-sio - nes, ce - les - tes, sin par, Tus glo - rias e -

ce - res del mun-do de - jé; Pues tú me re - di - mes, me
cio - so rau-dal car - me - sí; Con e - lla pa - gas - te mi
ter - nas yo he de can - tar; Tu gra - cia ben - di - ta se -

das sal - va - ción, Bo-rran-do mis cul - pas me dis - te per-dón.
gran trans-gre-sión, Bo-rran-do mis cul - pas me dis - te per-dón.
rá mi can - ción, Bo-rran-do mis cul - pas me dis - te per-dón.

# 281
## ¡Sé Un Héroe!
### Be a Hero.
### Dan. 1:1-21.

J. PALACIOS                                                 C. H. GABRIEL.

1. De la vi-da en el tur-bión, ¡Sé un hé-roe! En tu an-gus-tia y confusión; ¡Sé un hé-roe! Al-za in-tré-pi-do el pendón

D. S.—Id sol-da-dos a pe-le-ar

Y con no-ble ma-jes-tad Lu-cha en pro de la verdad,

Con in-dó-mi-to va-lor Has-ta el tri-un-fo con-

FINE. CORO.

¡Sé un hé-roe! ¡Sé un hé-roe! Ten con-fianza en ¡Sé un hé-roe!

quis-tar, ¡Sé un héroe!

2 Hay contrarios por doquier,
  ¡Sé un héroe!
Mas con Cristo ¿a qué temer?
  ¡Sé un héroe!
Batallando sin ceder,
Entre luz y obscuridad
Lucha fiel por la verdad,
  ¡Sé un héroe!

3 Si a tu hermano ves caer,
  ¡Sé un héroe!
Vive presto al bien hacer,
  ¡Sé un héroe!
Por Jesús es tu deber
Su palabra proclamar,
Sus bondades alabar,
  ¡Sé un héroe!

# ¡Sé Un Héroe!

D. S.

el Se-ñor, ¡Sé un hé - roe! El te am-pa-ra bienhechor

¡Sé un hé- roe!

**282**

## La Gracia

*God's Grace.*

H. C. BALL.    Tito 2:11.    RICHARD J. OLIVER.

1. La gra-cia de Dios re-ve-la -da,    En Cris-to Je-sús, mi Se-ñor;
2. La gra-cia de Dios es más dulce,    Que co - sas te-rres-tes a - quí;
3. Más al - ta que co-sa ce-les-te,    Más hondo que profundo mar;
4. ¡Oh, ven, gusta hoy de su gracia!    Sí ven, pronto tú la ten-drás;

Al mun-do per-di-do presenta,    De Dios su infini-to fa - vor.
En su vo-luntad es mi go-ce,    En pruebas su gracia en mí.
La fuen-te pe-ren-ne de bal-de,    Ya flu-ye—la debes pro-bar.
No hay fin de su e - fi-ca-cia,    En e - lla tú des-can-sa-rás.

CORO.

Gra - cia, gra - cia, me bas - ta la gra-cia de Dios—Je - sús;

*Despacio.*

Gra - cia, gra - cia, yo mi - ro Su gracia en Je - sús.

# 283

## En La Mañana

*The Eastern Gate.*

H. C. BALL        Heb. 11:10.        I. G. MARTIN

1. En el mundo la Iglesia, Peregrina ha de estar;
2. Nada aquí es permanente, Todo ha de terminar;
3. Las familias en la tierra, Se desunen al morir;
4. Con Jesús cual unos reyes, Pronto habremos de estar;

Anhelante ella espera, Su feliz, eterno hogar.
Mas miramos adelante, En el cielo nuestro hogar.
Mas esperan la mañana, En que se han de reunir.
Juntos, miles de millares, Con Jesús para morar.

**CORO.**

Nos veremos    nos veremos    Nos ve-
   pronto en gloria,      pronto en gloria,

remos en la tierra más allá; Nos veremos      nos ve-
     pronto en gloria,

remos      Junto al río cristalino más allá.
   pronto en gloria,

# 284

## Sigue Orando.

*Keep on Praying.*

J. N. DE LOS SANTOS.                Sant. 1: 5.                WM. J. KIRKPATRICK.

1. ¿De pe - sar es - tás ro - dea-do? ¿Tie-nes prue-bas  en ver-dad?
2. En las pe -nas, en el due-lo,  Que tu al - ma  su - fri - rá;
3. Al Se - ñor tu voz e - le - va,  Vé a Dios con gran fer - vor.
4. ¿Tar-da Dios en con -tes - tar - te? Si-gue o-ran-do  sin ce - sar;

¿De su - frir es - tás can - sa - do? ¿Ves que vie - ne tem-pes - tad?
En Je - sús ten-drás con -sue - lo, El tus pe - nas cal - ma - rá.
El de pe - nas te re - le - va Y mi - ti - ga  tu do - lor.
Pronto a-yu - da pue-de dar - te,  Tu o-ra-ción al  con - tes - tar.

**CORO.**

Si - gue o-ran - do,  si-gue o-ran-do, Aun-que ru - ja  tem-pes - tad:

El Se- ñor es - tá ve - lan-do,  Te da - rá  tran-qui - li - dad.

# 285 Allí Quiero Ir, ¿y Tú?

*I Want to go There.*

J. N. DE LOS SANTOS.　　　　Juan. 14: 1-3.　　　　REV. D. SULLINS.

1. Me di - cen que hay u - na be - lla ciu-dad, A - llí quie-ro
2. De per - las sus puer-tas, su mar de cris-tal, A - llí quie-ro
3. Y cuan-do na - ve-gue la Na - ve de Sión, A - llí quie-ro

ir, ¿y tú? En don-de es e - ter - na la fe - li - ci-dad, A-
ir, ¿y tú? Es Cris - to la luz del pa - ís ce -les-tial, A-
ir, ¿y tú? Al dar-se a la ve - la pa - ra e - sa man-sión A-

llí quie-ro ir, ¿y tú? Jesús las man-sio-nes nos fue a pre-pa-
llí quie-ro ir, ¿y tú? A - llí los que mo-ran ja - más mo-ri-
llí quie-ro ir, ¿y tú? Y cuan-do co-ro-nen a Cris - to tam-

rar. A - llí quie-ro ir, ¿y tú? A don - de la muer-te no
rán, A - llí quie-ro ir, ¿y tú? En don - de ter - mi - nan con
bién, A - llí quie-ro ir, ¿y tú? Y cuan-do los co - ros pro-

# Allí Quiero Ir, ¿y Tú?

Coro.

pue-de lle-gar, A - llí quie-ro ir, ¿y tú?    A - llí quie-ro ir,
go - jas y a - fán. A - llí quie-ro ir, ¿y tú?
nuncien: ¡Amén! A - llí quie-ro ir, ¿y tú?

1
a - llí quie-ro ir, A - llí quie-ro ir, ¿y tú?

2
llí quie-ro ir, ¿y tú?

**286**

# Sagrado Es El Amor

*Blest be the Tie.*

Juan Fawcett.    Gen. 31:49.    Hans George Naegell

1. Sa - gra - do es el a - mor Que nos ha u - ni - do a - quí,
2. A nues - tro Pa - dre Dios Ro - gue - mos con fer - vor,

A los que cree-mos del Se - ñor La voz que lla - ma a sí.
A - lúm - bre-nos la mis - ma luz, Nos u - na el mis-mo a-mor.

3 Nos vamos a ausentar,
  Mas nuestra firme unión
  Jamás podráse quebrantar,
  Por la separación.

4 Un día en la eternidad
  Nos hemos de reunir,
  Que Dios nos lo conceda, hará,
  El férvido pedir.

# Cristo Es El Todo

*Jesus is Dearer than All.*

S. D. ATHANS, TR.  Cantares 2:1.  GEO. BENNARD.

1. Es Je - su Cris-to mi to-do, gra-to es can-tar su lo - or,
2. Cris-to es el li - rio del va-lle, la ro - sa es de Sa - rón,
3. Cris-to na - ció en un pe-se-bre, la a-mar-ga co - pa be - bió,

¡Oh cuán su - bli-me e in - fi - ni-to es su di - vi - no a - mor!
Cris-to es el as-tro es-plen-den-te la ro - ca de sal - va - ción;
Cual i - no-cen-te cor - de - ro en el Cal - va - rio mu - rió;

Cuan-do me vio e - rra-bun - do, cual hi - jo pró - di - go,
El es la fuen-te de vi - da, y go - zo e - ter - nal,
Re - su - ci - tó de la tum - ba, y al cie - lo as - cen - dió,

Vi-no a bus-car y a sal-var-me, a su re - dil me lle - vó.
Ya sa - tis - fi - zo mi al - ma con el ma - ná ce - les - tial.
Mas pron-to vie-ne en glo-ria, es - ta pro - me - sa nos dio.

# Cristo Es El Todo

# Unos Sí, Otros No

T. M. WESTRUP.                    Mat. 25: 1-14.                    JAMES McGRANAHAN.

1. Fran-cas las puer-tas en-con-tra-rán, U-nos sí; o-tros no;
2. Fie-les dis-cí-pu-los de Je-sús, U-nos sí; o-tros no:
3. Lle-gan a tiem-po, pa-san-do bien, U-nos sí; o-tros no;
4. Son he-re-de-ros del por-ve-nir, U-nos sí; o-tros no;

De al-guien las glo-rias sin fin se-rán; ¿Y tú? ¿Y yo?
Lo-gran co-ro-na en vez de cruz; ¿Y tú? ¿Y yo?
Es-tos las puer-tas ce-rra-das ven; ¿Y tú? ¿Y yo?
Los que pro-cu-ran por Dios vi-vir; ¿Y tú? ¿Y yo?

Ca-lles de o-ro, mar de cris-tal, Ple-no re-po-so, per-
Mo-re el Rey en glo-rio-sa luz, Con él no pue-de ha-
Cie-gos y sor-dos hoy na-da creen; Tar-de la-men-ta-rán
Cuan-do con-clu-ya la du-ra lid, En com-pa-ñí-a del

fec-to a-mor; U-nos ten-drán ce-les-tial ho-gar; ¿Y tú? ¿Y yo?
ber do-lor; De alguien es esta be-a-ti-tud; ¿Y tú? ¿Y yo?
tal e-rror; El que des-de-ñan se-rá su juez; ¿Y tú? ¿Y yo?
Sal-va-dor, Al-guien será sin ce-sar fe-liz; ¿Y tú? ¿Y yo?

# Mi Rey y Mi Amigo

Apoc. 1: 5, 6.

V. MENDOZA.

*Moderato con expression.*

1. Je-sús es mi Rey so-be-ra-no, Mi go-zo es can-
2. Je-sús es mi a-mi-go an-he-la-do, Y en som-bras o en
3. Se-ñor, ¿qué pu-die-ra yo dar-te Por tan-ta bon-

tar su lo-or; Es Rey y me ve cual her-ma-no,
luz siem-pre va Pa-cien-te y hu-mil-de a mi la-do
dad pa-ra mí? ¿Me bas-ta ser-vir-te y a-mar-te?

Es Rey y me im-par-te su a-mor, De-jan-do su
Su a-yu-da y con-sue-lo me da; Por e-so con-
¿Es to-do en-tre-gar-me yo a ti? En-ton-ces, a-

tro-no de glo-ria Me vi-no a sa-car de la es-co-ria,
stan-te lo si-go, Por-que él es mi Rey y mi A-mi-go,
cep-ta mi vi-da Que a ti só-lo que-da ren-di-da,

¡Y yo soy fe-liz, Y yo soy fe-liz con él!
¡Y yo soy fe-liz, Y yo soy fe-liz con él!
¡Pues yo soy fe-liz, Pues yo soy fe-liz por ti!

# 290 Sólo Cristo

H. C. BALL.      *Jesus Only.*      MRS. MINNIE A. STEELE.

1. Yo ha-llé un fiel a-mi-go pa-ra siem-pre, Más que her-
2. De Sa-rón él es la Ro-sa tan fra-gan-te, Y del
3. Es Je-sús be-nig-no, tier-no, com-pa-si-vo, Len-to en

ma-no, pa-dre o ma-dre es él; Más que pla-ta, o que o-ro,
va-lle el li-rio pu-ro es él; En el al-ma que-bran-ta-da y
i-ra, gran-de en per-do-nar; El le-van-ta con a-mor al

o que co-bre, Es de to-dos Je-su-Cris-to el más fiel.
tan tris-te, Sus o-lo-res de a-mor ex-ha-la él.
a-ba-ti-do, Só-lo sa-be Je-su-Cris-to có-mo a-mar.

**CORO.**

Só-lo Cris-to, Só-lo Cris-to, Es el
Só-lo Cris-to, Só-lo Cris-to,

li-rio de los va-lles, mi Je-sús; Só-lo Cris-to, Só-lo
Só-lo Cris-to,

## Sólo Cristo

Cris-to,    Es el li-rio de los va-lles, mi Je-sús.

Só-lo Cris-to,

## 291    Hogar Celestial

*Home, Sweet Home.*
Gen. 3: 19, 21.                    HENRY ROWLEY BISHOP.

1. { Ve-nid, pe-ca-do-res,    que Dios por su a-mor
     { Al cie-lo nos lla-ma,    que es pa-tria (*Omit.*) }

me-jor; Do nun-ca la au-ro-ra per-dió    su ful-gor:

Do bri-lla la glo-ria del Dios Cre-a-dor. ¡Oh sí, ve-

nid, ve-nid! Al cie-lo nos lla-ma, que es pa-tria me-jor.

2 Dejemos, hermanos, aparte el dolor;
Que arriba en los cielos el mundo cantor
De espíritus puros, proclama Señor
A Cristo Dios hombre, el gran Redentor.
¡Oh sí, venid, venid!
Allí son eternos la paz y el amor.

3 Trabajas y sufres aquí, pecador;
El pan que tú comes tendrás con sudor:
Mas Dios te reserva por suerte mejor
Primicias celestes de eterno valor.
¡Oh sí, venid, venid!
El cielo es del alma la patria mejor.

# El Me Sostendrá

V. MENDOZA.  *He Will Hold Me Fast.*  ROBERT HARKNESS.

1. Si en la fe fla-co yo fue-re, El me sos-ten-drá;
2. Nun-ca yo po-dré ser fir-me, Con tan dé-bil fe;
3. Son su go-zo y com-pla-cen-cia, Cuán-tos él sal-vó,
4. El no qui-so ver per-di-da, Mi al-ma en la mal-dad:

Y si el mal me a-me-na-za-re, El me sos-ten-drá.
Mas él pue-de di-ri-gir-me Y él me sos-ten-drá.
Y al sal-var-me su cle-men-cia él me sos-ten-drá.
Dio su san-gre por mi vi-da, Y él me sos-ten-drá.

*rall.*

Coro. *a tempo.*

El me sos-ten-drá, El me sos-ten-drá;
sos-ten-drá, sos-ten-drá,

*rall.*

Mi Je-sús que tan-to me a-ma, El me sos-ten-drá.

# 293 Pon Tu Carga en Jesús

J. N. de los SANTOS.  *Help Somebody To-day.*  CHAS. H. GABRIEL.

1. En Je - su - cris-to con-fí - a no más, Pon tu car-ga en Je-sús;
2. Paz re - den-to - ra tu al - ma ten - drá, Pon tu car-ga en Je-sús;
3. De los con-flic - tos no hu- yas ja - más, Pon tu car-ga en Je-sús;
4. ¿Ma-les te a - sal-tan do-quier, pe - ca -dor? Pon tu car-ga en Je-sús;
5. Cris-to po - drá di - si-par tu te - mor, Pon tu car-ga en Je-sús;

Paz y so - co - rro de él ob - ten-drás, Pon tu car-ga en Je - sús.
De in-quie-tu - des te li - ber - ta - rá, Pon tu car-ga en Je - sús.
En el de- sier - to no bus-ques la paz, Pon tu car-ga en Je - sús.
¿Vas ya can - sa - do de pe - na y do -lor? Pon tu car-ga en Je - sús.
A los de - vo - tos les da gran va - lor, Pon tu car-ga en Je - sús.

CORO.

Pon tu car-ga en Je -sús,  Y dí - le tu cruel do - lor;.... En
Je-sús,  tu do-lor;

Cris-to tu A-migo; Tendrás un a - bri-go, ¡Oh, pon tu car-ga en Je-sús!

# 294 Hay Un Canto Nuevo En Mi Ser

*He Keeps Me Singing.*

H. COTTO REYES. REV. POR H. C. B.  Ef. 3: 14, 15.  L. B. BRIDGERS.

1. Hay un can-to nue-vo en mi ser, Es la voz de mi Je - sús,
2. Náu-fra-go en pe-ca-do me en-con tré, Sin paz en mi co - ra - zón;
3. Ten-go de su gra-cia ce-les-tial, Ba-jo sus a-las de a-mor,
4. Por las a-guas hon-das me lle-vó, Prue-bas en mi sen-da ha-llé,
5. Cris-to en las nu-bes vol-ve-rá, Ba-jo el be-llo cie-lo a-zul,

Que me dice: "Ven a des-can-sar, Tu paz con-quis té en la cruz."
Mas en Cris-to mi Se - ñor ha-llé, Dul-ce paz y pro-tec-ción.
Ri - que-zas que flu-yen a rau-dal, Des-de el tro-no del Se-ñor.
Por ás-pe-ro sen-de-ro me gui - ó: Mas sus hue-llas se-gui-ré.
El en-ton-ces mi al-ma lle-va - rá, A vi - vir en glo-ria y luz.

CORO.

Cris - to, Cris - to, Cris - to, Nom-bre sin i - gual;

Lle - na siem - pre mi al - ma, De e-sa no - ta ce - les-tial.

## 295 Jesús Pronto Volverá

*They Come.*

H. C. BALL.    Apoc. 7: 9.    RUSSELL DeKOVEN.

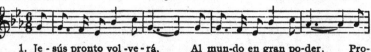

1. Je - sús pronto vol -ve- rá,    Al mun-do en gran po-der,    Pro-
2. Cuan-do Cris-to vol-ve- rá,    El pue-blo que le a - mó,    No
3. Del nor- te, del sur ven-drán,    De Chi - na, del A - fri-ca,    Los

CORO.—Muy pron-to Je-sús ven-drá,    El vie - ne no tar - da -rá;    El

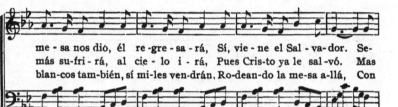

me - sa nos dió, él re-gre - sa - rá, Sí, vie - ne el Sal - va - dor. Se-
más su-fri - rá, al cie - lo i - rá, Pues Cris-to ya le sal -vó. Mas
blan-cos tam-bién, sí mi-les ven-drán, Ro-dean-do la me-sa a-llá, Con

ha de ve - nir, él des-cen-de- rá Del cie - lo, el Rey ven-drá. Des-

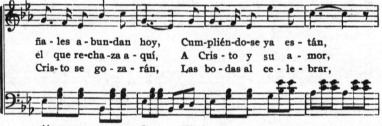

ña - les a - bun-dan hoy,    Cum-plién-do-se ya es - tán,
el que re-cha-za a - quí,    A Cris - to y su a - mor,
Cris-to se go - za - rán,    Las bo-das al ce - le - brar,

piér-ta-te pe - ca - dor,    El tiem- po es cor - to ya,

FINE.

Por su gra - cia lis - to es - toy, Le es-pe - ro sin más a - fán.
Su-fri - rá por siem-pre a-llí, Ti - nie-blas y gran do - lor.
Y ja - más se can - sa-rán, De a-quel tan fe - liz ho - gar.

Vie - ne pron-to el Sal - va - dor, No sa - bes cuan-do se - rá.

© copyright 1945. Renewal. O. M. Knutson owner.

# 296 Comprado Con Sangre Por Cristo

*Redeemed.*

J. RIOS Y W. C. BRAND, R. by H. C. B.   Sal 27: 4.          WM. J. KIRKPATRICK.

1. Com-pra-do con sangre por Cristo, Con go-zo al cie-lo yo voy;
2. Soy li-bre de pe-na y cul-pa, Su go-zo él me ha-ce sen-tir,
3. En Cris-to yo siem-pre me-di-to, Y nun-ca le pue-do ol-vi-dar;
4. Se - gu-ro sé que la be - lle - za, Del gran Rey yo voy a mi - rar;
5. Yo sé que me es-pe-ra co-ro - na, La cual a los fie-les da - rá

Li - bra-do por gra-cia in-fi-ni - ta, Ya sé que Su hi-jo yo soy.
El lle-na de gra-cia mi al - ma, Con él es tan dul-ce vi - vir.
Ca-llar sus fa-vo-res no quie-ro, Voy siem-pre a Je-sús a-la - bar.
A - ho - ra me guar-da y me guí-a, Y siem-pre me quie-re a-yu-dar.
Je - sús Sal-va-dor; en el cie - lo Mi al-ma con él es- ta - rá.

**CORO.**

Lo sé,        Lo sé,        Com-pra-do con san-gre yo soy;
    Lo sé,            Lo sé,

Lo sé,        Lo sé,        Con Cris-to al cie-lo yo voy.
    Lo sé,            Lo sé,

**297**

## ¡Oh, Sí, Quiero Verle!

*O I Want to See Him.*

H. C. BALL.    I Juan 3: 2.    R. H. CORNELIUS.

1. Voy fe-liz al dul-ce ho-gar, por fe en Je-sús, Y lu-chan-do
a tra-er, al-mas a la luz; Dar-dos en-cen-di-dos mil
vie-nen con-tra mí, Mas yo sé, por la fe, ven-ce-ré a-quí.

2. En las o-las del tur-bión Cris-to guar-da-rá, Mi bar-qui-lla,
y guia-rá has-ta el puer-to a-llá; Yo tran-qui-lo pue-do es-tar
mi pi-lo-to es él, Es mi Rey, ten-go fe, sé que él es fiel.

3. En ser-vir al Sal-va-dor por los va-lles voy, Don-de mu-chas
som-bras hay, más se-gu-ro es-toy; Mu-chos triun-fos ob-ten-dré,
nun-ca fal-ta-rá, Mi Je-sús, es la luz, él me sos-ten-drá.

**FINE.**

*D. S.*—Ya pa-só to-do a-fán, to-do mi pe-sar.

**CORO.**

¡Oh sí, quiero ver-le, ver al Sal-va-dor, Quie-ro ver su ros-tro

*D. S.*

lle-no de a-mor! En a-quel gran dí-a yo he de can-tar,

**298**     **Estad por Cristo Firmes**

*Stand up for Jesus.*

ARREGLADO POR H. C. BALL.     Gal. 5:1.     ADAM GEIBEL.

1. ¡Es - tad por Cris - to fir - mes, Sol - da - tos de la cruz!
2. ¡Es - tad por Cris - to fir - mes! Os lla - ma a la lid;
3. ¡Es - tad por Cris - to fir - mes! Las fuer - zas son de él;

Al - zad hoy la ban - de - ra En nom - bre de Je - sús.
¡Con él, pues a la lu - cha, Sol - da - dos to - dos, id!
El bra - zo de - los hom - bres Es dé - bil y es in - fiel.

Es nues - tra la vic - to - ria, Con él por ca - pi - tán
Pro - bad que sois va - lien - tes, Lu - chan - do con - tra el mal;
Ves - tí - os la ar - ma - du - ra, Ve - lad en o - ra - ción,

*rit.*

Por él se - rán ven - ci - das Las hues - tes de Sa - tán.
Es fuer - te el e - ne - mi - go, Mas Cris - to es sin i - gual.
De - be - res y pe - li - gros, De - man - dan gran te - són.

CORO.

Es - tad hoy fir - mes, Sol - da - dos de la cruz, Al -
Es - tad,

# Estad por Cristo Firmes

zad hoy la ban-de - ra, Al-zad-la, en nom-bre de Je - sús.

**299**     ## Cristo, Tu Santo Amor

*Something for Jesus.*

H. C. BALL.     Sal. 84: 10.     ROBERT LOWRY

1. Cris - to, tu san - to a-mor, Dis - te a mí;    Na - da a
2. An - te el tro - no es-toy, Rue - gas por mí,    Cris-to, al
3. Un co - ra - zón de a-mor, Quie - ro Je - sús,    Co-mo el tu-
4. Lo que yo ten - go y soy, Por tu fa - vor,    A - le - gre o

ti, Se-ñor, Te nie-go a-quí. Me pos-tro en gra-ti-tud, Cum-plo con
Pa- dre voy, Só - lo por ti. La cruz po-dré lle-var, Tu a-mor ya
yo, Se-ñor, Lle - no de luz; A ti po-der ser-vir, El tiem-po
tris- te voy, Tu - yo, Se-ñor. Tu ros-tro yo ve-ré, Con - ti - go

pron - ti - tud, Me o-bli-ga tu ac - ti - tud, Me rin-do a tí.
pro - cla-mar, Un can - to dul-ce al-zar, Al - go por ti.
re - di - mir, Las al - mas di - ri - gir, Al - go por ti.
es - ta-ré, Y siem - pre yo se - ré, Al - go por tí.

## 300 Id a la Mies

*Gathering Beautiful Sheaves.*

H. C. BALL.          Luc. 10: 2.          J. H. MAY.

1. ¡A los cam-pos a se - gar, ved - los blan - cos, blan-cos ya!
2. En el va - lle, mon - te o mar el Se - ñor os man-da ya,
3. Can - ta - re - mos con fer - vor del a - mor del Sal - va - dor,

¡Id - os a - llá!          ¡Id - os a - llá!
A co - se-char,          ¡Id - os a - llá!
El nos man-dó          a su la - bor,
                pres-to id - os a - llá,          pres-to id - os a - llá,
                To-dos a co - se-char          To - dos id - os a - llá!
                Sí, Je - sús nos man-dó,          a su san-ta la-bor,

To do el dí - a tra - ba - jad, só - lo de Je - sús ha-blad,
La co - se-cha al - mas son que Je - sús quie-re sal - var,
Pron-to lle - ga - rá el fin, so - na - rá el gran cla - rín,

*D. S.*—El a - mor del Sal - va - dor os com-pe - le a la la - bor

*FINE.*

¡Id a la mies,          id, pre - di-cad!
Id - os a - llá,          a co - se-char.
El nos da - rá,          vi - da sin fin.
                ¡Id pres - to a la mies!          sí, siem-pre pre-di-cad,
                ¡Pres-to id - os a - llá,          To-dos a co - se-char.
                Sí, Je - sús nos da - rá,          nue - va vi - da sin fin.

Sin de mo - rar (Sin más de mo-rar) Id con va-lor.(Id con gran valor.)

# Id a la Mies

**Coro.**

¡Id a la mies!  ¡Id a la mies!
¡Id pres-to a-la mies!  ¡Id pres-to a la mies!

*D. S.*

¡Id a la mies!  ¡Id a la mies!
¡Id pres-to a la mies!  ¡Id pres-to a la mies!

---

**301**  ## Oigo La Voz del Buen Pastor

*Bring Them In.*

PEDRO GRADO.  Rom. 10: 15.  W. A. OGDEN.

1. Oi - go la voz del Buen Pas-tor, En es-pan-to-sa so-le-dad;
2. ¿Quién a-yu-dar quie-re a Je-sús, A los per-di-dos a bus-car?
3. Tris-te de-sier-to el mun-do es Ro-dea-do de pe-li-gros mil;

Lla-ma al cor-de-ro, que en te-mor, Vaga en la den-sa obscuridad.
Di-fun-da por do-quier la luz, Del E-van-ge-lio a pre-di-car.
Ven, di-ce Cris-to, a la mies, Trae mis o-ve-jas al re-dil,

**Coro.**

$\left\{\begin{array}{l}\text{Lla-ma aún, con bon-dad, Quie-re dar-te li-ber-tad;}\\ \text{Ven a mí, con a-mor, Di-ce Cris-to el Sal-}\end{array}\right\}$ va-dor.

**302**

# ¡Camaradas!

### (Hold the Fort)

J. B. CABRERA.

P. P. BLISS.

1. ¡Ca - ma - ra - das! en los cie - los Ved la en-se - ña ya;

Hay re - fuer - zos: nues-tro el triun - fo, No du-déis, se - rá.

"¡Es - tad fir - mes; yo voy pron - to!" Cla-ma el Sal - va -dor.

Sí, es - ta - re - mos por tu gra - cia Fir - mes con vi - gor.

2 Nada importa nos asedien
   Con rugiente afán
Las legiones aguerridas
   Que ordenó Satán.
No os arredre su coraje;
   Ved en derredor
Cómo caen los valientes
   Casi sin valor.

3 Tremolando se divisa
   El marcial pendón,
Y se escucha de las trompas
   El guerrero son.

En el nombre del que viene
   Fuerte Capitán,
Rotos nuestros enemigos
   Todos quedarán.

4 Sin descanso ruda sigue
   La furiosa lid;
¡Sus, amigos! ya cercano
   Ved nuestro Adalid:
Viene el Cristo con potencia
   A salvar su grey;
Camaradas, ¡alegría!
   ¡Viva nuestro Rey!

# 303  De La Iglesia

J. B. CABRERA.

H. P. MAIN.

1. De la I-gle-sia el fun-da-men-to Es Je-sús el Sal-va-dor;

Por el a-gua y la pa-la-bra Le dio vi-da su Se-ñor:

Pa-ra ha-cer-la es-po-sa qui-so De los cie-los des-cen-der,

Y su san-gre por lim-piar-la En la ho-rri-ble cruz ver-ter.

2  De entre todas las naciones
Escogida en variedad,
A través de las edades
Se presenta en unidad;
  Y los títulos que ostenta
Son, tener sólo un Señor,
Una fe y un nacimiento,
Un constante y puro amor.

3  Sólo un nombre ella bendice,
Participa de un manjar,
La consuela una esperanza,
Y en la cruz tiene su altar;
  Por el celo que la anima
De las almas corre en pos,
Y ambiciona por la gracia
Conducirlas hasta Dios.

4  Aunque el mundo, combatida
Del error por el vaivén
Y de cismas desgarrada,
La comtemple con desdén;
  En vigilia están los santos,
Y jamás cesan de orar:
Lo que es hoy tristeza, pronto
Será júbilo y cantar.

5  A través de sufrimientos
Y fatigas y dolor,
El glorioso día espera
En que vuelva su Señor:
  Consumada y plena entonces
Su carrera y su salud.
Entrará libre y triunfante
En la eterna beatitud.

# Jerusalem Celeste

J. B. CABRERA.

By per. of W. H. DOANE.

1. Je - ru - sa - lem ce - les - te, Vi- sión de paz di - cho - sa,

De Cris - to san-ta es - po - sa, Ra-dian-te de es - plen-dor,

Tu fá - bri-ca es di - vi - na, Son vi - vos tus si - lla - res,

Y de án - ge - les mi - lla - res Te ci - ñen en re - dor.

2 Ciudad del Rey eterno,
De perlas son tus puertas,
Continuamente abiertas
Al mísero mortal;
Y en tu recinto moran
Los que por fe se elevan
Y el sello augusto llevan
Del Verbo celestial.

3 Felices moradores
En ti perenne canto
Profieren al Dios santo,
Que de ellos se apiadó;

Y honor y gloria entonan
Al ínclito Cordero,
Que amante en el madero
Por ellos se inmoló.

4 Al mismo Cristo amamos,
Y al mismo Dios servimos,
Los que por fe vivimos,
Ansiando a ti volar;
Y pronto gozaremos,
Pasando tus umbrales,
Las dichas eternales
Del suspirado hogar.

# Llegaremos al hogar

VICENTE MENDOZA.

W. H. DOANE.

1. Llegaremos al hogar Que Jesús preparó, Donde irán a descansar Los que aquí redimió. Llamaremos sin temor Ya la puerta él estará; Con ternura y con amor Bienvenida dará. ¡Un hogar Dios nos da,

CORO.

¡Un hogar sí, Dios nos da, Y en su seno el alma fiel Sin temor vivirá!

2 Vuestro hogar aquí no está,
  Cuando véis en redor,
A la nada volverá
  A la voz del Señor.
Este mundo de maldad
Con su fausto y su placer,
Con su orgullo y vanidad,
  Lo veréis perecer.

3 No lloréis por el que fue
  Con Jesús a vivir,
Esperad teniendo fe,
  Pronto a él vais a ir.
Junto al trono de Jesús
A los vuestos hallaréis,
Y viviendo en gracia y luz
  ¡ Nunca "adiós" les diréis!

# 306 Jubilosas Nuestras Voces

*Blow the Trumpet.*

F. S. MONTELONGO.

WM. J. KIRKPATRICK.

1. Ju - bi - lo-sas nues-tras vo - ces   E - le - ve-mos con fer-vor,
2. Bien - ve - ni-dos los cam-peo - nes   De   la  fe  y  la  ver-dad,
3. Bien - ve - ni-dos los sol - da - dos   De   las hues-tes de Je - sús,
4. U - no só-lo es nues-tro an-he-lo   Tra - ba - ja-mos con te - són,

Pa - ra dar la bien-ve - ni - da   A   los sier-vos del Se - ñor.
A quien nues-tros co -ra - zo - nes   Hoy les brin-dan su a-mis-tad.
Los que lu-chan de -no - da - dos   Por el triun-fo de  la luz.
Por ha-cer que el Rey del cie - lo   Rei-ne en ca-da co - ra-zón.

**CORO.**

¡Bien  ve-ni-dos! ¡Bien-ve - ni - dos!  A - da-li-des de Je-ho-vá;

Pa - ra-bie-nes no fin - gi - dos  La con-gre-ga-ción os  dá.

## 307     ¡Gloriosa Paz!

*Wonderful Peace.*

S. D. ATHANS.        Fil. 4: 7.        HALDOR LILLENAS.

1. Vi - ne a Cris - to Je - sús y en-con -tré, Glo - rio - sa paz,
2. Paz in - son - da - ble cual es el mar, Glo - rio - sa paz,
3. Paz i - ne - fa - ble, de Dios ri - co don, Glo - rio - sa paz,
4. En los con - flic - tos con el ten - ta - dor, Glo - rio - sa paz,

per - fec - ta paz; Aun-que las o - las a - zo - ten mi
per - fec - ta paz; Pue-do en el se - no de Dios re - po-
per - fec - ta paz; In - fun - de a-lien - to en mi co - ra-
per - fec - ta paz; Cris - to a - man - te me ha - rá ven - ce-

CORO.

ser, ten - go dul - ce paz.
sar, ten - go dul - ce paz.   ¡Paz, paz, glo - rio - sa paz!
zón, ten - go dul - ce paz.
dor, ten - go dul - ce paz.

¡Paz, paz, per - fec - ta paz! Des - de que Cris - to mi

al - ma sal - vó, Ten - go dul - ce paz..........

# 308
# La Cruz De Jesús

G. B.
*The Old Rugged Cross.*

S. D. Athans, Tr.          Gal. 6: 14.          Rev. Geo. Bennard.

1. En el mon - te Cal - va - rio es-ta-ba u-na cruz, Em - ble-ma de a-
2. Y aunque el mundo des pre-cie la cruz de Je - sús Pa - ra mí  tie-ne
3. En la cruz de Je - sús do su san-gre ver-tió, Her-mo-su - ra con-
4. Yo se - ré siempre fiel a la cruz de Je - sús, Sus des-pre-cios con

fren-ta y do - lor, Mas yo a - mo e-sa cruz do mu-rió mi Je - sús
suma a - trac-ción: Pues en e - lla lle-vó el cor-de - ro de Dios
tem-plo sin par; Pues en e - lla triunfante a la muer-te ven-ció,
él lle-va - ré, Y al-gún dí - a fe - liz con los san-tos en luz

**Coro.**

Por sal-var al más vil pe - ca - dor.
De mi al - ma la con - de - na - ción. ¡Oh! yo siempre ama-ré e-sa
Y mi ser pue-de san - ti - fi - car.
Pa - ra siempre su glo - ria ve - ré.                              a - ma-

cruz,...... En sus triun-fos mi glo-ria se - rá; Y al-gún dí - a en
ré e - sa cruz,

vez de u-na cruz,........ Mi co-ro-na Je - sús me da - rá.
sí,       en vez de u-na cruz,

# 309 Ven A Cristo

**E. N.**
**J. Falcon.**
**S. D. Athans, Tr.**

*Why Not Now?*

Matt. 11: 28.

C. C. Case.

1. Mientras or - o y mientras rue-go, Mientras sien-tes con -vic - ción,
2. Has va-gado en es - te mun-do, Sin tranqui - li - dad, sin paz,
3. Si en tu vida has fra - ca - sa-do, Y tu al - ma triste es - tá,
4. Ven a Cris - to, él te es-pe - ra No te tar-des, pe - ca - dor,

Mientras Dios de-rrama el fue - go, Ven, a-migo a Cris - to, ven.
Vuelve a Dios y en él con-fian-do Sal - vo y fe - liz se - rás.
Cree en Cris-to y tu pe - ca - do Hoy él mis-mo bo - rra - rá.
En sus bra - zos él qui-sie - ra Re - ci - bir-te con a - mor.

CORO.

Ven a él,.... ven a él...... Da - le hoy tu co - ra - zón;
ven a él, ven a él,

Ven a él,.... ven a él,... Da - le hoy tu co - ra - zón.
ven a él, ven a él,

## 310 Unidos En Cristo

C. E. BALLESTEROS.   Juan 17: 17-26.   W. STILLMAN MARTIN.

*Unisono*

1. Fa - lan - ges cris - tia - nas, al fren - te a - van - zad,    Ba - tid con de-
2. Contemplad cris - tia - nos, e - sa agi - ta - ción    De la vida hu-
3. La Igle - sia cris - tia - na só - lo un cuerpo es;    U - na fe, un bau-
4. A nuestra ple - ga - ria huye el ten - ta - dor.    El a - ver - no

nue - do las hor - das del mal;    El san - to e - van - ge - lio
ma - na sin un Sal - va - dor;    Tur - bas i - rre - den - tas
tis - mo, un só - lo Se - ñor;    Y debe el men - sa - je
tiem - bla, lle - no de pa - vor;    ¡Glo - ria a Dios! her - man - os,

con fe pro - cla - mad,    De paz y jus - ti - cia
en gran con - fu - sión,    Gi - men ba - jo el yu - go
del mun - do a tra - vés,    Lle - var sin pre - jui - cios
¡Lo - ad al Se - ñor!    Nues - tra es la vic - to - ria,

**CORO. A. S. SULLIVAN.**

de amor y ver - dad.
fé - rreo del e - rror. Res - ca - tad las al - mas que va-
u - ni - da en a - mor.
no haya más te - mor.

gan - do van.    Sin Dios ni espe - ran - za pre - sas de Sa - tán.

**311**   ## Yo Sé Que Cristo Me Ama

*How Can I Help But Love Him?*

S. D. ATHANS.                    1 Juan 4: 19.                    ELTON M. ROTH.

1. De tal ma - nera mi Jesús me amó, Que al mundo descen-dió,
2. Yo des -pre - ciaba su gracia y bondad, Viviendo en per-di-ción,
3. Dicha in-de - cible y consuelo sin par, En-cuentro yo en él;
4. Ya es mi anhe-lo vi- vir por Je-sús, Y hacer su vo-lun - tad;

Por mis pe-cados y culpas murió, Tan grande fue su a - mor.
Mas con ter -nura y paciencia Je-sús Vino a mi co - ra - zón.
Es mi de - licia su nombre ala-bar, Y en to - do ser - le fiel.
El me conduce por sen-das de luz, Re-poso a mi al -ma da.

CORO.

Yo sé que Cris - to me a - ma Con pro-fun - do a - mor,

*Más lento.*                    *ff*

Yo también quiero a-mar - le Con sin - cero a - mor.

# La Paz Que Cristo Da

*The Abiding Place in Jesus.*

S. D ATHANS, Tr      Juan 14: 27.      F. M. LEHMAN.

1. ¿Has ha-lla-do la paz de Je-su-cris-to? ¿Perma-ne-ces en la
ver-da-de-ra Vid? ¿Tienes go-zo cual nun-ca da el mun-do? ¿E-res
siempre vic-to-rio-so en la lid?

2. ¿Tie-nes la fe que nunca, nun-ca fal-ta Cuando ruge en de-rre-
dor la tempestad? ¿E-res tú vic-to-rioso en tus con-flic-tos, Cuando el
ten-ta-dor te quiere a-sal-tar?

3. ¿An-das tú con Je-sús en es-ta vi-da En la her-mo-su-ra
de la san-ti-dad? ¿Go-zas tú las ri-que-zas de su gra-cia, Dan-do
loor a la di-vi-na Tri-ni-dad?

4. Hay lu-gar pa-ra ti en su pre-sen-cia, Don-de pue-des su be-
lle-za contemplar. Al que anda en la luz ha pro-me-ti-do Dar-le
su Es-pí-ri-tu Con-so-la-dor.

**CORO.**

¿Has hallado la paz de Jesu-cris-to? ¿Perma-ne-ces en la ver-da-de-ra Vid? Tu confianza en Cristo pon en el si-tio de o-ra-ción. La vic-to-ria te a-se-gu-ra en la lid.

# 313      Abre Mis Ojos A La Luz

*Open Mine Eyes, That I May See.*

S. D. ATHANS.      Lucas 10:39, 42.      CHARLES H. SCOTT.

1. A-bre mis o - jos a la luz, Tu ros-tro quie - ro ver, Je-sús;
2. A-bre mi o-ído a tu ver-dad, Yo quie-ro oír con cla - ri-dad;
3. A-bre mis la-bios para ha-blar, Y a todo el mun - do pro-cla-mar
4. A-bre mi men-te pa - ra ver Más de tu a-mor y gran po-der;
5. A-bre las puertas que al entrar En el pa - la - cio ce - les-tial,

Pon en mi co - ra - zón tu bon-dad, Y da - me paz y
Be - llas pa - la - bras de dul-ce a - mor, ¡Oh mi ben-di - to
Que tú vi - nis - te a res-ca - tar Al más per - di - do
Da - me tu gra - cia pa - ra triunfar, Y hazme en la lu - cha
Pue - da tu dul - ce faz con-tem-plar Por to - da la e-

san - ti-dad. Humil-demente a-cudo a ti. Porque tu tier-na
Sal - va-dor! Consagro a ti mi frá - gil ser. Tu vo-luntad yo
pe - ca-dor. La mies es mu - cha, ¡oh, Se-ñor! O-bre-ros fal-tan
ven - ce-dor. Sé tú mi escon-de - de - ro fiel, Y aumenta mi va-
ter - ni-dad. Y cuan-do en tu presen-cia es-té, Tu santo nombre a-

voz oí; Mi guí-a sé, Es-pí - ri - tu Con-so - la-dor.
quiero hacer. Lle-na mi ser, Es-pí - ri - tu Con-so - la-dor.
de va-lor; Heme a - quí, Es-pí - ri - tu Con-so - la-dor.
lor y fe; Mi mano ten, Es-pí - ri - tu Con-so - la-dor.
la - ba-ré; Mo-ra en mí, Es-pí - ri - tu Con-so - la-dor.

**314**

# Es El Tiempo De La Siega

*Reapers Are Needed.*
Matt. 9: 36-38.

CHAS. H. GABRIEL.

1. Es el tiem-po de la siega y tú sin va-ci-lar, De-cla-rando
2. Las ga - villas que re -co - jas, jo-yas de esplendor, Bri-lla-rán en
3. Va pa - san-do la ma-ña - na, y nun-ca vol-ve-rá, Pronto el tiempo

con hol-gu-ra "no hay que tra-bajar," Mientras tan-to que el Maestro
la co - ro - na que dará el Se -ñor. Bus - ca pronto eternas joyas,
de la siega a - quí ter-mi-na - rá, Te hallarás al fin va-cí - o

te vuelve a lla-mar, Jo - ven, jo - ven, Ven tra-ba - ja ya.
Dios es pre-mia-dor. Jo - ven, jo - ven, Ven tra-ba - ja ya.
an - te tu Creador. Jo - ven, jo - ven, Ven tra-ba - ja ya.

**CORO.**

Ven, y ve los cam-pos blan - cos, como es - tán
Ven, y ve los cam - pos, blan-cos ya es-tán los campos

Ven, y ve los cam - pos blan - cos

A - guar - dan -do ma-nos que los se - ga - rán.
A-guar-dan-do ma - nos que los se - ga - rán. ¡Oh, joven!

¿Quién? ¡oh! ¿quién los se - ga - rá? ¡Oh

# Es El Tiempo De La Siega

Jo-ven, ¡des-pier-ta! Haz-lo pronto y a-ler-ta, Sé el pri-me-ro en de-

cirle "he-me a - quí, Se - ñor." Por do-quier se
"he-me a - quí, sí, he-me a-quí." Por do-quier se incli-

¡res-pon-de! Por - do - quier

incli-na la ma - du - ra mies Que las au-ras mueven,
na la ma - du - ra mies, ved la mies Que las au-ras mue-ven,

se in - cli - na la ma - du - ra mies, ¡oh,

y ¡qué be - lla es! Jo - ven, ¡des-pier-ta! haz - lo
y ¡qué be - lla es! ¡Oh jo-ven!

qué be - lla es!

pronto y a-ler-ta, Po-cos dí - as hay que restan para el se - ga-dor.

# 315 A La Siega Acudid

*To the Harvest Field.*

MINNIE U. PURE.  Juan. 4: 35-88.  CHAS. H. GABRIEL.

*Unisono.*

1. Somos o-breros del Se - ñor, La mies se-ga-mos con a-mor,
2. El e-van-ge-lio pre-di - cad, A todo el mundo sin ce-sar,
3. Ho-ras y dí - as pa - sa-rán, El tiempo nunca vol-ve-rá:

Las nuevas damos de la  sal-vación De Cristo al  pe - ca - dor;
Y  sin te-mor y con leal-tad, hoy su ban-de - ra  le-van - tad;
Si no pre-di-cas a Je-sús, mu-chos ja-más ve-rán la  luz;

Hoy tra-ba-ja-mos por a - mor   A Cristo nuestro Sal-va - dor—
En nuestras ma-nos él con-fió   Esta gran comisión de amor;
Hoy es el día de sal-va-ción,   El mundo pe-re-cien-do  está,

# A La Siega Acudid

que por no-sotros vi - da dio, En el Cal - va-rio do mu-rió.
Las nuevas dad, no va -ci - léis, Que la vic - toria obtendréis.
¡Oh! no des-precies el ho - nor Que Je-su-cris-to hoy te da.

CORO.

A la siega a - cu-did, El Maestro os llama; Todos de-ben

tra - ba-jar, Tarde y ma - ña - na. Corre el tiempo y jamás

nunca, hermanos, volverá, ¡Ven, o - brero! ¡Ven, tra-ba-ja ya!

**Alza Tu Canto, ¡Oh Lengua Mía!**

H. M.   Sal. 92: 1.   MELODIA SUDAMERICANA.

1. Al cielo vuelen los e-cos santos Que arranco a-le - gre
2. Ya siento el fuego de los a - mo-res, De los a - mo - res
3. Padre, en tu regia, san-ta mo-ra-da, Don-de la di - cha
4. Oh Padre, impárteme tu consue - lo; Nada en la tie - rra

de mi la-úd; Al cielo vuelen mis dulces cantos, Mis dulces
del grato E-dén; Ya no me acosan aquí do - lo-res, porque con
no tie-ne fin; A - llí mi patria miro es-mal-ta-da de be-llas
yo espe-ro ya; Y haz que pueda entrar al cielo, Que allí tan

cantos de gra - ti - tud.
templo a Je - ru - sa - lém. ¡Al-za tu can - to, oh lengua
flores de tu jar - dín.
só - lo mi dicha es - tá.

CORO.

mía! ¡Al - za tu can-to mi co - ra-zón! Llé-nese al

al - ma de a - le-grí - a, Con a - le-gría de de-vo-ción.

**317**

# ¡Despertad!

P. CASTRO.    PUEBLA.    COLECCION ESPAÑOLA.

1. ¡Des-per-tad, des-per-tad, oh cris-tia-nos! Vuestro sueño funesto de-jad,

Que el cru-el e-ne-mi-go os a-ce-cha, Y cau-ti-vos os quie-re lle-var.

Des-per-tad, las ti-nie-blas pa-sa-ron, De la no-che no sois hi-jos ya,

Que lo sois de la luz y del dí-a, Y te-néis el de-ber de lu-char.

2 Despertad y bruñid vuestras armas,
Vuestros lomos ceñid de verdad,
Y calzad vuestros pies, aprestados
Con el grato Evangelio de paz.
Basta ya de profundas tinieblas,
Basta ya de pereza mortal
Revestid, revestid vuestro pecho
Con la cota de fe y caridad.

3 La gloriosa armadura de Cristo
Acudid con anhelo a tomar,
Confiando que el dardo enemigo
No la puede romper ni pasar.

¡Oh cristianos, antorcha del mundo!
De esperanza el yelmo tomad,
Embrazad de la fe el escudo
Y sin miedo corred a luchar.

4 No temáis, pues de Dios revestidos,
¿Qué enemigo venceros podrá,
Si tomáis por espada la Biblia,
La palabra del Dios de verdad?
En la cruz hallaréis la bandera,
En Jesús hallaréis Capitán,
En el cielo obtendréis la corona:
¡A luchar, a luchar, a luchar!

## 318 El Canto Del Peregrino

*Over Life's Pathway I Journey.*

S. D. ATHANS.  Heb. 11: 13, 14.

1. Soy peregrino en la tie-rra, Le-jos an-do de mi ho-gar;
2. Mientras esté en el mun-do, Vi-vi-ré yo por la fe;
3. Si tan fe-liz es el al-ma Que anda de Jesús en pos,

Mi alma con an-sia es-pe-ra La ve-ni-da del Se-ñor.
Pues su pro-me-sa me di-ce Que algún día le ve-ré.
¿Qué se-rá cuando en su glo-ria Venga el Hijo del gran Dios?

A - quí no hay per-ma-nen-cia, No hay de con-flic-tos fin,
Mo-ra con-mi-go siem-pre El fiel Con-so-la-dor,
En-ton-ces le ve-re-mos, Sen-tado en-ma-jes-tad,

Mas de Je-sús la pre-sen-cia Glo-ria pa-ra mí se-rá.
Guián-do-me cons-tante-men-te A las fuentes del a-mor.
Dicha inde-ci-ble ten-dre-mos En la ce-les-tial ciu-dad.

**CUARTETO**

Paz,......dulce ho-gar.... Quie - ro go-zar, (gozar,)
Paz insondable y dulce hogar, Por siempre quie-ro go-zar,

# El Canto Del Peregrino

Con........ mi Je-sús He............ de mo - rar.
Con mi Jesús en su gloria a - llí, Por siempre he de mo - rar.

## 319 Ve y Vivirás

*Look and Live.*
Juan 3:14.

J. N. de los Santos.

W. A. Ogden.

1. Un mensaje del Se-ñor, ¡a - le - lu - ya! A-nun-cio yo que dá la paz.
2. El mensaje del a-mor, ¡a - le - lu - ya! In -fun-di-rá la fe en ti;
3. Vi-da puedes ob-te-ner, ¡a - le - lu - ya! Que tu Señor te quie-re dar;
4. Cómo vi-ne, te di - ré, ¡a - le - lu - ya! A mi Je-sús que me sal-vó,

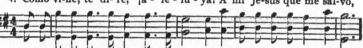

Es de Dios el santo amor, ¡a-le- lu - ya! "Ve tan sólo a Cristo y vi-vi-rás."
Que Je-sús, mi Salvador, ¡a-le- lu - ya! Dio por ti su san-gre car-me-sí.
Si tan só-lo quie-res ver, ¡a-le- lu - ya! Por fe a quien po-drá sal-var.
Fui tan só-lo por la fe, ¡a-le- lu - ya! Y Je-sús mi al-ma re - di-mió.

*D.S.*—Es de Dios el santo amor, ¡a-le-lu - ya! Ve tan só-lo a Cristo y vi-vi-rás.

Coro.

D. S.

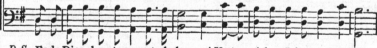

Ve la cruz...... y vi - vi-rás, Ve a Cristo y vi-vi-rás.
Ve la cruz, her-ma-no, ve, vi - vi-rás,

320 **En La Nueva Jerusalem**

*In the New Jerusalem.*

C. B. W.
S. D. ATHANS, Tr.

Rev. 21: 2.

C. B. WIDMEYER.

1. Cuan - do ce - sen los con - flic - tos de la vi - da te - rre - nal, Y de - je - mos es - te mun - do de a-fli-cción, En tra - re - mos por las puer - tas de la pa - tria ce - les-tial En la nue - va Je - ru - sa - lem.

2. Aunque el mar em-bra - ve - ci - do y las o - las del tur - bión, Siempre a - gi - ten nues - tra pobre em-bar - ca-ción, Fiando en Cris - to lle - ga - re - mos a la pla - ya ce - les-tial De la nue - va Je - ru - sa - lem.

3. Con - sa-gre-mos nues-tras vi - das al ser - vi - cio del Se - ñor, Siempre ha-ble - mos de su gran - de sal - va-ción, Si en su vi - ña tra - ba - ja - mos nos es - pe - ra ga - lar-dón En la nue - va Je - ru - sa - lem.

4. En a - quel pa - ís her - mo - so do ja - más se dice "a - diós," Go - za - re - mos el des-can - so sin a - fán; Cara a ca - ra a - llá ve - re - mos a Je - sús, quien nos sal-vó, En la nue - va Je - ru - sa - lem.

CORO.

Can - ta - re-mos con los san-tos la can - ción de re - den-ción, En Je - ru - sa - lem,....... En Je-

En la gran Je - ru - sa - lem, En la

# En La Nueva Jerusalem

ru - sa - lem;........ Con a - cen - tos de a - le - gría a - la-
gran Je - ru - sa - lem;

bando al Sal-vador. En la gran (En la gran) Je·ru - sa-lem (Jerusalem).

**321**

## ¡Loor A Ti, Señor!

W. S.
*Break Thou the Bread of Life.*

Emeterio Soto, Tr.
Sal. 92:1.
William F. Sherwin.

1. ¡Lo - or a ti, mi Dios, lo - or a ti! Lo gran-de
2. ¡Gloria a mi Sal-va-dor, Cris - to Je - sús! El es el
3. Haz me vi - vir. Se - ñor, cer - ca de ti, La deu-da
4. Quie - ro ser lim-pio hoy de mi mal-dad, A - cudo a

de tu a-mor es pa - ra mí; Me diste un Sal va-dor,
pan de vi - da pa - ra mí; Su vi - da dio por mí
de tu a-mor la siento en mí; Te en-trego a tí mi ser,
ti, Je - sús, tal co - mo soy; Ven a mí di - ces tú

Cris - to Je - sús. ¡Lo - or a ti, Se-ñor, lo - or a ti!
allí en la cruz. ¡Lo - or a ti, Se-ñor, lo - or a ti!
mi co - ra - zón. ¡Lo - or a ti, Se-ñor, lo - or a ti!
con tierno a - mor. ¡Lo - or a ti, Se-ñor, lo - or a ti!

## 322 No Hay Tristeza En El Cielo

*No Disappointment in Heaven.*

F. M. L.
S. D. ATHANS, Tr.

F. M. LEHMAN.
Har. by CLAUDIA LEHMAN.

1. No hay tris-te-za en el cie-lo, Ni llan-to ni a-mar-go do-
2. No hay a-fli-cción en el cie-lo, Ni prue-bas e-xis-ten a-
3. ¡Cuán dul-ce se-rá en el cie-lo, Pa-sa-das las pe-nas a-

lor. No hay co-ra-zón an-gus-tia-do Do rei-na el Dios de a-
llá; El al-ma que en Cristo re-po-sa Se-gura en su seno es-ta-
quí Vol-ver-nos a ver re-u-ni-dos Con nuestros a-ma-dos a-

mor; Las nubes de nuestro ho-ri-zon-te Ja-más a-pa-re-cen a-
rá; No hay ten-ta-ción en el cie-lo Ni sombras de muer-te a-
llí! Por to-dos los si-glos e-ternos ¡Qué dicha i-nefable ha de

llá, El Sol en su gloria es-plendente Der-ra-ma su luz ce-les tial.
troz, El ár-bol de vi-da flo-re-ce Do flu-ye el rí-o de Dios.
ser! Es-tar en pre-sen-cia de Cristo, Go-zan-do de e-ter-no pla-cer.

CORO

Yo voy a la pa-tria del al-ma Do Cris-to pre-para mi ho-gar; Do

# No Hay Tristeza En El Cielo

to-dos los san-ti-fi-ca-dos I-rán pa-ra siempre a mo-rar: El

día fe-liz ya se a-cer-ca, En que el sol para mí se pondrá: ¡Oh! qué gozo se-

*Rit.*

rá cuan-do mire al Se-ñor En a-que-lla her-mo-sa ciu-dad.

**323**      Mi Mansión Celestial

*This World Is Not My Home.*

S. D. ATHANS, Tr.      Juan. 14: 2, 3.      MRS. JOHN T. BENSON.

1. De - jé la vi - da mun-da-nal, Los go - ces y la va - ni-dad;
2. Muchos me quie-ren des-vi - ar De la ca - rre - ra que to-mé;
3. ¡Oh! ven con-mi - go, pe-ca-dor, A e - sa cé - li - ca mansión.

*Coro—*En e - sa pa - tria ce - les-tial Un bello y dulce ho-gar ten-dré.

D. C. POR CORO.

Y ¿quie-res la ra - zón sa-ber? Un si - tio bus-co ce - les-tial.
Su voz no quie-ro es - cu-char, Al si - tio ce - les-tial i - ré.
A - cu-de a tu Sal - va-dor, A-cepta el i - ne - fa-ble don.

En la man-sión do Cristo es-tá. E - ter - na glo-ria go - za-ré.

# Níveas Ropas

*Beautiful Robes.*

PEDRO GRADO.

Rev. 8: 5.

WM. J. KIRKPATRICK.

*Algo despacio.*

1. Ní-veas ro - pas sin i-gual, En la pa - tria ce - les-tial,
2. Ní-veas ro - pas sin i-gual, De los san - tos no - ble i-deal,
3. Ní-veas ro - pas sin i-gual, Del Cor - de - ro ce - les-tial,

Nos da - rá Je-ho-vá, nues-tro Se -ñor; Don-de luz del sol no ha-brá,
Lle - va - re - mos an - te nues-tro Rey. En com-ple - ta co-mu-nión,
La re - den - ta grey os-ten - ta - rá; Pues la san - gre de Je-sús

Pues su-bli - me bri - lla-rá La son-rien-te faz del Sal - va - dor.
Can - ta-re-mos la canción, De la re - di - mi-da y san - ta grey.
De - rra-ma-da en la cruz, Nuestras manchas todas la - va - rá.

**CORO.**

Ní - - vea se - rá,.... Ní - - vea se - rá,.. ...
Ní-vea se-rá, nívea será, Ní-vea se-rá, ní-vea se-rá,
{ luz,... Nos .... da Je-sús,.......
{ tra-je de luz, Nos da Je-sús, nos da Je-sús, }

**1**

La........ ves-ti-du - ra ce - les - tial,....
La ves-ti-du - ra ce - les - tial, la ves-ti-du - ra ce - les-tial,

# Níveas Ropas

Tra — je de Ní-veo ves-ti-do de luz, Su-bli-me don ce-les-tial.
Traje de luz,

## 325 ¿Nos Veremos En El Río?

*Shall We Gather at the River?*

La Lira.  Apoc. 22.  Robert Lowry.

1. ¿Nos ve-re-mos en el rí-o, Cu-yas a-guas ar-gen-ti-nas Na-cen
2. En las már-ge-nes del rí-o, Que fre-cuen-tan se-ra-fi-nes Y em-be-
3. El ver-gel que rie-ga el rí-o, De Je-sús es la mo-ra-da, El mal

pu-ras cris-ta-li-nas Ba-jo el Tro-no del Señor.
lle-cen que-ru-bi-nes Dá la di-cha e-ter-na Dios.
nunca tie-ne entrada, A-llí só-lo rei-na Dios.

**Coro.**

¡Oh! sí, nos con-
De la Vi-da

gre-ga-re-mos De e-se rí-o a la ri-be-ra,
ver-da-de-ra Que.......................
na-ce del Tro-no de Dios.

4 Antes de llegar al río
Nuestra carga dejaremos,
Libres todos estaremos
Por la gracia del Señor.

5 En la margen de aquel río
Crece el árbol de la Vida
Y a toda alma dolorida
Dan sus hojas la salud.

6 Tiene faz risueña el río,
Pues la de Jesús refleja,
La que de su grey aleja
Todo mal, todo dolor.

7 Nos veremos en el río
Nuestro viaje concluyendo,
Suaves melodías oyendo,
Alabando al Dios de amor.

# No Tengo Cuidados.

*Living by Faith.*

H. C. BALL.  Gal. 3: 7  J. L. HEATH.

1. No ten-go cui-da-dos ni ten-go te-mor, De lo que me es-pera a - quí;
2. Vendrán tempestades, lo sé yo muy bien, La fuer-za del sol fal-ta-rá;
3. El Dios que aún viste el li - rio a-quí, Sustenta también al gor-rión;
4. Un dí - a ven-drá o-tra vez el Se-ñor, Al cie-lo él nos lle-va - rá;

Con - fí - o tan sólo en mi buen Salvador, El cual cui-da siempre de mí.
A - mi-gos de-jarme lo pueden también, Je-sús siem-pre me sos-ten-drá.
Ja-más pue-de desam-pa-rar-me a mí, Su hi-jo soy por a-dop-ción.
A - llí ce-sa-rán el a - fán y te-mor, Y Dios to-do do-mi-na - rá.

**Coro.**

Vi-vo por fe,.......... en mi Sal-va - dor,
Sí, vi - vo por fe, en mi Sal-va-dor,

No te-me - ré,.......... es fiel mi Se - ñor;..........
No te-me-ré, sí, es fiel mi Se-ñor;

En to-da lid,.......... Nun-ca me de-ja - rá,..........
En la du-ra lid, nun-ca me de-ja-rá,

# No Tengo Cuidados

Yo vi-vo por fe,............... él me guar-da-rá.........
Yo vi-vo por fe, él me guar-da-rá.

## 327     Confiando Sólo en Jesús

*Trusting in the Lord.*

J. N. DE LOS SANTOS.     Luc 8: 24.     THOS. P. WESTENDORF.

1. Aun-que la fu-rio-sa tem-pes-tad A-me-na-ce rui-na sin pie-
2. Pe-nas y do-lor po-dré te-ner Que con-go-jas cau-sen a mi
3. O-tras es-pe-ran-zas pa-sa-rán, O-tros go-ces, sí, fe-ne-ce-

dad, Yo ten-dré con Dios se-gu-ri-dad, Fian-do en Je-sús.
ser, So-bre to-dos yo po-dré ven-cer, Fian-do en Je-sús.
rán, Mi es-pe-ran-za y go-zo du-ra-rán, Fian-do en Je-sús.

**CORO.**

Con-fian-do só-lo en Je-sús Sé que Su pro-me-sa cum-pli-rá.
Yo confiando

Fian-do só-lo en Je-sús, El me sal-va-rá.
Yo con-fian-do

# 328
## Llama
*Will You Let the Savior In?*

PEDRO GRADO.                    Apoc. 3: 20.                    FRANK M DAVIS.

Llaman, llaman, lla-man, lla-man al co- ra- zón,

Al - quien te lla-ma al co - ra-zón,

Per - mí - te - le en-trar         sin tar - dar,

Per - mí - te - le en-trar, per - mí - te-le en-trar. (sin tar - dar.)

1. Lla-ma Je - sús......... al cor - ra - zón,.........De quien man-
   Lla-ma Jesús            al co-ra-zón,
2. Mu-cho es-pe-ró......... y es-pe- ra fiel;......... Te lla-ma
   Mu-cho es-pe-ró         y es-pe-ra fiel;
3. Un dí - a más......... tar - de se - rá; ........ Y sin la-tar-
   Un dí-a más            tar-de se-rá,

chó....... el mal a - troz,...... El lla -ma hoy...... ¡be-lla o-ca-
De quien manchó     el mal a-troz,      El lla-ma hoy
aún........ ¡a - mor sin par!...... No es-pe-res más.... o - cu-rre a
Te lla-ma aún,      ¡a-mor sin par!     No esperes más
var........ tu co - ra - zón;...... Tiem-po fe -liz...... se per-de-
Y sin la-var        tu co-ra-zón       Tiem-po feliz

# Llama

sión!........ ¿No quie-res tú        oír  su  voz?.......
¡be-lla o-ca-sión!        ¿No quie-res tú        oír su voz?
él............ ¿Sor - do se-rás        a  su lla - mar?........
o-cu-rre a él;        ¿Sor-do se-rás        a su lla-mar?
rá,.......... No ha-brá lu-gar        a  sal - va - ción........
se per-de-rá,        No ha-brá lugar        a sal-va-ción.

Coro.

¿Da-rás lu-gar        al  Sal - va-dor?

¿Da - rás lu - gar......... al  Sal - va-dor?............ Tu  a-mi-go

Tu amigo es él        tu bien-he-chor        Te lla·ma hoy

es,él.......... tu bien-he-chor....... Te  lla-ma hoy,..........

vé sin tar-dar,        ¿Da - rás lu - gar al Sal - va-

vé sin tar-dar,........¿Da - rás lu-gar........... al  Sal - va-

dor, Sal -va-dor? ¿Da-rás lu- gar        al  Sal - va - dor?

dor?........ ..        ¿Da - rás lu- gar al  Sal - va-dor?

## 329 Al Sonar De La Trompeta

*When They Ring the Golden Bells.*

D. BAZAN.

1 Tes. 4: 6.

DION DEMARBELLA.
Arr. by R. H. CORNELIUS.

*Duo para Soprano y Tenor.*

1. Al  so-nar de la trom-pe-ta, Nuestro co - ra-zón despierta, Es Je-
2. En las bo - das del Cor-de-ro, Al  to-mar  el pan del cie-lo; Pa - ra
3. A  la me - sa es - ta-re-mos, Y  con Cris-to ce - na-re-mos; ¡Cuán fe-

sús que en  las nu-bes vie - ne ya; De mil án - gel-es ro-dea-do, De vic-
siem-pre es-ta-re-mos con  Je-sús; No habrá lá-gri-mas ni llanto, Pues que
li - ces no se-re-mos con  Je-sús! Por los si-glos de  los si-glos, Con los

*ril.*  FINE.

to - ria co - ro-na-do, Cuan-do vuel-va él  en glo-ria ¡A-le - lu - ya!
to - do se - rá can-to, Cuan-do vuel-va él  en glo-ria ¡A-le - lu - ya!
án -ge-les  y  san-tos Rei - na-re-mos en  su glo-ria y e-ter-na - luz.

*D. S.*–cie-los can-ta- re-mos, Cuando vuel-va él  en gl-ria, ¡A-le - lu - ya!

CORO.

¡Oh, herma-no! ¿es-tás lis-to? ¿Vi-ves tú  ya sal-vo en Cris-to? ¡ Cuánta

*D. S.*

glo-ria, a - le - lu-ya, no se-rá!   Voz de jú-bi- lo se  oi-rá, En los
no se-rá!

# Indice Alfabético de los Himnos

Los títulos de los himnos están escritos con mayúscula y en negritas; el comienzo de la primera estrofa en minúscula. Cuando el título y el principio de la estrofa son iguales, se escribe con mayúscula.

# E

*La misión de Editorial Vida es ser la compañía líder en comunicación cristiana que satisfaga las necesidades de las personas, con recursos cuyo contenido glorifique a Jesucristo y promueva principios bíblicos.*

**HIMNOS DE GLORIA Y CANTOS DE TRIUNFO**
Edición en español publicada por
**Editorial Vida – 1964**
**Miami, Florida**

**Arreglo original: H. C. Ball**

ISBN: 978-0-8297-0567-6

CATEGORÍA: *Himnarios*

IMPRESO EN ESTADOS UNIDOS DE AMÉRICA
PRINTED IN THE UNITED STATES OF AMERICA

24 25 26 27 28  LBC  34 33 32 31 30

Nos agradaría recibir noticias suyas.
Por favor, envíe sus comentarios sobre este libro
a la dirección que aparece a continuación.
Muchas gracias.

Vida@zondervan.com
www.editorialvida.com